長征

红军长征文物100个故事

王春法　主编

北京时代华文书局

图书在版编目（CIP）数据

红军长征文物 100 个故事 / 王春法主编 . -- 北京 : 北京时代华文书局 , 2017.6

ISBN 978-7-5699-2675-0

Ⅰ . ①红… Ⅱ . ①王… Ⅲ . ①中国工农红军长征－革命文物－介绍 Ⅳ . ① K871.6

中国版本图书馆 CIP 数据核字 (2018) 第 235941 号

红军长征文物 100 个故事

主　　编 | 王春法

出 版 人 | 王训海
责任编辑 | 徐敏峰　周海燕
责任印制 | 刘　银

出版发行 | 北京时代华文书局　http://www.bjsdsj.com.cn
北京市东城区安定门外大街 138 号皇城国际大厦 A 座 8 楼
邮编：100011　电话：010-64267120　64267397
印　　刷 | 永清县晔盛亚胶印有限公司　0316-6658663
（如发现印装质量问题，请与印刷厂联系调换）
开　　本 | 787×1092mm　1/16
印　　张 | 14.5
字　　数 | 275 千字
印　　数 | 3000 册
版　　次 | 2018 年 12 月第 1 版　2020 年 5 月第 2 次印刷
书　　号 | ISBN 978-7-5699-2675-0

定　　价 | 38.00 元

红军长征文物100个故事

编辑委员会

主　　任　吕章申

副 主 任　黄振春　白云涛

编　　委　王春法　黄振春　冯靖英　李六三
　　　　　陈成军　古建东　白云涛　谢小铨

主　　编　王春法

副 主 编　白云涛　江　琳

统　　筹　陈　莉　刘　罡

撰　　稿　（按姓氏笔画排列）
　　　　　丁纯怡　王海蛟　尹　静　石　干　江　琳
　　　　　安　莉　纪远新　何志文　汪洪斌　周彩玲
　　　　　项朝晖　袁晓璐　曹亚玲　谭　天

编　　辑　江　琳　汪洪斌　王海蛟

编　　务　项朝晖　安　莉　王海蛟

装帧设计　潘　艺

文物摄影　孟承光　董　帅　袁泽峰　康梦洁

文物展品保障　张玉兰　张志军　冯正国　沈　正　李　琮　许钰函

图书展品保障　黄燕生　赵迎红　王立峰　付小红　孙　睿　宋　现

序言

中国国家博物馆原馆长

2016年9月，中国国家博物馆举办了“信念·精神·传承——纪念红军长征胜利80周年大型馆藏文物展”。展览通过312件珍贵的长征文物，分别从“战争史诗”“军民情谊”“艰难岁月”“长征记录”“丰碑永存”“长征画卷”六个方面，围绕“长征精神”所体现的不怕牺牲、严守纪律、紧密团结、艰苦奋斗、患难与共、坚守理想和信念等内容，用战斗的武器、布告、漫画、地图、歌曲、诗篇、学习课本、烈士手稿、红军家信等多种类型的文物以及馆藏美术作品，从多角度全方位展现了红军指战员在长征中的战斗、生活、学习和互助的场景。

中央红军长征胜利到达陕北两个月后，1935年12月27日，毛泽东在陕北瓦窑堡党的活动分子会议上所作的报告中指出：“讲到长征，请问有什么意义呢？我们说，长征是历史纪录上的第一次，长征是宣言书，长征是宣传队，长征是播种机。自从盘古开天地，三皇五帝到于今，历史上曾经有过我们这样的长征吗？十二个月光阴中间，天上每日几十架飞机侦察轰炸，地下几十万大军围追堵截，路上遇着了说不尽的艰难险阻，我们却开动了每人的两只脚，长驱二万余里，纵横十一个省。请问历史上曾有过我们这样的长征吗？没有，从来没有的。长征又是宣言书。它向全世界宣告，红军是英雄好汉，帝国主义者和他们的走狗蒋介石等辈则是完全无用的。长征宣告了帝国主义和蒋介石围追堵截的破产。长征又是宣传队。它向十一个省内大约两万万人民宣布，只有红军的道路，才是解放他们的道路。不因此一举，那么广大的民众怎会如此迅速地知道世界上还有红军这样一篇大道理呢？长征又是播种机。它散布了许多种子在十一个省内，发芽、长叶、开花、结果，将来是会有收获的。总而言之，长征是以我们胜利、敌人失败的结果而告结束。”

2016 年 7 月 18 日，习近平总书记在宁夏参观中国工农红军长征将台堡会师纪念馆时指出：“我们党领导的红军长征，谱写了豪情万丈的英雄史诗。伟大的长征精神是中国共产党人革命风范的生动反映，我们要不断结合新的实际传承好、弘扬好。推进中国特色社会主义事业的新长征要持续接力、长期进行，我们每代人都要走好自己的长征路。”

2016 年 9 月 22 日，“信念 · 精神 · 传承——纪念红军长征胜利 80 周年大型馆藏文物展”开幕，文化部部长雒树刚出席开幕式并参观了展览，给予展览高度评价。当天，雒部长就此展览作出批示：今天开幕的国家博物馆“信念 · 精神 · 传承——纪念红军长征胜利 80 周年大型馆藏文物展”以十分珍贵的文物再现了红军长征艰难卓绝的英雄史诗，令人震撼，深受教育，这是感人至深、催人泪下的展览，可在“两学一做”学习教育中组织大家参观。

开展期间，中央电视台、北京电视台等专门为展览制作了专题片，《人民日报》《光明日报》等对展览进行了连续报道，仅国博官网、微博、官微和小博上的展览消息总浏览量就达到 300 万。展览得到了社会各界的广泛关注，各机关团体把展览当作开展“两学一做”学习教育实践活动、进行共产主义理想和信念教育的生动课堂。一些高校和中小学也组织学生来这里，重讲长征历史，深刻体会伟大的长征精神。很多普通观众自发来这里参观，他们走进展厅，驻足于每一件展品前，阅读长征故事，领会长征精神，还留下了热情洋溢的参观感言。展览展出期间，中宣部部长刘奇葆、中国文学艺术界联合会主席孙家正等领导来馆参观。刘奇葆同志在参观展览时称赞，这个展览全部用文物来展现波澜壮阔的史诗远征，形式新颖，内容丰富，并建议尽快组织编写研究长征文物的书籍，将长征展览的宣传效果延续下去。

此次，我们从展览中精选了部分有代表性的长征文物，并专门增添了一些未能展出的珍贵文物，较为详细地讲述了文物背后的故事。我们期望，通过对中国国家博物馆馆藏长征文物的解读，能够让广大读者进一步思考：究竟是什么让中国共产党人和中国工农红军为之坚持不懈，视死如归？在过去的80年间，为什么长征不断被人们研究、怀念，吸引了无数人重走长征路，体味长征的艰辛，从中汲取经验、智慧和力量？我们相信，这些真实、感人的长征文物故事，会让广大观众更加了解那些为了坚持共产主义理想和信念，不畏枪林弹雨，前赴后继，舍生忘死的红军将士的革命情怀，以及什么是中国共产党人和红军将士用生命和热血铸就的伟大长征精神。

今天，我们研究长征，我们纪念长征，我们宣传长征精神，就是为了让一代代共产党人缅怀先烈、不忘初心，从长征精神中不断汲取智慧和力量，使长征精神在新的历史时期发扬光大。习近平总书记提出的实现中华民族伟大复兴的“中国梦”，就是中国共产党人在新的时期领导全中国人民为中华崛起而进行的新的伟大长征。让我们紧密团结在以习近平同志为核心的党中央周围，为实现“中国梦”这个光辉目标而努力奋斗。

2017年5月

目录

一　将士风采

三　长征宣传

六 长征记录

七 战友情深

1

将士风采

01

钢铁意志 革命情谊

朱德抄录的毛泽东《七律·长征》

项朝晖

红军不怕远征难，万水千山只等闲。五岭逶迤腾细浪，乌蒙礴磅（原文为磅礴）走泥丸。金沙水拍云崖暖，大渡桥横铁索寒。更喜岷山千里雪，三军过后尽开颜。

这张写在纵67.3厘米、横40.7厘米

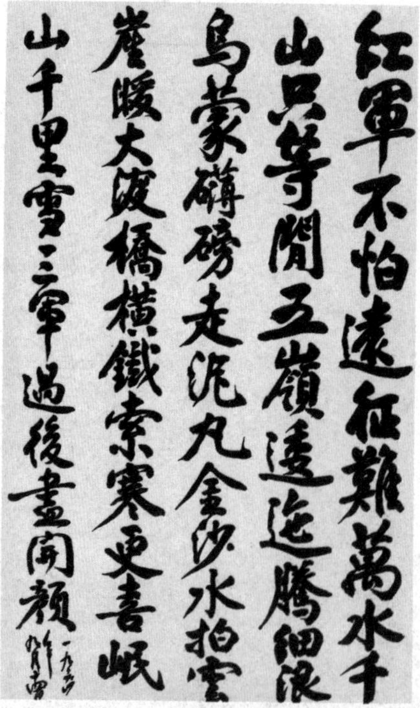

朱德抄录的毛泽东《七律·长征》

宣纸上的56个道劲有力的大字，是1964年9月14日朱德抄录的毛泽东《七律·长征》，字如其人，质朴稳健，雄浑刚劲，风骨凛然。

1934年10月，中央红军开始了战略转移，朱德和毛泽东都踏上了艰苦卓绝的长征路。一路上，二人相互支持，共同进退，克服了种种困难。1934年11月7日，毛泽东和朱德在长征路上联名发出《出路在那里？》的传单，揭露国民党军阀出卖中国、压迫工农的罪恶，号召建立工农自己的红军和苏维埃政府。为摆脱敌人的围追堵截，在湖南通道，毛泽东建议放弃北上湘西，同红二、红六军团会合的计划，改向敌人力量比较薄弱的贵州前进。朱德赞成和支持了这一提议，命令各军团西入贵州，以便转而北上。

在1935年1月的遵义会议上，朱德还旗帜鲜明地反对“左”倾军事路线，他拍案而起，声色俱厉地说：“排斥了毛泽东同志对红军的领导，依靠一个不了解中国情况的外国人来瞎指挥，丢掉了全部根据地，牺牲了多少好同志，给革命造成了多大的困难，真叫人痛心！如果再这样领导下去，我们就不能再跟着走了！”这番慷慨陈词，让与会者肃然起敬，大家没有想到这位平时从不发火训人的谦和长者，在大是大非面前，态度如此坚决。朱德在关键时刻对毛泽东正确主张的坚决支持，对会议的成功召开，成立以毛泽东、周恩来、王稼祥组成的三人军事领导小组起了重要作用。遵义会议挽救了党、挽救了红军，也使朱德和毛泽东更亲密地站在了一起。

遵义会议后，朱德和毛泽东、周恩来协力配合，指挥红军灵活机动地驰骋在云贵川高原。毛泽东用兵如神的“四渡赤水”和朱德的正确指挥相配合，使红军逐步突破了几十万国民党军队的围追堵截，取得了战略转移中具有决定意义的胜利。

1935 年 4 月，朱德和毛泽东指挥红军主力突然从贵州急转南下，直逼昆明，而后于 5 月 6 日指挥红军巧渡金沙江。后来他们又一起到达了大渡河边的渡口安顺场，走过了横跨滚滚河水之上的泸定铁索桥。对这段一起战斗的历程，毛泽东和朱德都难以忘怀，毛泽东还写下了“大渡桥横铁索寒”的感怀诗句。

1935 年 6 月，红一方面军和红四方面军在四川懋功会师。8 月，两个方面军混编组成左、右两路军。毛泽东等党中央机关随由红一、红三军和军委纵队一部组成的右路军行动，朱德等红军总部人员随左路军行动，这样朱德与毛泽东暂时分离，但他们的心却是紧紧相连的。

在张国焘拒不执行中央继续北上的决定时，1935 年 9 月毛泽东果断地率领右路军先行北上，并在攻占天险腊子口后，写下了《七律 · 长征》这首豪情万丈的著名诗篇。而当时，朱德正在左路军中与张国焘的分裂主义做斗争。

9 月中旬，张国焘在四川阿坝召开川康省委及红军中党的活动分子会议，攻击中央北上的方针是“逃跑”，并开始了对朱德的围攻。朱德从容表示，党中央北上方针是正确的，我们红军在这民族危亡的关头，应当担负起抗日救国的责任。他还说：“北上决议，我在政治局会议上是举过手的，我不能出尔反尔。”1935 年 10 月，张国焘召开高级干部会议，企图另立中央。朱德在会上坚决地支持毛泽东，还说：“天下红军是一家。中国工农红军在党中央统一领导下，是一个整体。大家都知道，我们这个‘朱毛’，在一起好多年，全国和全世界都闻名。要我这个‘朱’去反‘毛’，我可做不到呀！”

1936 年 10 月，朱德率部队历尽艰辛到达了甘肃会宁。11 月底，朱德和周恩来、张国焘同行，抵达陕北保安（今志丹县）。他向党中央和毛泽东汇报了分离后的情况，毛泽东对朱德同张国焘的斗争给予高度评价，说他斗争得有理有节，临大节而不辱，度量大如海，意志坚如钢。

经过了长征，朱德和毛泽东更加深了革命的友谊。晚年时，朱德经常对身边的工作人员讲党的历史、讲长征、讲遵义会议，他总是说：“我一辈子跟毛主席干革命，这条路走对了！”

红军长征 30 年后，78 岁高龄的朱德抄录了革命战友这首气势磅礴的律诗，让长征那段艰苦卓绝的斗争历史化作一个个水墨符号永存世间。

02

居功至伟的红军领袖

周恩来长征时用过的望远镜

王海蛟

这部望远镜是周恩来长征时使用过的，镜柱长11厘米，镜头外距17厘米。它跟随周恩来走过漫漫长征路，见证了这位具有长期革命斗争经验、广博知识、清醒头脑的红军行动决策者为实现战略转移、取得长征胜利作出的卓越贡献。

1931年12月进入中央革命根据地后，周恩来任中共苏区中央局书记、中央革命军事委员会副主席、中国工农红军总政委兼红一方面军政委。

红军实行战略转移前，掌握中央权力的“左”倾领导人想乘机甩掉以毛泽东为代表的一批他们不满意的人。正是周恩来据理力争，坚持要毛泽东跟随部队一同长征，博古和李德才权衡再三，作出让步，同意毛泽东随部队长征。

为准备中央红军实行战略转移，周恩来在朱德协助下，收拢“分兵把口”的红军部队，规定各军团集中的时间和地点、应补充的兵员和武器弹药、红军编队和具体出发时间，以及部队的秘密代号和联络方式等等。他还亲自指派红七军团向闽浙皖赣边地区前进、红六军团从湘赣苏区突围西征，起到了为中央红军主力突围转移进行掩护、侦察和探路的作用。

周恩来长征时用过的望远镜

从中央苏区突围时，周恩来利用粤系军阀陈济棠与蒋介石的矛盾，几经谈判，与其达成“就地停战”“互借道路”等协议，减少了红军的损失，体现了他的政治智慧和政治远见。

1934年12月至1935年1月初，周恩来在先后召开的通道会议、黎平会议和猴场会议上起到了决定性的作用。他果断支持毛泽东等人提出的向西转移、“到川黔边建立根据地”的意见，反对博古、李德要求红军北上与红二、六军团会合的主张，从而实现了红军转移的战略转变，使中央红军逐步从长征开始后的被动局面中摆脱出来，避免陷入绝境，也为遵义会议纠正“左”倾冒险主义的军事错误打下了基础。

在1935年1月召开的遵义会议上，周恩来坚决支持毛泽东的正确主张，全力推举毛泽东领导红军，对确立毛泽东在红军和中共中央的领导地位起了无可替代的作用。会后，他又全力维护毛泽东的领导地位，保证了党和红军领导核心的稳固。同年3月成立了由周恩来、毛泽东、王稼祥组成的三人军事指挥小组，负责指挥全军的军事行动，周恩来不仅是红军行动的决策者，而且是战略战役的具体准备和组织实施者。之后，他同毛泽东、王稼祥等指挥红军四渡赤水、巧渡金沙江，取得战略转移中具有决定意义的胜利。

1935年6月，红一方面军和红四方面军会师后，按照中共中央的意见，在两河口召开的政治局会议上提出建立川陕甘新苏区的战略计划。为团结张国焘北上，周恩来主动让出红军总政委一职，并在其后张国焘另立中央时，与毛泽东等人一再争取和帮助张国焘。8月，在中共中央政治局沙窝会议上，周恩来被任命为红一方面军司令员兼政治委员。他坚持中共中央的北上战略方针，同毛泽东等率领红一、红三军团继续北上，10月到达陕甘苏区，胜利完成长征。

到陕甘苏区后，周恩来主要负责后方军事供给等方面的工作。他妥善处理了陕甘苏区内部的错误“肃反”，克服了危机，团结了红十五军团和陕北的干部群众，为中国革命新“大本营”的迅速稳定和巩固发挥了重要作用。11月任中华苏维埃共和国西北革命军事委员会副主席兼军委后方办事处主任，参与指挥红一方面军取得直罗镇战役的胜利。12月出席中共中央政治局瓦窑堡会议，参与制定抗日民族统一战线总政策和党的军事战略。1936年5月，周恩来参与指挥西征战役和东线的游击战争。同年12月，任中央革命军事委员会副主席。西安事变发生后，根据中共中央的决定，他以中共代表的身份应邀赴西安进行调解，促成事变和平解决，为日后国共两党合作抗日奠定了基础。

从前方最高军事领导人，到负责后方的军事供给工作，周恩来在长征中始终殚精竭虑、鞠躬尽瘁、任劳任怨，发挥了无与伦比的巨大作用。这部长征时用过的望远镜，在之后的抗日战争、解放战争中周恩来一直使用，并妥善保存着。他逝世后，1976年12月，邓颖超将其捐赠给博物馆收藏。

03

胸怀坦荡、坚持真理的“红色教授”

张闻天在长征中做被褥用的驼绒毯

江琳

1934年长征出发前，时任总供给部长兼没收征集委员会主任的林伯渠送给张闻天这条驼绒毯，让他在漫漫征途中用来保暖。长征途中张闻天一直背着它，拿它当作被子盖，并妥善保管着。

张闻天出生于1900年，1925年赴苏联莫斯科中山大学学习。1931年回国后不久，他担任中共中央宣传部部长。同年9月临时中央成立后，张闻天任中央政治局委员、常委，分管宣传工作，主编党中央的《斗争》《红旗》杂志。他在苏联当过教授，因此有“红色教授”之称。

在王明“左”倾路线把持党中央时，张闻天曾撰写大量文章，积极支持和贯彻“左”倾路线。但是，当1933年初张闻天随临时中央到达瑞金后，看到了中国革命斗争的实际情况时，他的思想开始发生变化。在这段时间里，尽管在中国革命的总方针上他仍与博古、李德一致，但在福建事变和广昌保卫战等具体问题上，他也与“左”倾路线产生了很大分歧。惨痛的教训使他逐步认识到毛泽东提出的一系列机动灵活的战略战术的可行性和正确性，他开始逐步走近毛泽东。

长征之前，张闻天在中央政府担任人民委员会主席，随着与毛泽东越来越多的接触，他更加确信了毛泽东的军事才能和革命战争理论。1934年9月29日，张闻天在《红色中华》上发表了《一切为了保卫苏维埃》一文，公开透露了红军准备转移的信号，成为中央红军长征的宣言书和动员令。

长征开始后，张闻天和毛泽东一起行军、宿营。他们之间接触的机会更多了，经常推心置腹地交换意见。张闻天很快接受了毛泽东的正确主张，和毛泽东、王稼祥一起，逐步形成了以毛泽东为首的“中央队三人团”，并在政治局内公开批评李德、博古军事指挥的错误。在得知蒋介石已在红军到湘西的路上集结强大兵力，设置四道封锁线后，张闻天与毛泽东、王稼祥一起向周恩来提出，改变原定中央红军到湘西与红二、六军团会合的计划，转向敌人力量薄弱的贵州，以建立川黔边根据地。12月11日，在红军攻占湖南省通道县城后召开的中央领导人紧急会议（“通道会议”）上，张闻天、毛泽东、王稼祥三人的转兵建议，在周恩来的支持下以多数人赞成而通过。随后通过黎平会议和猴场会议，红军确

张闻天在长征中做被褥用的驼绒毯

定了新的行动方针，转兵贵州，取得了战略主动权。

在1935年1月召开的遵义会议上，张闻天根据毛泽东、王稼祥的意见，首先站起来作反对中央领导单纯防御军事路线的报告（通称反"报告"）。随后，他还为中央政治局起草遵义会议决议，并获得通过。

遵义会议后，根据中央政治局常委的分工，张闻天代替博古担任党的总负责人。在中央红军与红四方面军懋功会师后，张闻天于1935年6月23日，写了《夺取松潘，赤化川陕甘》一文，论证了毛泽东北上"在川陕甘建立新的苏区根据地"计划的可能性和必要性，对张国焘所暴露的畏敌避战情绪和向西南方向转移主张，从战略高度上不指名地进行了批评。

两河口会议后，张国焘违背决定，对实施《松潘战役计划》极力拖延，还在组织上向中央要职要权，以此要挟中央。为了团结张国焘，张闻天主动表示让出自己担任的总书记职位，显示出不计个人名利的坦荡胸怀。但毛泽东考虑此举不妥，最后让张国焘担任了总政治委员的职务。

由于贻误战机，加之张国焘反对中央、破坏团结的活动，红军不但丧失了攻打松潘的最佳时机，还陷入岷江以西、懋功以北雪山草地的险境之中。此时，张闻天、毛泽东、周恩来等为争取红四方面军共同北上，于8月在沙窝举行的中央政治局会议上通过了由张闻天起草的《中央关于一、四方面军会合后的政治形势与任务的决议》，批评了张国焘"西进"、"南下"的错误战略方针，以及他破坏两个方面军团结和避战退却逃跑的行为。9月，在发觉张国焘企图分裂红军和危害中央的阴谋后，张闻天、毛泽东等在中央政治局常委紧急会议上果断决定党中央同四方面军暂时分离。随即，由毛泽东率右路军中的红一、三军团和军委纵队先行北上。张闻天沿途策马前后照应，向干部讲明当时的危险处境，与彭德怀一起布置了红三军团部队在山上警戒。在张国焘另立"中央"之后，张闻天坚决地反对分裂，多次和毛泽东、周恩来致电张国焘，陈述利害关系，最终迫使张国焘取消他另立的"中央"。

这条驼绒毯从红军长征到抗日解放战争时期，一直为张闻天所用。由于使用时都缝上了被面，所以保存完好。1979年，张闻天的夫人刘英将这件跟随了他们几十年的驼绒毯捐赠给中国革命历史博物馆（现中国国家博物馆）收藏。

04

红色军事家的思想精华

朱德写的《绥崇丹懋天芦战役山地河川及隘路攻击之注意》手稿

王海蛟

朱德是闻名中外的红军领袖，戎马一生，身经百战。曾经到延安采访过朱德总司令的德国人王安娜在她的《中国——我的第二故乡》一书中，有这样的描述："平平无奇的外表，淳朴的态度，毫不矫揉造作的谦逊，这些都不能说明朱德是一个平平庸庸的人。他的军事和政治才能，连外国的专家们也深信不疑。他的这种才能，在他作为红军最高指挥员的漫长生涯中，已得到证明。"这篇《绥崇丹懋天芦战役山地河川及隘路攻击之注意》就是朱德亲笔写的重要的战略文章，体现了这位杰出的军事家对于作战的缜密思考和细致研究。

中央红军开始长征时，时任红军总司令的朱德已经48岁，是参加长征的红军将领中年龄比较大的一位。长征路上，他协助毛泽东指挥四渡赤水、强渡大渡河等战役。1935年6月，朱德等率红一方面军先头部队在四川懋功与红四方面军胜利会师。8月上旬，中革军委决定红一、四方面军分左、右两路北上甘南，建立川陕甘革命根据地。其中，左路军由朱德任总指挥，张国焘任政委，向四川阿坝地区进发。朱德坚决执行中央的指示精神，立即赶赴卓克基，准备率军北上。然而，张国焘却有意抗拒中央北上方针，公开提出南下川康边的计划，强令部队南下。朱德不顾自己处境险恶，一方面同张国焘做坚决斗争，一方面同徐向前等红四方面军领导

朱德写的《绥崇丹懋天芦战役山地河川及隘路攻击之注意》手稿

指挥红军同国民党反动派英勇战斗。

由于张国焘坚持南下的错误路线，红四方面军在南下途中遭到数倍于己的敌人的围追堵截，形势极为严峻。为保存和发展红军力量，重新北上，回到中共中央周围，朱德尽量发挥自己的作用，日夜操劳，奋斗不止。他认为，部队既然已经南下，就应该打开战局，找块立脚之地。如果没有地盘，没有饭吃，无异于不战而自毙。因而，在军事行动上、在部队教育上，朱德积极行使总司令的职权，及时了解敌情和红军内部情况，研究作战部署，正确指导战争，并随时做好部队思想政治工作。

1935年10月7日，张国焘以“中革军委主席”的名义下达了《绥崇丹懋战役计划》，决定红四方面军主力分别夺取绥靖、崇化、丹巴、懋功等地。22日，张国焘又发布《天芦名雅邛大战役计划》，决定以主力速向天全、芦山等地出动，以取得天全、芦山、名山、雅州、邛州、大邑广大的根据地为目的，击溃杨森、刘文辉、刘湘、邓锡侯等四川地方军阀势力。

朱德在前敌总指挥部和徐向前等一起挑起了指挥南下红军作战的重担。他十分重视战役计划的拟制工作，力求最大限度地避免失误和损失。早在大革命时期，他就和川军打过仗，对川军的作战特点了如指掌。他说：川军向来欺软怕硬，惯打滑头仗，我们不打则已，要打就狠狠地打！朱总要求各级指挥员要讲究战术，充分发挥运动战特长，以快、以巧制敌，用小的代价去换取大的胜利。从10月上旬到11月下旬的一个多月时间里，南下红军在朱德、徐向前指挥下，连续发动几个战役，先后攻克绥靖、崇化、丹巴、懋功、兴宝、天全、芦山等地。

在战役中，朱德研究了敌情、地形和战斗特点，及时了解战况，总结经验，作出战略战术上的指导。他一边在前方指挥作战，一边抓紧时间撰写了《康泸天芦名雅邛大战役中战术上应注意之点》《天芦战役中追击之模范与不追击之失败》等反映战略战术指导思想的文章。

这篇《绥崇丹懋天芦战役山地河川及隘路攻击之注意》的文章被写在六张纵22厘米、横15厘米的纸上，钢笔字迹虽然有些潦草，但字里行间可见朱德对战役可能遇到的每个细节都做了安排。

朱德在文中指出：绥靖、崇化、丹巴、懋功、天全、芦山一带地形，均是大山河川所形成的隘路。这些隘路大多数是一面傍山、一面靠水的长隘路，因此，在隘路战攻击时应注意：先头部队要选战斗力强、火力强的；要以小部队对敌人迂回包围，不宜用正面攻击；要注意用侧击、截击截断敌人退路，才能消灭敌人，并可使守敌动摇；突破敌人隘口时要猛烈追击，使敌人不能节节抵抗，乘胜夺取要点和城市；遇某一要点或工事不能打开时，可派部队包围或监视之，大部队则可绕路袭取敌后；敌人退却时，要派部队跟踪追击或截击，等等。

朱德撰写的这些文章是其作为军事家的个人指挥才能的最好体现和反映，对指导南下红军的作战起到了十分重要的作用。1951年1月，这件珍贵的文物几番辗转后，由中华全国文学艺术界联合会拨交给博物馆收藏。

05

珍贵怀表记征情

李富春在长征中用过的怀表

何志文

1975年，蔡畅向中国革命历史博物馆（现中国国家博物馆）捐赠了一批与李富春有关的近现代历史文物。这批文物中，有几件是李富春在参加红军长征时用过的，其中最有纪念意义的一件，是他曾常年随身携带的一块怀表。

从外观上看，这块怀表的金属外壳和挂表链的环扣皆为金色，表的正面是3个白底黑字的计时表盘，分别为12小时计时大表盘、30分钟计时小表盘和60秒计时小表盘。三个表盘的表针都是黑色，大表盘表针正中稍上一点，有“LONGINES”字样，是该怀表的品牌名称。根据中文音译名称，我们通常称其为“浪琴”表，是由瑞士所产的一种名表。

说到这块怀表，其实还颇有来历。根据文物档案记载，这块怀表是20世纪20年代北伐战争期间，北伐军到达江西南昌时，国民革命军第二军军长谭延闿作为纪念物送给时任第二军副党代表兼政治部主任、中共江西省委委员、代理省委书记李富春的。

谭延闿是湖南茶陵人，与陈三立、谭嗣同并称“湖湘三公子”，曾任两广督军，湖南督军、省长兼湘军总司令等职，后又担任了南京政府主席、行政院长等要职，他精于书法，著有《祖庵诗集》等，是中国近现代史上著名的风云人物。因此，收到谭延闿赠送的这件礼物后，李富春十分珍爱，一直将其带在身边。

可以说，这块怀表是谭延闿和李富春在第一次国共合作时期和北伐战争中友谊的重要见证物。由于这块怀表伴随李富春

李富春在长征中用过的怀表

同志走过了漫漫长征路，因此还是一件承载着李富春长征历史的重要文物。

1934年10月，李富春跟随中央红军踏上了漫长而艰辛的长征路。在《暂别了，江西根据地的兄弟》一文里，李富春描述了当时随红军出发长征时的感受：“10月10日的黄昏，从瑞金雄赳赳的出发了。夜行军，3日经过富田、于都城，乘着月夜，徒涉了于都河。第五夜，乘月色光明，过了革命根据地边界的新陂，于是完全出了江西边区了！脑中不禁暗暗想着：同很多亲爱同志，同二百万为中国革命奋斗而起了先锋作用的江西男女群众奋斗了三年，终于非离别不可了！”

红军从中央苏区兵分几路出发后，为了不让敌人掌握行踪和战略意图，大部分时间里，部队都在夜间转移，过的是昼伏夜行的夜行军生活。在弯弯曲曲绵延数里的山路上，一列列红军战士手举火把夜行军的壮观场面，给李富春留下了深刻的印象：“点火把夜行军，是很壮丽的，走平坦大道，真是可以光照十里。穿过森林时，一点一点，一线一线的火光，在树林中，时出时现，如火蛇钻洞，红光照天！过山时，先头的已鱼贯的到山顶，宛如一道长龙，金鳞闪闪，十弯十曲的蜿蜒舞蹈！从山顶回头下望，则山脚下火光万道，如波浪翻腾，一线一线一股一股的奔来，即在钱塘江观潮，泰山上观日，也无此奇迹。”

当然，夜行军并非时时都具有如此浪漫的情调，绝大部分时间，大家忙着赶路，力图摆脱敌人的围追堵截，很难有什么娱乐活动让大家放松紧张和疲惫的神经。因此，在离敌人较远的时候，为了充实一下乏味枯燥的旅程，开玩笑和唱歌成了红军指战员最好的消遣和娱乐。李富春在文章中说：“然而当着无敌情顾虑，月朗风清之夜，我们有时可以并肩而行，大扯乱谈，有时整连整队半夜高歌，声彻云霄。这种夜间的行军乐，可以‘不知东方之既白’！这种行军乐趣中，在总政治部的行列中，以至组成了潘汉年、贾拓夫、邓小平、陆定一、李一氓诸同志再加上我的合股‘牛皮公司’……大家在行军一路走一路谈，上下古今的乱谈，也忘记疲倦，也忘记骑马。总而言之，是‘徒步吹牛皮’！”

从李富春对自己长征经历的描述可以看出，他面对敌人的围追堵截和恶劣的自然环境，面对种种磨难，一直保持着积极向上的革命乐观主义精神。

长征胜利后，李富春继续使用着这块怀表。1975年初李富春逝世后，他的夫人蔡畅决定将这件李富春在长征时期使用的怀表捐赠给博物馆，让它成为纪念长征那段光辉岁月的历史见证。

06

纵横湘鄂川黔的红军统帅

贺龙使用过的勃朗宁手枪和保留的子弹

王海蛟

这把手枪和5颗子弹是1935年4月贺龙率部在湘西的桑植县陈家河战斗中缴获的。枪长10.5厘米，子弹高约2.1厘米。

贺龙生于1896年，湖南桑植人，早年投身反对袁世凯和北洋政府的革命斗争。1916年，他在家乡用两把菜刀杀死新上任的县长，拉起一支革命队伍，一度发展到100余人，70余支枪，这就是社会上广为流传的“两把菜刀闹革命”的由来。1927年9月，他加入中国共产党。南昌起义后，贺龙在湘鄂边地区发动和领导武装斗争。1934年他领导创建了黔东革命根据地，同年10月任红二军团总指挥，与政委任弼时统一指挥红二、六军团。

中央红军开始长征后，贺龙率部在湘西和鄂西地区连续作战，歼灭和牵制了大量敌人，有力配合了中央红军的战略转移。为防止中央红军与红二、六军团会合，蒋介石调集10余万人向红二、六军团发动“围剿”。由于部队中存在着单纯的军事防御的思想，再加上战斗准备不够充分，部队组织不够严密，导致前期的反“围剿”战斗遭遇失利，红二、六军团遭受一定损失和挫折，处境比较困难。

为扭转不利的战局，1935年4月，贺龙决定率部跳出敌人的包围圈，向长江以北发展。国民党军迅速向陈家河、两河口、周家峪等地集结和调集兵力，企图阻止红军北渡长江。

陈家河是个小集镇，位于湖南桑植县城以西30公里处，在澧水东岸，周围高山环绕，是红军向北转移的必经之路。红二、六军团从俘虏口中得知国民党守军第五十八师只有第一七二旅进入陈家河地区，兵力分散，工事尚未完成，且这支部队多在平原地区活动，不善于在陈家河这样的山岳地区作战。此时，国民党军的其他部队尚在桑植。从桑植到陈家河，只有一条悬绕山腰的小路通行，敌人增援和撤退都非常困难。而红二、六军团总共11

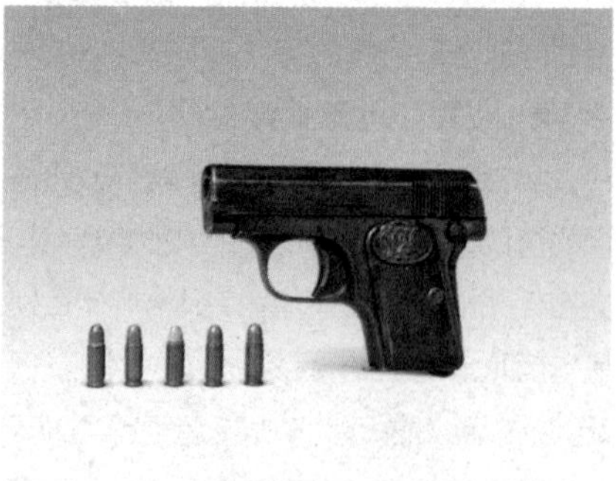

贺龙使用过的勃朗宁手枪和保留的子弹

个团的兵力都集中在一起，力量大大超过敌人，广大指战员“保卫革命根据地”的愿望非常强烈，斗志非常高涨。贺龙当机立断，决心抓住这个有利战机，对守敌第一七二旅发动进攻。按贺龙的话说，“要走，也要打完这仗再走。我看，不胜，就走；小胜，再看看；大胜嘛，杀它个回马枪，老子不走喽！”

4月13日，战斗打响。在贺龙等人的指挥下，红二、六军团各参战部队相互配合，捣毁敌一七二旅旅部，破坏了敌人的指挥中心，之后各个击破。战至黄昏，全歼守敌，击毙敌旅长李延龄。此后，红军乘胜追击，收复了永顺、桑植等地。各路敌军畏惧被歼，纷纷后退和收缩，由进攻转入防御。红二、六军团放弃北渡长江的计划，决定仍在原地区坚持斗争。

陈家河战斗的胜利，是遵义会议后，红二、六军团取得的第一个重大胜利，也是湘鄂川黔革命根据地反“围剿”的转折点。遵义会议的精神传达至红二、六军团后，贺龙及时纠正了部队中出现的单纯的军事防御路线错误，认真总结了反“围剿”以来的经验教训，为红二、六军团之后的转移和发展奠定了重要思想基础。

手枪和子弹都是陈家河战斗结束后，清理战场的缴获品。贺龙非常喜爱这把枪，一直把它带在身边，直到1936年11月将它赠给得力干将王赤军。

王赤军是湖南平江人，1930年，年仅14岁的他就加入中国共产党。在巩固湘赣苏区和第五次反“围剿”斗争中，他作为基层指挥员，不畏艰险，浴血奋战。1934年，中央苏区第五次反“围剿”失败后，作为红六军团侦察科长的他随红六军团突围西征，执行先遣队的任务，负责搜集沿途的地形、民情、敌情等资料，准确及时地为部队行动提供情报，起到开路先锋的作用，受到军团领导的多次赞扬。红二、六军团总指挥贺龙非常欣赏这位有勇有谋的干将。

1935年9月，蒋介石调集130多个团，对湘鄂川黔苏区发动空前规模的“围剿”。11月19日，红二、六军团从桑植县出发，实施战略转移，王赤军随贺龙率领的红六军团踏上远征之路。贺龙领导的红二、六军团历经南下湘中、西进黔滇、乌蒙山中回旋战、北渡金沙江等战役，于1936年7月在四川甘孜与红四方面军会师，后成立红二方面军，贺龙任总指挥。随后，贺龙率部与红四方面军共同北上，于1936年10月在宁夏将台堡与红一方面军会师，结束了艰苦卓绝的长征。

1936年11月，时任十七师政治部主任的王赤军及一批干部调入红军大学学习。临行前，红二方面军总指挥贺龙将此枪和子弹赠与其留作纪念，勉励他永远发扬红军长征的伟大精神。王赤军非常珍视这把枪，一直舍不得使用，妥善保存，他还从自己随身的米袋上剪下一小块布，缝制了一个小布袋，专门存放子弹。

这把枪是勃朗宁M1906式袖珍手枪。此种型号的手枪由比利时的FN公司于1906年正式投产，该枪尺寸较小，比成年男性的手掌还要短，故解放前在我国被称为“四寸勃朗宁小手枪”或“掌心雷”，其体积只比一包香烟略大，紧急情况下在衣袋内即可直接射击。1962年7月，王赤军将此枪和子弹捐赠给博物馆收藏。

07

与英雄共赴伟大征程

聂荣臻长征时用过的左轮手枪

谭天

枪，军人的第二生命。在和平时期，它会得到百般爱护。在艰苦的战争岁月，它更是受到善待，不论是行军于旷野之上，还是夜宿在草莽之中，都会与主人形影不离。枪与人俨然融为一体，共同出生入死。

中国国家博物馆收藏有一把美国柯尔特枪械制造公司生产的左轮手枪，长23厘米。这把手枪是聂荣臻参加红军长征时缴获国民党军的，此后在长征、抗日战争和解放战争时期始终伴随在聂荣臻身畔，经历戎马岁月。

聂荣臻是四川江津县人，在中央红军到达陕北的伟大战略转移期间，担任红一军团政委，参与了长征全程。他立场坚定，顾全大局，极富战略眼光，坚韧不拔，为长征胜利作出了卓越贡献。

长征时，聂荣臻跟着中央军委纵队行动，他衷心拥护毛泽东的正确领导，坚决维护党内团结。渡过湘江之后，聂荣臻的脚受伤化脓，不得不坐担架行军。在这期间，他思考了几次反“围剿”的经验和教训，还经常和同样坐担架的王稼祥交换意见，逐渐形成了应该让毛泽东出来领导军队的共识。

遵义会议后，毛泽东取得了在党中央和红军的最高领导地位，开始带领红军采用灵活机动的战略战术，转战于几十万敌军之间，导演了“四渡赤水”这一中国军事史上的经典战例。迂回行军虽然使敌人不知所措，但也让红军走了不少弯路。红一军团军团长林彪对此就非常不满，埋怨部队走的尽是“弓背”路，而非“弓弦”，部队应该走捷径，否则会被拖垮，并说毛泽东指挥不当。聂荣臻当即批驳了林彪的指责，阐明机动作战确实让部队疲劳，但是却能够隐蔽意图，使我军由被动变为主动。林彪仍旧不服气，致信中央，要求朱德、毛泽东下台，并要聂荣臻在信上签字。聂荣臻认为只有毛泽东才能挽救中国革命，因而严辞拒绝。

1935年6月，红一、红四方面军在四川懋功会师后，张国焘自恃人多枪多，妄图另立“中央”。他通过各种手段拉拢红军内部分领导人，其中就包括聂荣臻。不过，聂荣臻不惜冒着生命危险给予了坚决抵制，努力维护党内的团结统一。同年9月，俄界会议通过了《关于张国焘同志的错误的决定》。在这场与张国焘势力凶险的斗争中，聂荣臻旗帜鲜明地站在党中央一边。

聂荣臻长征时用过的左轮手枪

聂荣臻还从战略的高度，屡次为党中央出谋划策，为最终落脚陕北作出巨大贡献。自中央红军离开中央革命根据地以后，面对敌人的重兵“围剿”，党和红军何去何从，一直是关系中国革命生死存亡的关键问题。在贵州时，聂荣臻和刘伯承从敌我力量对比、经济发展水平、民情向背和交通状况等因素考虑，建议部队打过长江，去四川西北建立根据地。遵义会议通过了他们的提议。而后，根据敌情变化，党中央又采纳了聂荣臻等人提出的部队改渡金沙江入川与红四方面军会合的建议，迅速发布了《关于野战军速渡金沙江转入川西建立苏区的指示》。红一方面军到达甘肃时，聂荣臻获得了一份国民党的《山西日报》，其上印有阎锡山进攻陕北苏区的消息，于是派遣通信员将报纸送予毛泽东。不久，毛泽东确定了去陕北的行动方针。1935 年 10 月 19 日，毛泽东率领的长征部队胜利抵达陕北吴起镇。

聂荣臻身为红军的高级军事将领，凭借顽强的意志和过人的胆识，参与指挥了数场关键性战斗。湘江血战时，为保证党中央机关各部顺利渡江，聂荣臻提出了“生死存亡在此一战”的口号。此战红军损失惨重，由出征时的 8.6 万人锐减至不足 4 万人。聂荣臻回忆说，在红一军团的战史上从来没有如此严峻的战况。1935 年 5 月，部队过彝族区时，中央军委命令成立中央先遣队，指定总参谋长刘伯承任司令，聂荣臻任政委，负责战略侦察，为红军北上开路。先遣队在路上执行了正确的民族政策，顺利地完成了通过彝族区的任务。奇袭腊子口一役中，聂荣臻深知，不夺取这条敌人重兵把守的通道，红军无法北上。入夜后，红一军团组织突袭队悄然爬上关口两侧险峻高耸的绝壁，挺进敌人后方展开战斗。聂荣臻等不惧危险，站在与战场相距仅 200 米远的树林里指挥。部队最终占领了腊子口。

这把跟随聂荣臻走完长征路的左轮手枪虽然已经有近百年的历史，却依然如新，可见聂荣臻对其爱护之深。它向世人讲述着伟大的无产阶级革命家、军事家聂荣臻的辉煌革命历程和不朽荣耀。

08

“智勇兼全”的传奇将军

罗炳辉使用过的望远镜

江琳

这架望远镜镜柱长 17.6 厘米，镜头外距 19.8 厘米，是红九军团军团长罗炳辉在长征期间使用的。

红九军团是 1933 年 10 月根据中革军委命令，由红军第三师和第十四师组成的，归红一方面军建制，罗炳辉被任命为军团长，政治委员由蔡树藩担任。在第五次反“围剿”广昌保卫战中，红九军团损失严重，后经补充扩红，至长征出发前人员达到 11500 人。

1934 年 10 月，中央红军从江西瑞金、古城、于都等地出发，红九军团随红一军团左侧跟进，掩护左翼安全。突破四道封锁线时，罗炳辉带领的红九军团率部闯关夺险，“月行千里”，负责抢占要点，阻击追击和侧击的敌人，掩护中央纵队通过。抢渡湘江时，罗炳辉亲自上阵动员，对战士们慷慨激昂地说：“同志们，我们一定要把敌人顶住，无论付出多大代价，都要保护先头部队渡过湘江。”在顺利掩护中央纵队和红一、红三、红八军团渡过湘江后，罗炳辉才率领红九军团指战员们不畏严寒，跳进冰冷的江水，举着枪支和包袱，涉水渡过了湘江。

遵义会议后，罗炳辉率红九军团受命暂留黔北地区活动。1935 年 3 月底，根据中革军委指示，罗炳辉带领红一、三军团在马鬃岭地区诱敌向北出击，以掩护主力秘密向南转移。他在往西北的路上贴标语、放烟火，大造声势，还指挥军队白天在外面修筑工事，摆开与敌人决战的架势，造成红军主力将北渡长江的假象，成功迷

罗炳辉使用过的望远镜

惑和牵制了敌军，保证了中央红军主力乘虚安全渡过乌江。

然而，当红九军团完成牵敌任务，昼夜兼程赶到江边准备抢渡乌江随主力南进时，国民党军已经封锁了渡口，浮桥也被敌人破坏。面对严重敌情，罗炳辉决定跳出重围，折返老木孔。在老木孔，罗炳辉一方面派一个连在鸡爪山摆下迷魂阵，竖起旗帜，吹起号角，让敌人以为有千军万马埋伏，另一方面秘密设下伏击，利用有利的地形，痛击了敌人的“双枪兵”，充分显示了他“游击专家”的战略智慧。

红九军团在老木孔击溃敌军后，就进占金沙县，进而向黔西行进。后又奉令从盘县挺进到滇东北的宣威、板桥，掩护中央红军渡过金沙江。宣威、板桥一带靠近罗炳辉的出生地彝良，罗炳辉在这里如鱼得水，他筹款、扩充新兵、侦察敌情，均得到了当地群众的热情帮助。1935年5月，在掩护中央纵队渡江后，罗炳辉也率部渡过金沙江，一路北上到达礼州，与红三军团会合。至此，从在乌江北岸孤军作战以来，罗炳辉已率领红九军团单独行动了两个多月。

红九军团与中央红军主力会合后，奉命接替红五军团担任全军的后卫。在泸沽击溃川军刘文辉部三个团后，红九军团经冕宁通过彝族聚居区，于五六月间渡过大渡河和泸定桥。随后，罗炳辉率军团主力逼近天全县城，在红三军团的策应下，一举攻占天全。中央红军翻越夹金山时，红九军团仍负责殿后，监视天全、芦山方面的敌情，直到6月中旬才到达四川懋功地区，与红四方面军会师。

红九军团还是长征中唯一一个参加了三个方面军行动的部队。1935年7月21日，中革军委决定将中央红军各军团改称为军。红九军团改称为红三十二军，罗炳辉任军长。8月上旬，中央红军恢复红一方面军番号，随即与红四方面军混编成左、右两路共同北上。罗炳辉所率领的部队被编入左路军，随红四方面军主力一起行动。1936年7月，红二、六军团齐集甘孜地区与红四方面军主力会师，罗炳辉的部队奉令编入红二方面军。

7月中旬，罗炳辉率部由甘孜地区出发，随红二方面军开始北上，并于7月下旬到达阿坝地区。9月上旬，红三十二军随红二方面军总部来到哈达铺地区。10月22日，红三十二军在甘肃、宁夏交界的将台堡同红一方面军会师，从而胜利结束了长征。

周恩来曾亲切称誉红九军团是长征中的“战略骑兵”。毛泽东称罗炳辉为“一心追求真理的将军”。美国著名记者埃德加·斯诺的前夫人海伦·福斯特（笔名尼姆·威尔斯）在《续西行漫记》一书中赞颂罗炳辉是“传奇式英雄”“智勇兼全”的人物。

1951年，这架罗炳辉使用的望远镜由军委总政治部文化部拨交给中央革命博物馆筹备处（现中国国家博物馆）。看到它，就使我们想起长征中这位“传奇式英雄”的风采和为了保卫主力红军战略转移殚精竭虑、浴血奋战的身影。

09

长征路上第一团

长征过云南时部队发给杨得志的云南白药

江琳

这瓶云南白药是长征途经昆明时，部队发给杨得志的缴获品，与白药一起的还有两张药品的说明。对于每日出生入死的红军战士来说，这样的药品是弥足珍贵的。

1911年1月，杨得志出生于湖南醴陵南阳桥（今属株洲市）一个贫苦农民家庭。1928年1月，刚刚年满17岁的杨得志手持梭镖参加了湘南起义，随朱德、陈毅上了井冈山。1934年2月，在中央苏区第五次反“围剿”作战中，时任红一军团第一师第一团团长的杨得志，率团冒雨疾奔福建建宁西北的三甲嶂（即山岬嶂），以1个团顶住了敌陈诚部3个师的猛烈进攻，苦苦鏖战一昼夜。战斗中，他几次被断木砸倒，又爬起来继续指挥战斗，终于守住了阵地。战后，红一军团政委聂荣臻为总政治部的《红星报》撰写了《把第一团顽强作战的精神发扬光大起来》的社论，号召学习红一团敢打敢拼的战斗精神。

1934年10月，作为中央红军的先导部队，23岁的杨得志率领红一军团第一师第一团从莲塘背出发，为中央纵队开

长征过云南时部队发给杨得志的云南白药

辟道路并做掩护。10月21日，红一团在新田与国民党粤军余汉谋部3个团交战，杨得志鼓励全团：“动作要快、要猛，咬上敌军后，不论碰到什么困难，都不能松口，要一鼓作气，一定要把敌军打懵、打乱、打烂！”在英勇的红军战士的迅猛攻击中，国民党军乱了阵脚，红一团大获全胜，歼敌600余人，还缴获大批武器和弹药。11月25日，中革军委下达抢渡湘江命令，杨得志所在红一军团第一师奉令守住潇水西岸，保卫中央纵队前进，等待后卫红五军团到来。直至12月1日，在中央纵队渡过湘江后，红一军团才边打边撤。湘江一役红军损失惨重。

突破四道封锁线后，红军进入贵州。1935年1月2日，杨得志奉军团命令，率红一团赶到乌江龙溪渡口。乌江水流很急，对岸驻扎着地方军阀侯之担的一个团，沿岸的船都已被国民党军破坏。杨得志拿起望远镜观察对岸的情况，突然看到江中漂浮着很粗的竹子。他兴奋地建议扎竹排，这样不但可以利用竹排强渡，还可以搭浮桥让大部队通过。不到三个小时，一只只大竹排就扎好了。战士们不惧江水湍急，争先乘竹排强渡乌江，终于在天亮之前夺取了国民党修筑的工事，并在江中搭起了浮桥，顺利迎接第一师和红九军团过江。

1935年2月，杨得志奉命率领红一团出人意料地直逼防守力量薄弱的贵阳城郊。红一团大造攻打贵阳的声势，将云南的滇军调了出来。正当云南军阀龙云率军入黔时，红军又出其不意地向国民党兵力空虚的云南急进。4月27日，杨得志率红一团抵达距离昆明只有100里的嵩明县，前卫第三营十分顺利地全歼了守敌，缴获了一批武器弹药和崭新的军装。

这瓶云南白药就是杨得志的部队在云南期间的缴获品。长期以来，红军战斗负伤人员很多，却得不到很好的药品治疗。此次到达昆明，获得大批云南白药，部队就给每人都发了一小瓶，以备疗伤使用。

离开云南后，杨得志率部巧渡金沙江，走过了彝族区，又奉令偷袭安顺场的守敌，歼敌一个营，获取了小船一只，随即组织了红一团一营二连的18名勇士强渡大渡河成功。他们的英雄壮举让毛泽东牢牢地记住了红一团——这支英勇的部队。在中央红军突破腊子口到达哈达铺之后，红一团奉令和红三团的一部分编为中国工农红军陕甘支队一纵队第一大队，杨得志为大队长。到达陕北后，红一团才恢复原番号。随即，杨得志率领部队取得了直罗镇战役的胜利，为“党中央把全国革命大本营放在西北的任务，举行了一个奠基礼”。

对于杨得志和红一团的功勋，毛泽东、周恩来都给予了充分的肯定。毛泽东说：“红一团在这次大转移中是立了功的，你们一直走在我们的前面。”1953年秋，杨得志从朝鲜前线回国，参加建国四周年庆典。10月1日，在天安门城楼上，毛泽东当着大家的面说：“此人大名叫杨得志，当年强渡大渡河的红一团团长。”周恩来称赞红一团乃“天下第一团。”

这瓶云南白药，瓶高5.3厘米，药勺长4厘米。根据药品的说明，它是由云南昆明的公升大药房创始制作的白药精。虽然杨得志在整个长征期间一直没有使用它，但他对这瓶白药却非常珍惜，将它看作自己革命生涯的“三件宝”之一（其余“两宝”是一枚三级红星奖章和一把勃朗宁手枪，都已捐赠中国国家博物馆）。2016年3月，在长征胜利80周年即将到来之际，杨得志的子女杨建华与杨秋华将杨得志“三件宝”中的最后一件——红军长征经过云南时部队发的云南白药捐献给了中国国家博物馆。

10

临危受命担大任
张云逸长征时使用过的左轮手枪

江琳

张云逸长征时使用过的左轮手枪

这把左轮手枪长22.2厘米，是张云逸长征时使用的。中央红军开始长征时，张云逸已被派往湘赣省军区担任司令员，因而未能同行。直到1934年11月初，他才带领22人小分队在聂都乡游击队的掩护下，突破国民党军的包围追赶上长征的队伍。

长征路上，张云逸曾经数次临危受命。他协助周昆、黄甦指挥红八军团，与其他部队一起掩护军委第一、第二纵队渡过湘江。湘江一战，红八军团奋力阻击强敌，最后战至仅剩1000多人。

通道会议后，张云逸调任中革军委副总参谋长兼中央纵队先遣队司令员，担负侦察敌情、寻找向导、征集资财和勘察道路等任务。在作战部队中，只有能力非常全面且忠诚可靠的人才会被委以先遣调查工作，张云逸能够在这个时候受命担任先遣部队司令员，足见他在军中的地位。

湘江战役之后，中央红军由出发时的8.6万人锐减至3万余人，与此同时，国民党军却在红军四周布下重兵，只有查明前方国民党军的虚实，选择兵力薄弱地区进行突破，才有求生的可能。负责先遣调查工作的张云逸冒险深入敌区，调查到国民党军在贵州的兵力较为薄弱，并及时向中央汇报。毛泽东根据情报，力主红军西进，向敌人兵力薄弱的贵州前进。这个决定，保住了主力部队，使红军获得了喘息之机。

长征路上，在敌军数倍于我的残酷斗争中，在敌人前堵后追、我军饥寒交迫的险恶环境中，张云逸极为冷静、沉着。北渡乌江时，为使红军迅速渡过乌江，摆脱国民党军薛岳部的追击，毛泽东派刘伯承为参谋长，亲自到江边指挥，派张云逸为副参谋长协助工作。张云逸拿起望远镜，观察到对岸渡口上敌人配备了连哨，渡口上游 500 米处有一条小路与渡口大道相通，勉强可以走人，但那里几乎没有沙滩，登岸困难，而且也有排哨。敌人还沿江修筑了很多工事，要渡江可谓困难重重。刘伯承和张云逸判断，渡口是敌人重点防御，不易突破，离渡口 500 米的小道虽然难于攀登，但有可能夺取。于是，他们决定佯攻渡口，主攻小路，并抓紧架桥。中革军委将架桥协助部队渡江的重任交给张云逸。张云逸临危受命，连夜率军委工兵营向渡口赶进，并指挥工兵连协同红一军团第二师架桥。在架桥时，部队用大篓子装满石块，中间交叉长木棍做锚爪，制成石锚解决浮桥的固定问题，桥体则用竹筏和门板架成，最终保证了军委纵队和红五军团顺利通过，将薛岳的 8 个师甩在乌江以南。

1935 年 5 月，红军顺利通过大渡河后，张云逸再次接到一个艰巨的任务，率干部团上级干部队“沿途负责搜查并收容各部队落伍人员”。在他的领导下，大家同甘共苦，相濡以沫，互相鼓励，相互搀扶着跟上了大部队。1935 年 6 月，红一、四方面军在懋功会师，其后在两河口会议上，确定了集中主力北攻，实施松潘战役计划，并创造川陕苏区根据地的战略方针。然而，由于张国焘的故意拖延，松潘计划未能实现，红军不得不兵分两路，由张国焘等率左路军，毛泽东等率右路军，经过自然条件极其恶劣的草地北上。

1935 年 8 月，张云逸随同右路军进入草地。草地行军时，张云逸的身体极为虚弱，常“打摆子”发高烧。有一次竟然在马背上昏了过去，但他仍以顽强的毅力与病魔和恶劣的自然环境做斗争。尽管他已经非常消瘦，却很乐观地对同志们说：“干革命是不能怕艰苦的，坚强的革命意志是在艰苦的斗争中锻炼出来的，正如钢铁是在几千度高温的熔炉中炼出来的一样。我们一定能完成北上的使命，一定能战胜日本帝国主义及国民党反动派。”他的话使同志们受到很大鼓舞，革命意志更加坚定。经过六七天的草地行军，张云逸和红军战士们终于走出了草地，到达四川的班佑、巴西一带。

1935 年 9 月，红一方面军主力改编为中国工农红军陕甘支队，张云逸任副参谋长，并于 10 月率部到达陕北吴起镇与红十五军团会师，胜利完成了这一艰苦的远征。他所佩戴的手枪成为他在长征路上艰难跋涉、英勇奋战的历史见证。

1975 年 11 月，在参观了中国革命历史博物馆（现中国国家博物馆）举办的纪念红军长征胜利 40 周年展览后，张云逸的夫人韩碧决定将这把跟随着他一路征战的左轮手枪捐赠给博物馆，让它成为纪念无数长征先烈的光辉的历史见证。

11

勇担重任 不辱使命

军委委任何长工为九团政治委员的命令

江琳

这张用毛笔书写的命令，是1935年3月20日中革军委下发的任命何长工为红九军团政治委员的命令。命令纵26厘米、横18.9厘米，内容有两条：一是调九军团政治委员蔡树藩到总政治部另行分配工作；二是“委何长工同志为九军团政治委员”。命令末尾签名为：军委主席朱德 副主席周恩来 王稼蔷（祥）总政治部主任王稼蔷（祥）副主任李富春。这纸命令

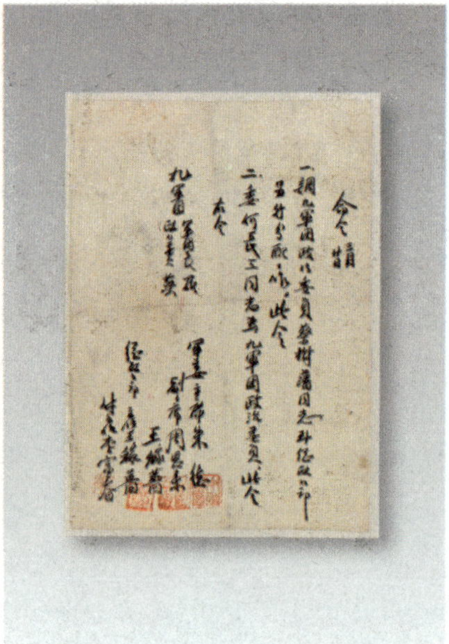

军委委任何长工为九团政治委员的命令

下达于红军三渡赤水之后，它向我们讲述了何长工到达红九军团后的不平凡经历。

何长工生于1900年，1919年赴法勤工俭学，1922年加入旅欧中国少年共产党。回国后，何长工参加了湘赣边秋收起义，并随军上了井冈山。1933年10月起，何长工任红军大学校长兼政治委员。1934年春，何长工受命担任粤赣军区司令员兼政治委员，并开始参加与广东军阀陈济棠的谈判。

1934年10月，正当何长工和潘汉年在广东寻乌县附近的罗塘镇与陈济棠的代表谈判期间，他接到命令被召回于都。此时红军主力已经开始转移，周恩来告知他回军委教导师任政治委员，不再返回粤赣军区。这个教导师是中革军委领导的新部队，由军委总参谋长刘伯承主管，军委五局局长张经武担任师长。其后，何长工由于都赶至信丰，加入教导师，随军开始长征。由于一路上长途跋涉，征战频繁，到1934年年底，教导师所剩人员已经不多。1935年1月到遵义时，何长工因连日疲劳工作，染上重病。

二渡赤水之后，何长工病情渐好。有一天，毛泽东找他谈话，要他到红九军团

任政委。由于知道红九军团需要离开主力，执行别动队的任务，最初何长工还有些犹豫。但刘伯承鼓励他说，既然毛主席让你去，相信你是有能力搞好九军团的。这样，何长工欣然接受了命令，决心纵有天大困难，也赴汤蹈火在所不辞。

何长工到达红九军团后，就接到了为保障主力南渡，红九军团暂留在黔北地区活动的命令。为完成命令，何长工所在党委马上召开了会议，向全体人员做了思想动员，并将原来的2个师缩编成3个团，机关和后勤部门也都做了相应的精简。

随后，何长工和军团长罗炳辉以红九军团主力依托马鬃岭，经倒流水向长干山西南李村佯攻，牵制敌人不能向枫香坝移动，掩护红军主力越过封锁线。继而又配合五军团抗击吴奇伟、周浑元纵队左侧翼，掩护中央红军南渡乌江。然而，当牵制任务完成、红九军团准备渡乌江时，因被国民党军阻隔，晚到沙土渡口6小时，此时红军主力已将浮桥破坏。在此危急情形下，何长工、罗炳辉等分析了黔军和中央军的情况，决定先集中兵力打垮一路。随即，红九军团一面在乌江北岸东绕西转迷惑敌人，一面在老木孔为敌人设下伏击圈。老木孔一战，红九军团发挥了不怕疲劳，连续作战的作风，一举俘敌1800多人。何长工称其为“红九军团单独行动以来，打的一次转危为安的漂亮仗”。

1935年4月下旬，红九军团渡过北盘江，进入云南境内。5月9日红九军团完成了中革军委交给的掩护主力渡过金沙江的任务，并于5月下旬通过凉山的彝族区。当红军主力通过泸定桥之后，红九军团又接替红一军团坚守泸定桥。在四川松岗，何长工还和军团政治部主任黄火青一起设立秘密收容所，专门收留红一方面军掉队者。这一举措后来得到了毛泽东的充分肯定。

1935年6月，红一和红四方面军在懋功会师，随后红九军团奉令调到孟沽、卓克基、马尔康一带休整筹粮。七八月间，经两河口、沙窝和毛尔盖会议决定，红一、四方面军混编，分左、右路军共同北上，左路军总指挥朱德、政委张国焘，红九军团编入左路军第二纵队，改为三十二军。其后，由于电台被调换，何长工和部队被隔绝了与中央的直接联系，在右路军北上之后，红三十二军不得已跟随张国焘南下。1935年12月汉源战斗后，何长工被调到驻芦山的组织委员会，协助供给部筹粮，并负责文化娱乐工作。不久，何长工又调任粮食总局局长。他克服了重重困难，完成了艰巨的筹粮任务，保证了红四方面军所需的食品供给，最终于1936年冬跟随红四方面军到达陕北，胜利完成了长征。

回首长征，何长工常常感慨万千，尤其是他调到红九军团以后，一路浴血奋战，以及被迫跟随张国焘南下所走的坎坷道路，更是让他难忘。这张将他派调红九军团担任政治委员的命令，他保存了46年。直到1981年9月，何长工才亲自将其捐赠给中国革命历史博物馆（现中国国家博物馆）永久收藏。

12

忠心耿耿 为党为国
王维舟绘刘志丹像

安莉

这是王维舟为刘志丹烈士绘制的一幅肖像画，纸质，炭笔绘，纵68.5厘米，横54厘米。王维舟被誉为“川东刘志丹”，长征时期曾任红三十三军军长。毛泽东为他题词“忠心耿耿 为党为国”。朱德也称赞他“为红四方面军主力入川，并迅速扩大，做出重大贡献”，充分肯定了王维舟和川东游击军的历史功绩。这幅作品不仅寄托了王维舟对战友的哀思，也使我们后人可以借此缅怀老一辈革命家王维舟的革命历史功绩。

王维舟出生于1887年，是四川省宣汉县清溪场人。1923年他回到家乡，建立共产主义小组。1928年同李家俊等人创立了川东第一个革命武装——川东游击军。1933年10月，红四方面军向宣汉、达县方向推进，王维舟率领川东游击军堵住四川军阀刘存厚部逃窜的渡口，包围廖雨辰部从万源撤退的8个团，并配合红四方面军许世友部猛攻南坝场、圣灯寺大山，全歼敌人。随后率领川东游击军与红四方面军胜利会师，使川陕革命根据地与川东游击区连成一片。11月2日，川东游击军改编为红四方面军第三十三军，王维舟任军长。当改编大会在宣汉城召开时，附近群众约20万人赶来庆祝，宣汉城如同过年一般。

改编后不久，王维舟率领红三十三军参加了历时10个月的反四川军阀刘湘的“六路围攻”战役，他们不仅守住了阵地，还锻炼了队伍，夺得了装备。这群优秀的巴山儿女们，凭着忠勇坚韧的巴人本色，迅速成长为能征善战的红军战士。然而，当川陕根据地保卫战空前激烈的关头，张国焘却推行“左”倾路线，致使肃反扩大化，给红三十三军造成了重大的人员损失，许多革命同志遭到拘禁审查，甚至无

王维舟

王维舟绘刘志丹像

端杀害。面对此情此景，王维舟内心非常痛苦和无助，他本着顾全大局、维护团结、保护干部以及稳定部队的原则，竭尽所能地及时保护了一批宝贵的革命中坚力量。但是，“肃反”还是波及红三十三军领导人，军长王维舟和政委杨克明被先后撤离了领导岗位。

1935 年年初，红四方面军即将西渡嘉陵江时，总指挥徐向前顶着张国焘的压力起用王维舟，调他到总部参加广（元）昭（化）战役、陕南战役的指挥工作。接受任务后，王维舟和红四方面军副总指挥王树声翻山越岭，沿着嘉陵江东岸先后行走三四百里，寻找渡江点。3 月 28 日，红四方面军发起了强渡嘉陵江战役，王维舟在塔子山指挥炮兵，王树声指挥突击队偷渡，二人并肩作战，使敌人的全线江防土崩瓦解。

1935 年 6 月，红四方面军与中央红军在懋功会师。后，中央决定将红一、四方面军混编为左、右两路军，由朱德、刘伯承和张国焘率领左路军北上，红三十三军隶属左路军。不久，张国焘以种种借口命令左路军南下。1936 年 2 月，当左路军西进甘孜地区时，王维舟被张国焘任命为中央五局局长，兼任抗日联军总司令，红三十三军已名存实亡。王维舟领导的五局，负责侦察和调查通过草地的路线。当部队在荒芜辽阔的草地，粮草无着落时，王维舟总是当先行官，为部队筹粮措款，扫清障碍，保障了部队顺利前行。

1936 年 7 月，红二、六军团到达甘孜与红四方面军会合后，在朱德等人的坚持下，张国焘终于同意北上。1936 年冬，王维舟跟随红四方面军到达陕北。在保安，历尽艰辛的王维舟和刘伯承一起见到了毛泽东，并报告了红四方面军长征的曲折历程。

在陕北时，王维舟听到了陕甘革命根据地创建者刘志丹的英勇事迹，体会到了陕北人民对刘志丹的深切怀念之情。王维舟虽然未能与刘志丹谋面，但创建游击队和苏区，以及同样的“肃反”运动经历，使他心中对刘志丹这位陕北的“群众领袖，民族英雄”有着更深的理解和敬意。怀着对烈士的崇敬心情，根据刘志丹在 20 世纪 30 年代初的一张照片，王维舟用炭笔绘制了这幅烈士肖像，以表达对战友的纪念。

13

长征路上的朝鲜将领

毕士悌在《红色中华》上发表的《拥护红军北上抗日宣言》

项朝晖

中国国家博物馆收藏的《红色中华》报第226期，纵41.8厘米、横57厘米，由于时间较长，纸色发黄，边角处多有破损。这期《红色中华》报于1934年8月15日出版，在第四版右角上刊登了一则《拥护红军北上抗日宣言》，宣言的作者是台湾民族代表蔡乾和朝鲜民族代表毕士悌（梯）。苏区为什么会有朝鲜籍的代表？他们为什么会参加了中国革命？下面我们就来讲讲毕士悌不平凡的长征路。

毕士悌在《红色中华》上发表的《拥护红军北上抗日宣言》

毕士悌，原名金勋，曾用名杨州平、杨宁、杨林、毕士梯等，1898年出生在朝鲜平安北道。在日本吞并朝鲜后，他加入到争取民族解放的斗争中，后流亡到中国延边，进入朝鲜反日团所办的新兴武官学校学习，后又担任教员。在与日军不断的斗争中，他认识到生活在中国的朝鲜人，必须与中国人民共同反抗敌人，才能获得民族解放。1921年6月，他化名杨州平，考入云南讲武堂第十六期炮兵科。1924年从讲武堂毕业后，他改名杨宁，受聘为黄埔军校教练部学生总队教官。在黄埔军校期间，他经常聆听军校政治部主任周恩来等共产党人的报告。1925年夏，他秘密加入了中国共产党。同年11月，根据党组织的安排，他被调往中共直接领导下的叶挺独立团担任第三营营长。半年后，因军事技术过硬，又被调回黄埔军校任教。1930年夏，他从苏联莫斯科中山大学和莫斯科步兵学校学成回到上海，以杨林为名，被派往东北担任中共满洲省委军委书记，参与领导组建东北抗日武装的工作，后于1932年夏来到中央苏区，担任过红二十三军军长、中革军委总动员武装部参谋长、粤赣军区司令员、红一军团参谋长等职，并参加了中央苏区的第四、第五次反“围剿”。1934年1月，在中华苏维埃第二次全国代表大会上，他作为朝鲜人民的代表当选为中华苏维埃共和国中央执行委员。同年春，军委考虑到他曾三次上过国内外军校，调他到红军大学主管教务。在此期间他改名为毕士悌。

1934 年 7 月，红七军团受命组成中国工农红军北上抗日先遣队向福建挺进后，毕士悌与在苏区的台湾民族代表蔡乾共同发表《拥护红军北上抗日宣言》，宣言中他们以“亡国奴”的切身体会，号召“不愿意做亡国奴”的全中国民众团结起来，“为收复失地、为中国独立解放而战！”

长征开始时，红军大学被编入干部团，毕士悌任团参谋长。遵义会议前后，干部团参加了攻打赤水河畔的土城和二占遵义的作战，毕士悌不仅参与指挥战斗，而且带头冲锋陷阵，配合中央红军主力取得战斗的胜利。1935 年 4 月，中央决定强渡金沙江，周恩来、刘伯承指示干部团一定要在“五一”前完成奇袭任务。毕士悌和团长陈赓，政委宋任穷一起，率全团一昼夜强行军一百余里，在渡口的守军酣睡时，毕士悌率前卫队如神兵天降，成功袭取皎平渡渡口并缴获了船只。为保护渡口安全，次日晨，他又率领一个排迅速北上通安镇，以伤亡 12 人的代价击溃敌人一个团，俘敌数百，受到中革军委嘉奖。

1935 年 6 月，红一方面军与红四方面军在四川懋功会师后，红军干部团与红四方面军的红军学校合并，改编为新的红军学校。干部团改编成红军学校的特科团，毕士悌仍任参谋长。在张国焘派教育长李特煽动红军学校随其南下时，毕士悌等干部团的同志坚持了中央的正确路线，继续北上。

中央红军长征胜利到达陕北后，毕士悌被派往徐海东所率的红十五军团，任第 75 师参谋长。在随后的直罗镇战役中，他身先士卒，率领部队歼灭敌人一个营，击毙敌师长牛元峰，为巩固陕北革命根据地作出了重要贡献。

1936 年 2 月，为宣传中国共产党的抗日主张，扩大陕甘宁革命根据地，毕士悌奉命东征山西。20 日晚 8 时，他率领先锋营在清涧县河口附近强渡黄河。不到一小时，先锋营在石楼县贺家凹西北登岸，攻占了敌人的碉堡，迫使守敌一个连投降。为了保证后续部队安全渡河，他不顾疲劳，率部队继续向纵深突破，不幸被敌人的子弹打穿腹部。中弹后，他强忍伤痛，一再催促围在身旁的战士：“不要管我，赶快继续前进！”昏迷后他曾一度苏醒，关心的仍是前方的情况和毛主席是否已过黄河。两天后，毕士悌终因伤势过重光荣牺牲，年仅 38 岁。

80 多年前，参加长征的红军中至少有 30 名朝鲜籍干部和战士。有很多十分年轻的红军将领身先士卒，不怕牺牲，为长征的胜利献出了宝贵的生命。毛泽东曾说：“中华人民共和国灿烂的五星红旗上，染有朝鲜革命烈士的鲜血。”

今天，当我们再次看到《红色中华》报上刊登的毕士悌等人发表的《拥护红军北上抗日宣言》，不禁更让我们缅怀起这位走过长征路，参加了长征艰苦卓绝战斗的杰出的朝鲜将领。

14

贴心大姐暖征程
蔡畅为李维汉织的毛衣

周彩玲

这件毛衣是1931年春李维汉在等待赴莫斯科学习期间，蔡畅亲手为他织的。它跟随着李维汉走过了漫漫的长征路，在爬雪山、过草地的艰难征程中，给他带来珍贵无比的温暖。这件普通的毛衣，见证了战友之间的革命情谊。

蔡畅出生于湖南湘乡一个著名的革命家庭。她的母亲葛健豪是当时中国社会少有的具有侠肝义胆和远大抱负的开明女性。在母亲的影响下，蔡畅和哥哥蔡和森，从小就有着改造中国的远大理想。1919年年底，19岁的蔡畅随母亲和哥哥举家远渡重洋，赴法勤工俭学。在左翼运动高涨的法国，蔡畅接触到了马克思主义和社会主义思想，并于1923年加入了中国共产党，与留法的周恩来、邓小平、蔡和森、李维汉、李富春、向警予、聂荣臻等人一起成为中国共产党早期著名的革命领袖。蔡畅外表温和优雅，内心又不乏坚韧刚毅，对革命同志始终怀有一颗仁厚的慈爱之心。正如尼姆·威尔斯在《续西行漫记》中所说："她是那么富于人情和感情，像一位慈母那样和善亲切。"因为她的慈爱，也因为她在党和革命中的地位与资历，从中央领导（如周恩来、邓小平、聂荣臻、李维汉等）到一般的革命战士，凡认识和接触到她的人都亲切地称其为"蔡大姐"。

1934年10月，蔡畅随中央红军开始了亘古未有的长征。在中央红军参加长征的30名女性中，34岁的蔡畅是年龄最大的，也是党龄最长、资格最老的，是名副其实的"大姐"。参加长征时，蔡畅随其丈夫李富春同中央红军第二纵队总政治部一起行动，并担任总政治部机关党总支书记，还协助第二纵队司令员李维汉做

蔡畅为李维汉织的毛衣

部队所到地方的群众工作。

蔡畅在工作和生活中平易近人、友爱热心。长征途中她虽任务繁重，并患有严重的胃病，但仍坚持把组织上分配给她的一头骡子用来驮东西或伤病员，自己很少骑，多是同普通战士一样徒步跋涉。有时，部队分配的粮食是些没有脱壳的稻谷、青稞麦，找不到地方加工，蔡畅就同她的警卫员一起找石头、瓦片搓，找不到石头、瓦片的时候，就一起用手搓。当部队吃光了粮食，她就同战士们一起去挖野菜，煮野菜粥喝。下雨天时，蔡畅就将身边的战士拉到用雨布临时搭建的自己的小帐篷里，与他们背靠背挤在一起避雨。

由于长途行军，战士们极度疲乏，很多人就不注意洗脚、泡脚。蔡畅看在眼里，急在心里，她像大姐一样细心地检查大家的脚，不厌其烦地督促他们去烧水洗脚，告诉他们如何处理脚上磨起的血泡，避免因脚部感染而生病。

细心的蔡大姐总是能关注到有困难的同志，身边同志的苦与乐她都看在眼里，记在心里。她发现任中央纵队秘书长的刘英最近总是光着脚走路，经询问得知，原来是因为刘英的鞋子穿烂了，但她身材矮小、脚也特别小，队伍里没有适合她脚码的鞋子，就干脆打起了赤脚板。知道情况后，蔡畅一直惦记此事。有一次，在土豪的部分财物中，她敏锐地发现有一双适合刘英的小布鞋。当她将布鞋送给刘英时，刘英异常激动。在部队过老山界时，急行军过程中周子昆的妻子曾玉生下了孩子，身体极度虚弱，此时部队也断了粮，没有吃的。蔡畅知道后，把自己仅有的一点儿奶粉拿出来送给了她。

蔡畅不仅生活上关心、体贴红军战士，还非常善于做思想宣传工作，以鼓舞战士们的士气。最著名的当属她为战士们唱她在法国勤工俭学时学的《马赛曲》和《国际歌》了。蔡畅在回忆录中也提到：“我自己也曾在过草地时应战士们的请求唱过《马赛曲》。当时，部队被阻挡在雨后暴涨的河边，有关人员正在安排渡河事宜。我想到应该给大家鼓鼓劲儿，便唱起了这支法国的革命歌曲。周恩来副主席牵着马，随着我轻声哼着，还用右手轻轻地打拍子。很多伤病员都兴奋地从担架上抬起头来。”她不仅演唱革命歌曲，还经常给战士们讲她在法国、苏联留学时的经历和见闻，来调节大家疲惫的身心。朱德的夫人康克清将蔡畅的歌声和故事，称为长征中的“精神食粮”。

正如蔡畅送给李维汉的毛衣温暖了他的长征路一样，蔡畅在长征途中所表现出的惊人毅力、高尚品格和乐观精神，不仅赢得了大家的尊敬和爱戴，也鼓舞和温暖了无数的红军战士，难怪有西方学者将其誉为“长征中的圣徒”了。1978 年 7 月 27 日，82 岁高龄的李维汉将这件珍藏了近半个世纪的毛衣，捐赠给了中国革命历史博物馆（现中国国家博物馆）。

15

电波架起“空中桥梁”

伍云甫长征路上在电台工作时使用的克丝钳

江琳

这把克丝钳长18.8厘米，是伍云甫长征路上在电台工作时使用的。通过这件文物，结合伍云甫从1934年10月至1936年10月写的长征日记，我们可以看到这位红军电台负责人走过的不平凡的长征路。

伍云甫是湖南人，1904年出生，曾参加秋收起义和湘南起义。1930年3月，他被调到上海党中央创办的一个秘密无线电训练班学习。虽然他一直做武装工作，对无线电工作不了解，但是既然是党交付的任务，他就决心从头学习，决不退缩。经过一年的学习，伍云甫掌握了过硬的通讯技术，1931年春，他被党中央派往江西红军总部工作，担任红军总部电台政委。当时红军只有一部半电台，即一部发信机、两部收信机和两套电源，是缴获国民党军张辉瓒和谭道源部的。由于电台残损，红军用两部电台的机器拼成了一部完整的电台，不过只能收报，不能发报。

伍云甫到了苏区不久，红军就取得了第二次反“围剿”的胜利，缴获了敌军二十八师公秉藩部的一部大功率电台。利用这部电台和伍云甫等人从上海带来的通讯情报和技术，苏区很快建立了与上海党中央的联系。

1934年10月，伍云甫带着电台，率领总台人员跟随中央红军开始长征。通过伍云甫在长征中所写的日记，我们可以具体了解到伍云甫在艰难的长征途中是如何保护部队的通讯设备，积极训练通讯员，坚持履行通讯职责的。

长征路上，通讯工作至关重要，有时候为了获得较好的通讯信号，需要在夜间发报，这也大大增加了通讯人员的工作强度。伍云甫在长征路上常常要熬夜工作，他在日记中记录了1934年11月26日为给“1K”“5K”“1D”（红一方面军一军团、红一方面军五军团和红一师）发急电，一直工作到第二天凌晨2点的情况。

伍云甫的通讯队白天跟着大部队行军，遭受敌机轰炸，烧毁洋油、滑油、死伤通讯战士的事件时有发生。虽然一路险阻重重，但当部队休息时，他还要负责编发通字口令、讯号令、材料分配、部件修理，并且继续培训报务人员。长征路途艰辛，元器件都要自己动手修理。仅1935年1月21日一个晚上，伍云甫就检查了3个坏电瓶，把它们合并成一个。他在日记上说：“这一天非常疲劳。”

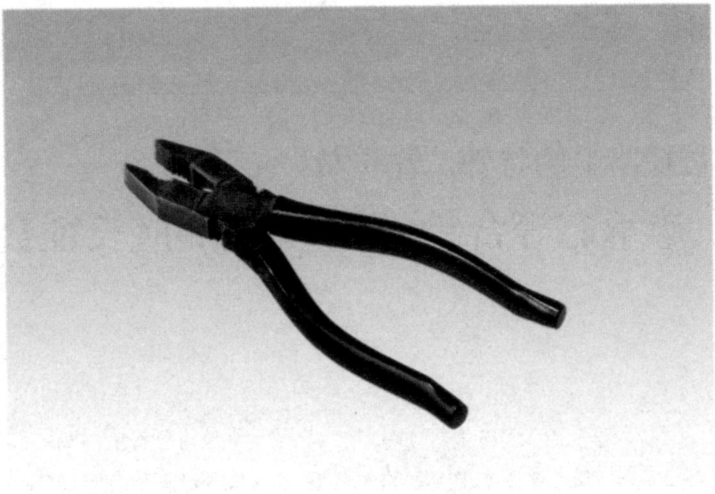

伍云甫长征路上在电台工作时使用的克丝钳

1935年6月，红一方面军经过艰苦奋战，进入四川懋功地区，与红四方面军会师。红一、四方面军会师后，红军兵分左、右两路北上。为了加强对左路军的领导，毛泽东派朱德和张国焘组织左路军，一方面军的五、九军团编入左路军。中央红军无线电队也分成两部，伍云甫率领一通讯电台随朱德总司令来到张国焘处工作。在左路军中，由于张国焘排斥、监督甚至迫害来自红一方面军的指挥员，很多一方面军的电台工作人员都被停了职，不许工作，少数人只许收报，不许发报，甚至连基本的供给都保障不了。伍云甫从大局着想，一方面劝告大家不要轻举妄动，能干什么就干什么，一方面冒着危险向中央反映了张国焘分裂党中央的阴谋，与右路军取得了联系。他在日记中写道："日夜思念总部。……又有战士被停职，要谨慎，不利团结的话不说，埋头工作。"

为了加强左路军的通讯技术，他办起了通讯主任训练班，编"号音通讯概要"，拟定"使用电台须知"。他经常一身油污，检修机器，调发物资，做着最普通又最重要的工作。长期的艰苦行军和高强度工作把他累病了，不得不住院治疗，这一住就是一个月。

就是在这样身体和精神的双重压力下，伍云甫努力用他手中的工具尽力维护和修理通讯设备，保障通讯畅通，架起了红军之间的"空中的桥梁"，对红二、四方面军与中央红军的胜利会师发挥了重要作用。伍云甫从事通讯工作，虽然没有经历枪林弹雨、惊心动魄的战争场面，但同样意义重大。这件他修理通讯仪器所用的克丝钳，也成为他艰苦斗争的历史见证。

1975年11月，中国革命历史博物馆（现中国国家博物馆）举办纪念红军长征胜利40周年展览时，伍云甫的夫人熊天荆来到展厅参观，看到展出的长征文物后非常感动，遂决定将伍云甫在长征中使用的修理通讯仪器的工具捐赠给博物馆，这才使我们能够在中国国家博物馆里看到这件珍贵的文物。

16

长征路上的特殊“宣传员”
廖承志等合绘、陈毅题跋的《长征会师图》

江琳

这幅《长征会师图》作于1961年，纵249.5厘米，横124.2厘米。画的作者是何香凝、廖承志、胡佩衡、陈半丁、秦仲文，画作右上方还有陈毅所写题跋。

廖承志是廖仲恺和何香凝之子。1933年8月，受中共中央的派遣，他到川陕革命根据地，担任红四方面军总政治部的秘书长。然而，在长征开始前，廖承志已被红四方面军的领导人张国焘开除了党籍，并以“蒋介石的侦探”的罪名被逮捕。铁竹伟在《廖承志传》一书中说：“张国焘之所以没杀廖承志，除了他的家世，除了共产国际和党中央的压力，顶实际、顶重要的还是他会刻蜡版，会画画，张国焘在根据地要印行钞票，都离不开他。”

1935年4月，红四方面军强渡嘉陵江战役胜利之后，廖承志就以“囚徒”身份被押上了前途莫测、艰苦卓绝的长征路。他当时化名“何理华”，所以很多人都不知道他就是廖承志。长征时廖承志身体很瘦弱，但一路上张国焘连一匹牲口都不配发给他，让他和普通战士一样跋山涉水，风餐露宿。可就是在这样艰苦的环境中，不论翻雪山、过草地多么艰苦，不管饥寒交迫怎样严酷地折磨，廖承志都保持了高度的革命乐观主义精神和对工作一丝不苟、精益求精的态度。

严长寿曾在红四方面军政治部油印

廖承志等合绘、陈毅题跋的《长征会师图》

股工作，与廖承志一起参加了长征。他在《廖承志在长征路上》一文中写道：廖承志长征时的任务是刻连环画，连环画文字说明由油印股先刻好，再送廖承志刻图。不完成刻图任务，再晚他也不休息。每天行军几十里，夜里别人都进入了梦乡，他却仍然在油灯下工作直到深夜。他常说，刻图任务很紧急，宁愿不吃饭、不睡觉也必须尽快刻出来，部队当前急需精神食粮。

廖承志不但能写会画、知识渊博、才思敏捷，还精通英、日、德语，翻译技能高超熟练。红四方面军抄收到的塔斯社的英语新闻、东京的日语新闻等都会送到保卫局的“犯人”廖承志这里翻译，因此他每天任务非常繁重。

1935年，在四川境内，廖承志写下了《戴枷行万里》这首诗：

莫蹉跎，岁月多。
世事浑如此，何独此风波。
缠索戴枷行万里，天涯海角任销磨。
休叹友朋遮面过，黄花飘落不知所。
呜呼，躯壳任它沟壑填，
腐骨任它荒郊播。
宇宙宽，恒星移，
地球还有亿万年，百岁人生一瞬过。
笑，笑，笑，何须怒目不平叫？
心透神明脑自通，坦怀莞尔心光照；
绳套刀环不在手，百年自有人照料。

诗中描绘了廖承志在长征途中的心境，虽然遭受迫害，但他仍不肯蹉跎岁月，而是以笑面对所有艰难困苦，内心光明坦荡。在长征路上，他也确实常常以乐观的精神感染着同志们。每当行军休息时，一旦有“自由”的机会，他就和同志们说说笑笑，甚至放开嗓子唱歌，唱军歌、唱民歌、唱法语的《国际歌》，要不就拿出纸和笔画渡船、画山河、画花草。每当部队需要做宣传，挂马克思、恩格斯、列宁的像，他就出来画好；每当需要大标语，他就出来写好，任务完成后又被关起来。他这样的“囚徒”生活直到1936年年底才结束。

1936年10月，红军三大主力胜利会师后的一天，在前往豫旺堡的行军路上，廖承志跟周恩来不期而遇。在周恩来的亲自过问下，被看押了整整22个月的廖承志终于被从张国焘的桎梏下解放出来。此后，他继续在延安从事宣传和翻译工作，直至1937年1月离开。

长征的岁月对于廖承志来说是一段刻骨铭心、永难忘记的经历。1961年，为庆祝中国共产党建党四十周年，廖承志与其母何香凝，以及胡佩衡、陈半丁、秦仲文合作绘成了《长征会师图》。82岁高龄的何香凝绘了四棵挺拔的青松，象征中国共产党及其事业万古长青。廖承志画了周恩来等6位红军领导人及3名警卫员的形象。胡佩衡、陈半丁、秦仲文画了山水花草。陈毅题跋：“秦陇万重山，白云渺无边。上有无尽之苍松，中有百道之飞泉。铁鹰不能到，敌人追踪难。长征英雄此会师，中国历史新开端。感谢老人为椽笔，写来悬挂人民之心间。”

17

为了“可爱的中国”
方志敏著《清贫》《可爱的中国》手稿

江琳

中国国家博物馆收藏了革命烈士方志敏在狱中撰写的手稿，其中包含两篇文章《清贫》和《可爱的中国》。这两篇文章写在一个作文本上，文本纵26厘米，横17厘米，整本正文一共67页，第一篇《清贫》共有4页，第二篇《可爱的中国》共有63页。

方志敏是赣东北革命根据地的创建者。1934年11月初，他领导的中国工农红军第十军与寻淮洲、乐少华领导的中国工农红军北上抗日先遣队，在皖南太平县境内会合，组成红十军团，并成立以方志敏为主席的军政委员会，继续北上抗日。在北上途中，红十军团在皖南遭国民党军重兵围追堵截，艰苦转战两个多月，被7倍于己的敌军重重围困在怀玉山区。方志敏带领先头部队奋战脱险，但为接应后续部队，他复入重围，终因寡不敌众，于1935年1月27日被俘，后关押在南昌军法看守所。

入狱之后，方志敏在生命的最后时光中，用敌人劝降的笔纸开始书写根据地和红军的历史、教训和建议，也回忆了个人的革命经历。半年时间内，他一共写了十几篇文章，约十几万字。其中，《可爱的中国》手稿写于1935年5月2日,《清贫》手稿写于5月26日。

在《清贫》一文中，他说：矜持不苟，舍己为公，却是每个共产党员具备的美德……清贫、洁白、朴素的生活，正是我们革命者能够战胜困难的地方！在《可爱的中国》一文中，方志敏借“祥松”之名，满怀深情地描述了他心中的新中国图景：“到那时，到处都是活跃的创造，到处都是日新月异的进步，欢歌将代替了悲叹，笑脸将代替了哭脸，富裕将代替了贫穷，康健将代替了疾苦，智慧将代替了愚昧，友爱将代替了仇杀，生之快乐将代替了死之悲哀，明媚的花园将代替了凄凉的荒地！”他向着同志们高呼：“不要悲观，不要畏馁，要奋斗！要持久的艰苦的奋斗！要各人所有的智慧才能，都提供于民族的拯救吧！无论如何，我们决不能让伟大的可爱的中国，灭亡于帝国主义肮脏的手里。”1935年8月6日，方志敏在南昌市下沙窝英勇就义，年仅36岁。

方志敏牺牲后，他在狱中写下的手稿被辗转送交党组织。中国国家博物馆就收藏有一封方志敏托友人转交手稿的信件。这封信中，方志敏说为防备国民党

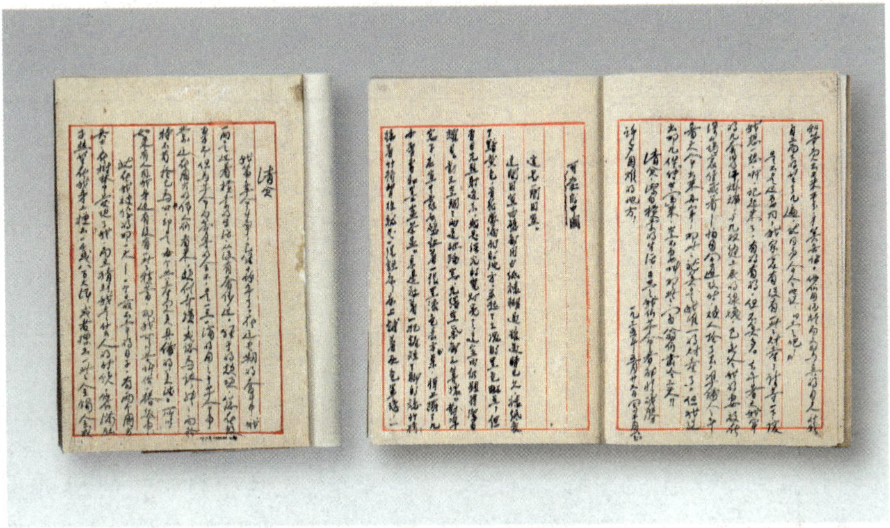

方志敏在狱中写下的《清贫》《可爱的中国》手稿

突然提他去枪毙，已写了三封信：一封给党中央，在右角上点了一点；一封给孙中山夫人宋庆龄，在右角上下都点了一点；一封给鲁迅先生，在右角点了两点。由此可知，方志敏曾想托人通过鲁迅和宋庆龄的关系，给党中央转送文稿。而通过一系列回忆和考证，也确实证明方志敏曾数次从狱中转出过手稿，并成功通过鲁迅和宋庆龄的关系送交给党组织。

那么，具体到《可爱的中国》这篇手稿是经谁的手转送党中央呢？这其中还有不同说法。在1951年影印出版的方志敏手稿《可爱的中国》（删节版）一书的《说明》中，负责处理手稿的冯雪峰说，鲁迅于1935年末或1936年初收到手稿，他则于1936年4月，从鲁迅处收到了手稿和方志敏给党中央的信。不过，后来胡子婴撰写了《我接交〈可爱的中国〉手稿的经过》一文，称她于1936年11月从一个南昌监狱中释放的小官僚（胡逸民）手中拿到了《可爱的中国》手稿，转交给了宋庆龄，并由宋庆龄交给潘汉年，冯雪峰则是从潘汉年处得到的手稿。胡子婴的说法已经由曾和方志敏同狱服刑并为他从狱中带出手稿的胡逸民所证实。

冯雪峰影印了部分《可爱的中国》手稿后，原稿于1953年11月由中共中央办公厅拨交给博物馆永久保存。

翻开这本珍贵的遗稿，我们可以看到稿纸上面的笔迹隽秀，版面清新整洁，在部分页上还做了修改。比如在《可爱的中国》一文的第50页，他将“神圣的民族斗争”改成“神圣的民族革命战争”。这说明，在撰写文稿的时候方志敏曾斟酌再三，并做了誊写和细致的修改。

如今，当我们重读方志敏狱中撰写的《可爱的中国》和《清贫》时，他那对祖国母亲的热爱之情，对于革命胜利的憧憬，仍使人心灵震撼，情动肺腑。

18

民族英雄 虽死犹生
谢子长率部攻打瓦窑堡时缴获的背包

江琳

这个背包是谢子长在1934年攻打瓦窑堡时缴获的，因为经历战火的洗礼和岁月的侵蚀，布面已经残破。瓦窑堡在陕西安定县（今子长县），这里是谢子长生长的地方，也是他坚持革命斗争、浴血奋战的地方。

谢子长原名世元，又名德元，字子长，1897年生于安定县。谢子长14岁才开始入学读书，1919年考入西安的陕西省立第一中学，次年转入陕北联合县立榆林中学。谢子长在榆林中学读书还未毕业的时候，就于1922年春回到家乡创办小学。后来，他投笔从戎，到阎锡山的太原学兵团、学军事，因看不惯旧军阀做派，就回到了安定，开始办县民团。1925年，谢子长加入了中国共产党。他在安定县一边办民团，一边传播革命思想，还组织和领导农民协会打击封建官僚，惩办土豪劣绅。有一次，街上有人说：县西区有个周老汉，赶着自己的毛驴赶集，井岳秀部队的两个兵硬把他的毛驴拉去支差，周老汉不愿意，还挨了一顿打。谢子长一听火冒三丈，他把周老汉找来，问明了情况，随即命人赶往瓦窑堡，把那两个拉走老汉毛驴的兵抓了回来。在谢子长的训责下，两个士兵给周老汉赔礼道歉。周老汉当众给他磕头，并大喊：“谢团总，你真是青天大老爷啊！”从此，“谢

谢子长攻打瓦窑堡时缴获的背包

青天”的称号便在陕北百姓口中传开了。

1927年和1928年，谢子长先后组织领导和参与了清涧起义、渭华起义。起义失败后，他回到陕北继续开展武装斗争。1929至1930年，他先后在陕北、宁夏、甘肃等地做兵运工作。1931年10月，他和刘志丹等将南梁游击队和陕北游击支队合编为西北反帝同盟军，1932年2月改编为中国工农红军陕甘游击队，谢子长任总指挥，率部转战陕甘边地区，创建革命根据地。

1933年夏，谢子长来到察绥抗日同盟军第十八师，负责中共组织的工作，并协助师长许权中指挥作战。11月，谢子长回到陕西，任中共中央北方代表派驻西北军事特派员，在极端困难的条件下恢复了陕北红军游击队第一支队，壮大了第二、第三支队，建立了第四、第五支队，并协助地方党组织建立赤卫军、少先队、妇女会等，扩大了党和红军的影响。

在部队中，谢子长倡导一种新型的官兵关系。他和队员一起背粮食，平时放哨、查哨、碾米、煮饭、抬伤病员，他总是身先士卒。他这种吃苦耐劳、以身作则的精神，使游击队上下团结一致，士气高昂，战胜了重重困难。

1934年7月，谢子长率领陕北红军游击队奇袭安定县城，占领了县政府，救出被捕的中共党员和革命群众，使得红军的军威大震。为了粉碎井岳秀所部对陕北革命根据地发动的第一次“围剿”，谢子长率部南下，在南梁与刘志丹会合，后来兼任红二十六军第四十二师政治委员。8月15日，他率领红二十四师第三团及陕北游击队第一、二、五支队，由南梁到达安定地区，并取得清涧、河口战斗的胜利。河口战斗中，谢子长不顾个人安危，在前线指挥作战，不幸胸部被敌弹击中，身负重伤。他用衣襟掩住伤口，继续指挥，直到战斗完全胜利。

战后，谢子长又不顾重伤在身，挥师北上，攻打安定横山董家寺，击溃敌人一个营，彻底粉碎了敌人对陕北革命根据地的第一次“围剿”。1935年2月5日，他被选为中共西北革命军事委员会主席。当谢子长在安定县灯盏湾疗伤时，每天来看望谢子长的群众络绎不绝。由于医疗条件有限，他的伤势不断恶化，于2月21日在灯盏湾逝世，时年38岁。

8个月后，毛泽东率领红军到达瓦窑堡。他从地方党组织的文献和汇报中，从陕北干部、红军和人民群众的言谈中，“从大人娃娃的口里，听到不少关于谢子长带领他们战斗的故事”，“知道了谢子长为创造这块根据地的不平凡的奋斗经历”，不禁赞叹：“西北红军的创始人谢子长败不丧志，真了不起呀！”并亲笔题词：“民族英雄”“虽死犹生”。

这个残破的背包，布面已经破了洞，边缘也磨出了毛边，它见证了谢子长于1934年间在安定县瓦窑堡地区率领陕北红军游击队抗击国民党军的艰苦历程。1954年，这件珍贵的历史文物由谢玉贵捐赠给中央革命博物馆筹备处（现中国国家博物馆）永久收藏。

19

陕北的群众领袖

刘志丹用过的马鞍和马镫

江琳

这副马鞍高 24 厘米，横长 50 厘米，马镫高 15 厘米，长径 13 厘米，是刘志丹在陕甘地区坚持斗争时所骑战马的配鞍。1935 年 9 月，刘志丹把它们留在了陕西省横山县城附近的石窑沟村。

刘志丹是中国工农红军陕甘游击队、陕甘边根据地的主要领导人。他 1903 年出生于陕西保安县的一个富裕家庭，在 20 世纪 20 年代参与了进步学生运动，成为当地著名的学生领袖，后于 1925 年加入中国共产党。渭华起义失败后，刘志丹回到陕北，任中共陕北特委军委书记。1929 年后，刘志丹在陕北组织兵运工作，并开始创建西北红军和领导根据地的斗争。

在艰苦卓绝的斗争中，刘志丹表现了共产党人大无畏的革命胆略，在陕北人民心中威望很高，被视为传奇式的英雄人物。他每到一地，就立即深入群众，了解群众疾苦，同志们和群众都一直亲切地称呼他“咱们的老刘”。连国民党地方“剿共”当局也不得不承认，他“有理论、军事、经济头脑，更有煽动之技巧”，“颇有人缘，老幼称颂”，是非同一般的人物。

刘志丹用过的马鞍和马镫

在刘志丹、谢子长等领导下，西北革命根据地发展壮大起来，成为土地革命战争时期以来全国保存下来的唯一一块红色根据地，而且成为中共中央与各路红军长征的落脚点和全国抗日战争的出发点。

1935 年，刘志丹任西北革命军事委员会主席，兼红二十六、二十七军前敌总指挥。1935 年 9 月，他率部与长征到达陕北的红二十五军会师，成立中国工农红军第十五军团，并任副军团长兼参谋长。

这副马鞍和马镫，是刘志丹在陕北期间征战时使用的。1935 年 8 月文安驿会议后，他决定按照会议要求，攻打瓦窑堡或清涧县城。经过侦察后，发现两地的敌人防守严密，大家一致认为不能强攻，于是决定改打敌人守卫力量相对薄弱的横山县城。1935 年 9 月 11 日凌晨，刘志丹率领红二十五军、二十六军和抗日义勇军等打响了突袭横山县城的战斗。然而，由于事先侦察不够、偷袭的云梯过短等原因，虽经屡次强攻仍未能成功破城。因部队伤亡过大，刘志丹决定放弃攻城，部队退到石窑沟村驻扎。当晚，刘志丹的战马死在了石窑沟村，他将战马掩埋在后沟的烂泥湾中，这副马鞍和马镫也被留在了当地。

攻打横山县城是刘志丹在第三次反“围剿”中亲自指挥的唯一一次没有取得胜利的战斗。虽然战斗本身失利了，但如按照文安驿会议的要求，攻打瓦窑堡或清涧县则部队损失会更大，所以它仍是一场既有意义又有教训的典型战斗。

1936 年年初，中革军委发出《东征宣言》，随即派红一军团、十五军团东渡黄河进入山西，命令刘志丹、宋任穷率领红二十八军为侧翼，北渡黄河，插入晋西北，配合中央红军快速打通抗日前线道路。在刘志丹率部向黄河岸边挺进的行军中，沿途受到西北革命根据地群众的热烈欢迎。人们听说刘志丹带着红军回来了，甚至专程走几十里路来看望他。

1936 年 4 月，刘志丹率部到达山西省中阳县（今柳林县）三交镇地区。4 月 10 日，中共中央任命刘志丹为中国工农红军西北革命军事委员会委员。14 日，三交镇战斗打响，刘志丹到一团的指挥部和指战员一起研究突破敌军的方案。当日午后，正当他在前沿阵地观察敌情，指挥战士发起冲锋时，不幸左胸中弹，伤及心脏。当他清醒过来后，仍以顽强的毅力告诉身边的同志：“让宋政委……指挥部队……赶快消灭……敌人。”说完就停止了呼吸。牺牲时他年仅 33 岁。

刘志丹去世后，陕北人民为他痛哭失声，中央机关和瓦窑堡数千人集会悼念他。1936 年，党中央应广大群众要求，将保安县改为志丹县。毛泽东也高度评价了刘志丹的光辉一生，称赞他是：“群众领袖”“民族英雄”。周恩来题诗说：“上下五千年，英雄万万千，人民的英雄，要数刘志丹。”

这副见证刘志丹在陕北艰苦斗争的马鞍和马镫后来在石窑沟村中被找到，并于 1959 年由延安革命纪念馆拨给中央革命博物馆筹备处（现中国国家博物馆）永久保存。

20

南方八省游击岁月的总结
陈毅《游击战争纪实》词修改稿

王海姣

陈毅所作《游击战争纪实》词，又被称作《赣南游击词》，反映的是他及其所领导的游击队在赣南坚持游击战争的生活。《游击战争纪实》的原文作于1936年夏，这篇手稿，是他20世纪60年代重写这首词时的修改稿。手稿纵30厘米，横43.8厘米，经过托裱后保存完好。1975年11月，陈毅之子陈昊苏将这件珍贵的手稿捐赠给博物馆。

1934年秋，中央红军主力开始长征，陈毅由于在8月的江西兴国老营盘战斗中身负重伤，不能随行。按照中央的决定，陈毅担任中共中央苏区分局委员、中华苏维埃共和国中央政府办事处主任，与项英等一同领导红二十四师、独立团及地方武装等1.6万余人，在江西、福建、广东、浙江、湖南、湖北、安徽、河南八省，坚持开展游击战争。

赣南游击战争，是陈毅革命斗争中所经历的最艰苦、最困难的岁月。当时，国民党反动派一面加紧围追堵截长征途中的红军，一面以重兵“围攻”中央苏区，妄图一举消灭南方革命势力。他们对游击队经常活动的地区实行切割包围，并且不断搜山、烧山、移民、封坑、包围、“兜剿”，还组织“还乡团”“铲共团”“义勇队”“暗杀团”等反动组织，妄图把游击队烧死、冻死、饿死在山里。据陈毅回忆说：“整年整月的时间，我和我的同伴没有房子住，在野外露宿。大风大雨大雪的日子，我们都在森林和石洞里度过。风餐露宿，昼伏夜行，是我们生活的常规。”就是在这样艰苦的环境下，陈毅等领导的游击队开展了灵活的游击战争，牵制和消耗了敌人的有生力量，有力配合了主力红军的战略转移。

这篇《游击战争纪实》采用《忆江南》词牌的格式，但不完全依照《忆江南》的平仄规律。全词由十二节相对独立而又互相联系的短诗组成，大致表述了三部分内容。

第一部分由前六小节组成，通过对游击队日常生活的描绘，概括描写游击战争的艰难困苦。前三小节，通过早晨、中午、傍晚，写游击队的“住”“吃”“行”。游击队没有房子住，夜间露宿在密林茂草之间，破晓时候醒来，衣服、被子全被露水打湿，身上还沾满野草。将近中午，

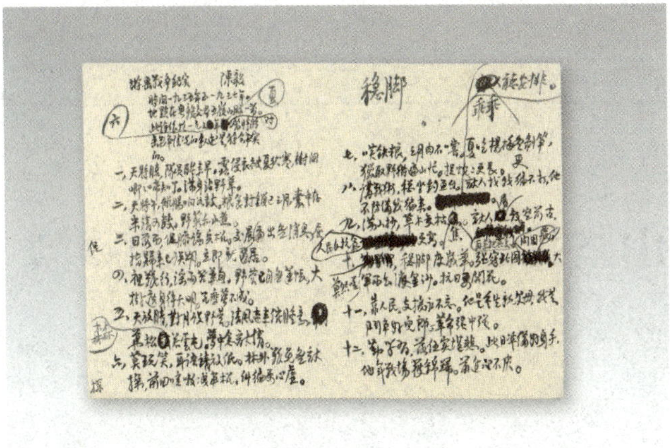

陈毅《游击战争纪实》词修改稿

游击队还吃不上饭，粮袋里的米少得可以数出来，他们就吃煮野菜。日落西山，正是游击健儿大显身手的好时候，可是交通员一早出去到现在还没回来，全体队员只好立刻转移。这种昼伏夜行、不断搬家的极不安定的生活，是游击队生活的常规。后三小节，重点描写游击队夜间的斗争生活。南方夏季多雨，雨夜行军，山路陡滑泥泞。住下来，别说房子，连帐篷也没有，只好借大树遮身，坐等天明。晴天的夜晚，清风徐徐，月挂树梢。四周茂密的林木，好像浓云集聚。即使这样美好、宁静的夜晚，游击队也不能放心安睡，梦里还要想着敌情。

词的第二部分表现了敌人对游击队和苏区人民的压迫。为扑灭苏区的革命火种，国民党反动派用尽残酷的手段，断绝游击队的生活来源，妄图割断人民群众和游击队的联系。游击队员们必须自己搜集食物等，有时甚至几个月吃不到肉，靠杨梅、竹笋充饥，偶尔能有野猪、蛇这样的“野味”。但敌人有镇压，人民就有反抗。

《游击战争纪实》的第三部分，陈毅总结了游击战争要取得胜利的关键因素，是“讲战术”“靠人民”“勤学习”。“讲战术”，是指陈毅创造的“秘密隐蔽，飘忽无常；化整为零，化零为整；机智灵活，出其不意；军民结合，长期斗争”等巧妙的游击战术。他还把游击战术编成歌谣和口诀，使战士们能够熟练运用这套克敌制胜的法宝。“靠人民”，说的是游击队与人民群众不仅是“鱼水关系”，而且是“血肉关系”。没有人民群众的支持，游击队就难以坚持战斗，难以战胜敌人。广大人民群众既是抵御强敌残酷“清剿”的铜墙铁壁，又是游击队战士的重生父母。“勤学习”，指为提高游击队员的素质，陈毅、项英亲自参与编写政治、军事和文化教材，把读书识字和加强思想政治教育结合起来，既丰富了战士们的游击生活，又使大家的革命意志更加坚定。

《游击战争纪实》通俗易懂，充满了战斗激情，在恶劣的游击环境中，起到了凝聚军心、鼓舞士气的巨大作用。陈毅在20世纪60年代重写这首词时，对词的顺序进行了小调整，如现在的第八段之前为第九段，现在的第十段之前为第十二段；同时，个别用字也有小改动，如第八段末句“乖乖听安排”当时写作“十回胜九回”，第九段的“人民反抗气更高”原作是“游击埋伏我更高”等。

21

向油山进军

陈丕显在油山坚持游击战争时使用的藤篮

江琳

这个藤篮高34厘米，长16厘米，是陈丕显在油山地区坚持游击战争时使用过的。

油山地处赣粤两省边界，位于江西信丰、大余和广东南雄交界处。这里“千峰转不尽，十里万重山”，峰峦高插入云，到处是参天的古树，满山是青翠的竹林，茅草都齐腰深。由于这里山岭连绵、形势险峻，正是开展游击战争的好地方，中共苏区中央分局书记项英和中央政府办事处主任陈毅将之确定为赣粤边游击战争的中心区域。这里也是陈丕显开展三年游击战争战斗和工作过的地方。

1934年10月，红军主力突围转移，只有19岁的陈丕显因为年纪轻，又会讲本地话，便于隐蔽，被留在苏区坚持斗争。他奉命担任少共赣南省委书记，带领着省委的干部，配合省委动员和组织群众支援红军撤离。红军离开后，国民党军占领了宁都、长汀、瑞金、于都和会昌等县城，中央苏区的形势岌岌可危，留守苏区的机关和部队被国民党军围困，突围迫在眉睫。

1935年3月4日，陈丕显跟着赣南党政军机关率领的独立六团开始突围。他们兵分九路，陈丕显所在的突围部队由省委书记阮啸仙、省军区司令员蔡会文、省军区政治部主任刘伯坚率领，从于都上坪向信丰方向突围。这一路上道路泥泞，部队极度疲乏，还数次遭遇粤军的猛烈进攻。经过几天的浴血奋战，部队伤亡惨重，原来2000多人的队伍只剩下80多人。陈丕显和蔡会文带领80名战士，依靠一个指南针，夜行晓宿，终于到达姚江，后在大龙区委的帮助下补充了给养，于4月初抵达油山地区。

在赣粤边的特委机关里，陈丕显与突围出来的陈毅、项英和赣粤边特委书记李乐天、副书记杨尚奎等人见了面。随后，4月中旬，项英、陈毅在大余县长岭村召开军政干部会议，作出了分兵游击的部署。在这次会议上，还确定陈丕显加入特委领导班子。

当时，游击队在赣粤边开辟了五个游击区，除了油山区外，还有南雄西北帽子峰周围的北山区，以大龙为中心的信丰、南康、赣县区，位于龙南、全南、定南、信丰和南雄交界处的南山区，以及在赣粤湘三省交界处的上犹、崇义区。这五个游击区跟南方八省的其他游击区完全隔断，

陈丕显在油山地区坚持游击战争时使用的藤篮

就像大海里的几个孤岛。

起初，陈丕显跟着陈毅等在北山区开展工作。1936 年年初，他根据项英、陈毅和赣粤边特委关于“巩固老区，发展新区”的指示，到池江的彭坑、小汾、弓里一带开展工作，并组建“贫农团”。

大余县池江乡的彭坑，地处江西和广东两省交界：往南可以到广东南雄的大兰、平天凹；往东可以到江西信丰油山的黄坑口；往北经小汾，弓里出坑，可到大余池江圩。这里群山环抱，便于游击队活动。陈丕显领导的游击队以彭坑为中心，他本人常驻彭坑、小汾一带，负责领导油山中心区委，并积极向池江开辟工作。

陈丕显很善于做群众工作，他经常打着赤脚，帮助群众莳田、割禾，和群众打成一片，扩大了革命影响，逐步发展了组织。彭坑、小汾一带的贫苦群众都很喜欢他，亲切地叫他“阿丕”。在陈丕显的启发教育下，许多群众冒着生命危险参加游击斗争，帮助和支援红军游击队。仅在油山和北山游击区内，就组织了以党员为核心的游击小组 50 多个。他们对配合游击队站岗放哨、侦察敌情、保卫生产，发挥了很大作用。油山地区的党组织建设也取得了很大进展，成立了彭坑、小汾、弓里、平田坳、黄坑、坳头等党支部。

在油山地区工作的时候，陈丕显经常在彭坑党支部书记俞生茂家开会。这个藤篮是陈丕显平时用来装衣服和文件的，用坏之后就留在了俞生茂家。1963年，这件珍贵的文物由俞松尧捐赠给中国革命博物馆（现中国国家博物馆）。

22

深入群众 战斗在赣粤边

杨尚奎伪装篾匠时编的篮子

江琳

这只竹篮高38厘米，长直径39厘米，是1936年中共赣粤边特委副书记杨尚奎（当时叫杨上魁）在赣粤边坚持游击战争、伪装篾匠时亲手编的。

中央红军主力出发后，1934年12月上旬，留守瑞金的中共中央分局在项英、陈毅的领导下，决定成立中共信康赣雄临时特委和军分区，由李乐天任特委书记兼军分区司令员，杨尚奎任特委副书记，并抽调一个独立营和一批地方干部，由中央苏区突围前往赣粤边。

1934年12月下旬，杨尚奎和部队一起冲破了敌人的封锁线，由中央苏区挺进赣粤边。1935年1月，中共信康赣雄临时特委改为中共赣粤边特委，仍由李乐天任书记，杨尚奎任副书记。随即，特委和赣粤边的地方组织一起，深入各地做联系与组织群众的工作。3月，留守中央苏区的中共中央分局书记项英和中华苏维埃政府中央办事处主任陈毅，率部突围来到赣粤边。从此，赣粤边成了南方游击战争的中心。

1935年春夏之交，国民党军全部占领中央苏区后，就调遣兵力对赣粤边游击区进行全面“清剿”，还夸下海口，要在“三个月内消灭共产党和游击队”。为粉碎敌人的“清剿”，游击队组成了“武装工作队”，三五人一组，分赴游击区发动群众，宣传党的政策，组织群众支援游击战争。为了便于在赤白交界的地区和白区开展群众工作，游击队提出了干部群众化和职业化的口号，要求干部战士学会一门手艺，以做手艺为名，深入各地进行串联活动。

作为粤赣边特委的副书记，杨尚奎也经常深入山山寨寨，一边进行游击战争，一边深入细致地做群众工作，了解当地情况，并积极发展党组织。杨尚奎的父亲是篾匠，他自幼跟随父亲学了一门好手艺。为了掩饰身份，杨尚奎经常背一把篾刀，走家串户，一边编篾器，帮助穷苦百姓做各种用品，一边给群众讲解革命道理。他手艺过硬，不仅箩筐、竹篮、鸡笼样样能编，而且编出来的东西精致耐用，大家都喜欢请他这位“篾匠师傅”。当地的群众也信赖他，常和化名为“穆同志”的杨尚奎无话不谈。他们还为他打掩护，每当生人来了，问他是什么人的时候，当

杨尚奎在赣粤边坚持斗争伪装篾匠时编的篮子

杨尚奎来不及躲藏，就会借用黄赞龙家的柴刀，伪装成篾匠，制作竹篮子。1936年1月，李乐天不幸牺牲，杨尚奎担任赣粤边特委书记。8月，在杨尚奎的积极努力下，中共梅山区委在梅山黄坑成立。

在梅山，杨尚奎还曾险遭敌人封山围困。1936年5月，在敌四十六师做兵运工作的张海叛变投敌，他一面骗陈毅和梅山区委书记黄赞龙下梅山到大余县城，试图诱捕，同时还带领国民党军队包围了游击队指挥机关驻地——梅山的斋坑。杨尚奎、项英、陈丕显等虽及时隐蔽在茅草茂盛的山包里，但遭敌人烧山围堵，幸亏突然一阵倾盆大雨浇灭了大火，才逃过一劫。陈毅和项英、杨尚奎等会合后，敌人又先后调集了四个营的兵力，把梅山团团围困。在这九死一生的艰难情况下，杨尚奎与项英、陈毅等人在山里昼伏夜行，一直与敌人周旋了20多天才脱身。

最终，在革命群众的积极掩护下，杨尚奎和战友们一道，终于度过了最艰难最残酷的岁月，取得了游击战争的伟大胜利。杨尚奎在游击区伪装篾匠时编的这只竹篮子，也成为这段艰苦岁月的珍贵见证。

地的群众就为他打掩护，回答说是“请来的篾匠”。看到他编的篾笼又细又密，生人也就相信了。就这样，靠着化整为零、分散游击的战略方针，紧密依靠群众的战略思想，深入细致的群众工作，杨尚奎和红军游击队粉碎了敌人的残酷“清剿”，保存了实力。

1935年10月，原中央军区参谋长龚楚叛变，使赣粤边红军游击队后方基地遭到严重破坏。杨尚奎、项英、陈毅等和赣粤边特委机关转移到大余县梅山和大余、信丰交界处的油山。同时，特委决定领导成员进一步分散活动，以保存力量，加强对各地游击队的领导。根据安排，杨尚奎常驻大余梅山一带，并向大余及南雄里东开辟工作。通过交往了解，杨尚奎发展了贫苦农民黄赞龙等加入党组织。他还亲自在梅山组织成立了第一个党支部——中共黄坑支部，由黄赞龙任支部书记。由于他常常到在梅山脚下的黄赞龙家召集会议，当国民党军来搜村时，如

23

风餐露宿好伴侣

蔡火为闽南游击队传送情报时用过的雨伞

安莉

这把看似普通的黑布雨伞，却有着不平凡的经历。在艰苦的南方三年游击战争期间，跟随它的主人——闽南游击队通讯员蔡火，历经风霜雨雪，战火硝烟，见证了闽南军民在中国共产党的领导下，战胜敌人疯狂"围剿"和经济封锁，坚持艰苦卓绝的游击战争的光辉岁月。

蔡火出生于1903年，是福建省漳浦县霞美乡人。他1934年参加革命，曾任中共闽南特委委员、靖和浦县委书记吴庭坚的通讯员。靖和浦革命根据地位于闽南南靖、平和、漳浦三县交界及漳州南乡一带广大地区。这块红色的土地曾经是中央苏区的组成部分和闽南开展土地革命战争的指挥中心，被赞誉为"闽南井冈山"。1928年，这里成立了中共漳浦县委。1932年5月下旬，中央红军抽调数百名战士与闽南红军游击队1000多人集中在漳浦整编，成立中国工农红军闽南独立第三团。1934年3月，靖和浦边区苏维埃政府正式成立。

1934年10月，红军开始长征。蒋介

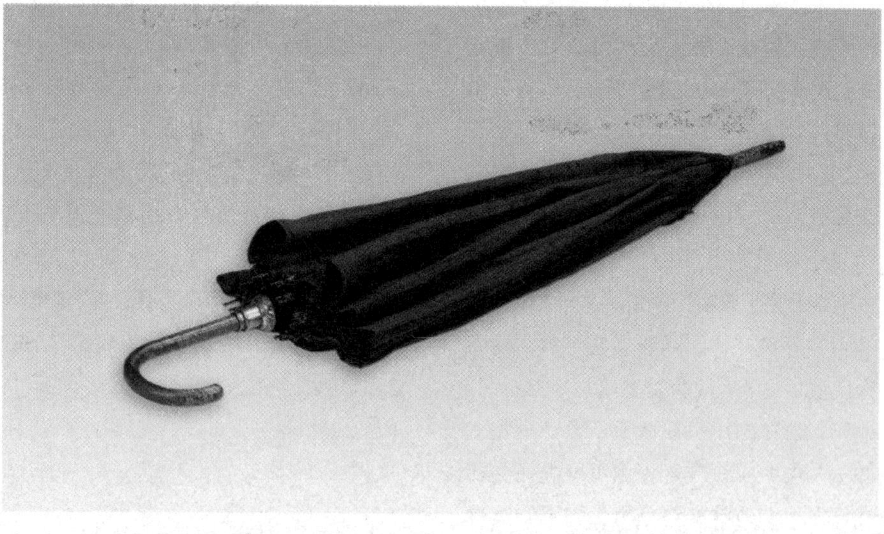

蔡火为闽南游击队传送情报时用过的雨伞

石为了彻底消灭分散在各地的红军游击队和地方革命武装，先后调集了数十万国民党正规军，会同各省军阀部队、地主武装，对各游击区进行了严密的封锁和持续不断的“清剿”“堵剿”“驻剿”“搜剿”。闽南国民政府当局调集大量兵力，对靖和浦革命根据地进行大规模“清剿”。在军事上，运用“分进合击”的战术，辅之实施“三光政策”“移民并村”；政治上，采用法西斯高压手段，强化保甲制；经济上，推行经济封锁，妄图达到困死、饿死红军游击队的目的。

在靖和浦革命根据地处于危急关头时，蔡火跟随靖和浦县委书记吴庭坚，和根据地人民一起与敌人展开了针锋相对的斗争：军事上，游击队配合红三团在高山密林中与敌人周旋伺机打击敌人；政治上，允许被敌人强迫移民的地下党员、农会骨干取得合法身份，在移民区领导群众坚持斗争。

由于敌人的“围剿”和经济封锁，红军游击队无法正常生活，在衣、食、住、行等方面遇到了极其严重的困难。他们缺衣少粮，过着“野营无篷帐，大树遮身待天明”的生活。但是恶劣的条件并没能阻挡游击队的活动，他们在吴庭坚、张太西等人的领导下，克服生活条件艰苦、斗争环境恶劣等重重困难，在深山密林中继续坚持斗争。

当时，蔡火担任吴庭坚的通讯员，经常往来于南靖、平和、漳浦之间，为党组织和红军游击队传送情报。不论刮风下雨，不论白昼夜晚，常常风餐露宿。这把伞成为他进行革命斗争的好伙伴，下雨时用来遮风挡雨，露营时当作帐篷栖身，伴随着蔡火度过了艰苦的三年游击战争时期，也伴随他继续走向前线。

1938 年 1 月，红三团编入新四军北上抗日。1939 年，国民党五届五中全会确定了“溶共”“防共”和“限共”的反动方针，在全国掀起了反共高潮。同年春，漳浦国民党当局撕下合作抗日的假面具，抓捕并枪杀了漳浦抗日爱国人士郑士成，强行解散抗敌剧团等救亡团体，并派兵“清剿”漳浦革命基点村——车本村。至 1941 年年底，漳浦县有 400 余位共产党员被残杀，革命运动转入低潮，斗争环境极为残酷。

面对敌人的屠杀和“围剿”，吴庭坚、张太西坚决执行中共中央和南方局提出的“隐蔽精干、长期埋伏、积蓄力量、等待时机”的方针，带领党员干部在金岗山、龙岭大山中开荒生产，解决经济困难，加强联系群众，坚持革命斗争，保存革命有生力量。吴庭坚带领蔡火等少数人员将县委机关隐藏在离县城仅 10 公里的霞美乡巷内村的虎崆岩洞中。1943 年 1 月 29 日深夜，在巷内村后山上，突然响起了激烈的枪声，打破了夜空的宁静。因叛徒出卖，隐蔽在虎崆岩洞中的中共漳浦县委机关被国民党军警包围。在激烈的枪战中，吴庭坚中弹牺牲，通讯员蔡火也因弹尽被捕，同年 8 月在漳浦县城惨遭杀害，壮烈牺牲。

解放后，福建省博物馆在当地征集革命文物，找到了蔡火为闽南游击队传送情报时用过的这把雨伞，并于 1959 年 6 月拨交给中央革命博物馆筹备处（现中国国家博物馆）。

2

战争史诗

24

生死存亡战湘江

红星司令部绘制的《灌兴全之间路线图》

王海蛟

这张手绘的地图名为《灌（阳）兴（安）全（州）之间路线图》，是1934年11月28日由中国工农红军红星司令部为抢渡湘江绘制，是湘江战役的实物见证。

1934年10月，由于第五次反“围剿”失败，中央红军被迫退出中央根据地开始长征。为防止中央红军向西与红二、六军团会合，国民党在赣南、湘粤边、湘东南、湘桂边构筑了四道封锁线，安排重兵围追堵截。11月，中央红军先后突破国民党的三道封锁线，到达广西境内的湘江上游，准备渡过湘江，北上湘西。

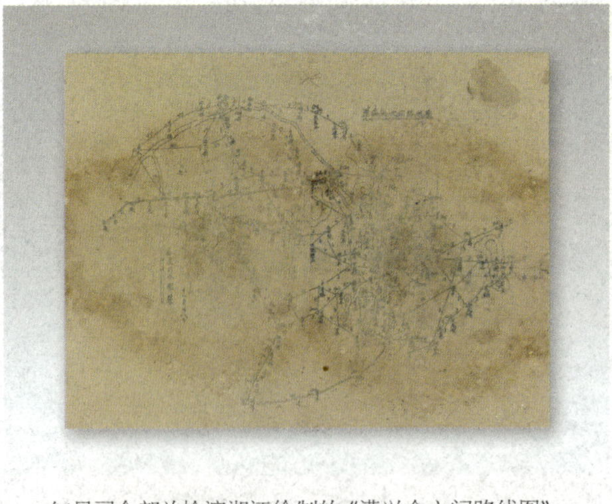

红星司令部为抢渡湘江绘制的《灌兴全之间路线图》

湘江，位于湘南桂北地区的越城岭和都岭两大山脉之间的“湘桂走廊”谷底。它与桂黄公路平行，由南向北穿越桂北的兴安、全州两县进入湖南境内，横在红军西去的前进道路上。湘江的东面，有与湘南道县接连的灌阳县。兴安、全州、灌阳是今广西东北部桂林市的辖县，三点连线形成一个三角布袋的地带，湘江上游流经三县。

此时，蒋介石已判明红军转移的战略企图，他从北平飞到南昌，任命何键为“追剿”军总司令，将薛岳、周浑元两部共16个师77个团编为五路“追剿”军；并电令陈济棠部4个师北进粤湘桂边进行截击；李宗仁和白崇禧以5个师控制灌阳、兴安、全州至黄沙河一线；贵州省“剿共”总指挥王家烈派有力部队到湘黔边堵截。蒋介石沿湘江布置第四道封锁线，妄图逼迫中央红军在湘江以东地域进行决战，将中央红军“歼灭于湘江、漓水以东地区”。

11月25日，中革军委决定红军从广西全州、兴安间抢渡湘江。中央红军按照命令，昼夜兼程向湘江急进。11月27日，红一军团先头部队第二师顺利渡江，控制了界首至脚山铺之间的渡河点，并在附近架设浮桥。28日，红三军团先头部队第四师第十团渡江，进至光华铺地区。红一、三军团为后续部队渡江打开了一条长达几十里的通道。同日，野战军司令部命令全军："自28日起至12月1日止，全部渡过湘水。"此时，军委纵队已经到达文市，距离最近的界首渡口仅有80多公里。如果采取轻装急进，只需两天即可渡江，可由于部队携带大量各类物资，行动迟缓，竟然用了4天时间才到达湘江边。29日，战斗全面打响。30日，在湘江两岸，红军坚决响应中央的号召，发扬英勇顽强的战斗精神，与各路敌军进行了一场殊死决战。12月1日凌晨，中共中央、中革军委、红军总政治部联名致电红一、三军团："我们不为胜利者，即为战败者，胜负关系全局。人人要奋起作战的最高勇气，不顾一切牺牲，……望高举着胜利的旗帜向着火线上去！"清晨，军委纵队到达界首渡口，下午4点，军委纵队和红军大部最终渡过湘江。为了掩护大部队过江，红五军团第三十四师和红三军团第十八团，终因寡不敌众，几乎全军覆没。

湘江战役之后，当地流传着这样一句话——"三年不喝湘江水，十年不食湘江鱼"，由此可见湘江战役之惨烈。这场关系到中央红军生死存亡的战役是中央红军突围以来最壮烈、最关键的一仗，也是历时最长、规模最大、战斗最激烈、损失最惨重的战役。红军与优势之敌苦战五昼夜，终于撕开了敌人重兵设防的四道封锁线。但红军也付出了伤亡2万多人的惨重代价，加上突破前三道封锁线时的减员损失，中央红军从出发时的8.6万余人，锐减到3万余人。

这幅地图纵41.5厘米，横43.5厘米，是中国工农红军红星司令部在抢渡湘江前绘制的，重点标出了红军在灌阳、兴安、全州这三个地区之间的行军路线。

在中央红军战略转移之初，1934年10月13日，为保守军事机密，中革军委重新规定军委和各军团的代号：军委代号"红星"，军委各部一概冠以"红星"，如军委总司令部为"红星司令部"，总政治部为"红星政治部"等，并规定这些代名自10月15日开始使用。由此可知，这张路线图为当时的军委总司令部绘制。

历经80余年光阴，虽然发黄的纸张上已布满污迹，但图上的字迹仍清晰可辨，图右上部写有"灌兴全之间路线图"，左侧标有"红星司令部制　十一月廿八日"，图中密密麻麻标示着若干个以直线相连的地名，甚为复杂。字里行间似乎仍能感受到当时作战部署的紧张氛围和战场上将士们无坚不摧的英雄气概。这张路线图是原冶金工业部鄂西矿务局局长周永柏在1955年出差路过遵义时偶然得到的，后进行了裱褙修补处理。历经辗转，此图于1959年3月由遵义会议纪念馆拨交给中央革命博物馆筹备处（现中国国家博物馆）。

25

乌江天险重飞渡

红军强渡乌江时使用的棕绳

石干

1934 年年底，红军西入贵州，按中革军委的指示“夺取先机，首先消灭黔敌”，日夜兼程向西疾行，彻底粉碎国民党军企图在湘西同红军决战的计划，并使其被迫调整部署。1934 年 12 月 31 日下午至次日凌晨，中共中央政治局在猴场召开会议，决定抢渡乌江，攻占遵义。

乌江，贵州省第一大江，是遵义、桐梓南面的天然屏障。乌江江面宽 200 余米，流急、滩多、谷狭，素有“横走天下路，难过乌江渡”的“天险”之称。在乌江的北岸驻有黔军教导师一部凭险防守，从回龙场到茶山关对岸也有敌军 3 个团把守。在红军到达前，江上的桥已全部被国民党军拆毁，附近渡口的船只甚至木板也都被摧毁。他们的企图就是将红军困在乌江以南，并配合“追剿”军薛岳部围歼红军于乌江南岸。就在这前有堵截后有追兵，同时又极度缺乏渡河资源的情况下，强渡乌江的战斗在江界河、回龙场、盐坑等处打响了。

1935 年 1 月 1 日，红一军团第一师第一团到达回龙场渡口。团长杨得志、政治委员黎林发现附近的村庄不但无船，甚至连木板也很难找到。正在焦急万分时，团长杨得志看到江中漂浮着很粗的竹子，受到启发决定用棕绳和当地生长的竹子制作竹筏，并以水性好的战士组成突击队进行渡江作战。1 日夜，趁着浓浓的夜色，突击队在红一团第一营营长孙继先的率领下成功攻占了滩头阵地，拉起了跨

红军强渡乌江时使用的棕绳

江的绳索。2日上午，红一团一面用火力封锁对岸，一面与红三团赶扎了30多个竹筏，然后把竹筏连起来搭成浮桥。至4日，红一军团主力及红九军团由此渡江完毕。

与此同时，红一军团第二师陈光带领第四团为前卫，于1日逼近几十公里之外的江界河渡口。团长耿飚和政治委员杨成武通过侦察，发现渡口大道是敌军防御的重点，工事强，兵力多；而渡口上游500米处有一条极小的小路，两侧勉强可以攀爬，且敌军并没有部署太多兵力。因此第四团决定佯攻渡口大道，并同时以竹筏主攻上游小道。1月2日，佯攻老渡口的战斗开始，三连连长毛振华率7位勇士奋勇渡河，但在拉绳索架设浮桥时却被敌人的炮火炸断，无奈只能返回，强渡未能成功。2日夜，部队又组织18位勇士乘竹筏偷渡，除毛振华与4位勇士乘坐的竹筏失去联系以外，其余两只竹筏都被汹涌的江水卷去了下游，夜间偷渡的行动也只好作罢。

由于薛岳军追兵已近，军委要求第四团迅速完成渡江任务。通过紧急动员，第四团迅速绑扎了60多个竹筏组织强渡。在炮火的掩护下，突击队乘坐的竹筏艰难地划向对岸。就在竹筏接近对岸时，在石崖下潜伏了一夜的毛振华等5名勇士适时地向敌人发起了进攻，接应强渡部队登岸，打得敌人措手不及。正在红四团第一营登岸之时，敌人的预备队赶来，由于处于地形高处，对红军十分不利，一营被迫退守江边。在此紧急时刻，炮兵连连长、神炮手赵章成连射3发迫击炮弹，将敌人打散，压制了反扑势头，红军乘机反攻，一举将敌人全部击溃。随后，红军工兵连在军委副参谋长张云逸指挥下，冒着敌人的炮火，加紧扎筏架浮桥。经过36小时的紧张战斗，浮桥终于架到乌江北岸，军委纵队和红五军团由此渡过乌江。

1935年1月5日，红三军团由茶山关渡口开始渡江。守在此处的敌人闻讯回龙场、江界河渡口均已失守，便不战而逃。至6日，红三军团顺利渡过乌江。至此，中央红军和军委纵队全部渡过乌江天险，敌人围歼红军于乌江南岸的企图被彻底粉碎。

红军在强渡乌江之战中不仅表现出了卓绝的勇气与意志，从我馆收藏的这件乌江之战的棕绳上，更体现出红军将士们非凡的智慧。在面对不利的攻守位置、悬殊的兵力差距，甚至没有任何有效渡河工具的艰苦条件下，红军将士们临危不惧，以勇气与智慧将这小小的棕绳化为克服天险的有利武器，圆满地取得了乌江之战的胜利，取道遵义，为日后中国工农红军顺利完成伟大历史转折打下了基础。

这根强渡乌江时用过的棕绳，长16.75米，后来由湄潭县袁家渡的老乡陈绍清收存下来，新中国成立后捐献给重庆市博物馆。1959年5月，重庆市博物馆把它转拨给中央革命博物馆筹备处（现中国国家博物馆）。

26

四渡赤水出奇兵的见证

《告全（体）红色战士书》和二渡赤水时红军用的步枪子弹

王海蛟

这件纸质文物是1935年2月红军二渡赤水河前，中共中央、中革军委发布的《告全（体）红色战士书》，纵26厘米，横38.3厘米。它解释了中央红军暂时放弃北渡长江向川西北发展的原因，鼓励全体红军指战员鼓起勇气，提高作战决心，为创造新的云贵川苏区而斗争。

《告全（体）红色战士书》

三颗子弹是红军二渡赤水河与国民党军作战时使用的，均为步枪子弹，长度在7.5—8厘米之间。

赤水河，发源于云南镇雄，于四川合江注入长江，是长江上游一条重要的支流。它流经云南的镇雄、威信，贵州的毕节、金沙、仁怀、习水、赤水，四川的叙永、古蔺等县市，全长500余公里，流域面积2万余平方公里。这条河由于红军长征过程中先后四次横渡而闻名于世。

遵义会议后，中央红军面临的最大问题是，如何摆脱数十万敌军的围追堵截，胜利完成长征。当时，蒋介石判断中央红军的行动方向可能有两个：一是北渡长江与红四方面军会师，二是东出湘西与红二、六军团会师。为此，蒋介石调集中央军、湘军、川军、黔军、滇军等约40万人层层设防、步步紧逼，企图围歼中央红军于川黔边界地区。

面对敌人重兵压境的险恶形势，为保存红军的有生力量，毛泽东果断决定：中央红军迅速脱离遵义地区，北渡长江，向川西或川西北挺进，另图发展。1935年1月19日，毛泽东率中央红军离开遵义北上，分三路向赤水、土城及其附近地区开进。24—26日，红军攻占土城、习水、三元场等地，在相继打败黔军和川军一部后，于29日开始，从土城、元厚场等地西渡赤水河（即一渡赤水），向四川南部的古蔺、叙永地区前进，准备相机从宜宾、泸州之间北渡长江。

2月初，蒋介石重新调整部署，以川军12个旅的兵力沿长江布防，命中央军、

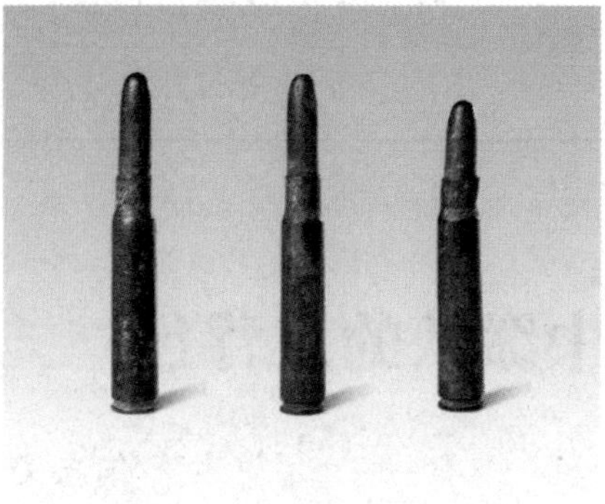

二渡赤水时红军用的步枪子弹

黔军、滇军追击而来。鉴于敌情的变化，中共中央和中革军委率红军向川滇边的扎西（今云南威信）地区集结，并在当地进行整编和休整，广泛开展群众工作，扩充红军3000余人，壮大了自身力量和革命声势，增强了战斗力。

此时，国民党军亦从各个方向向扎西地区集结。中共中央和中革军委根据国民党军主力大部被吸引至川滇黔边境而黔北地区兵力空虚的有利形势，决定中央红军挥师东进，重返贵州，并下达了东渡赤水河的命令。当时，许多红军指战员对放弃北渡长江、改向黔北进军不理解，在思想上产生很多疑虑。为此，中共中央、中革军委于2月16日发布《告全（体）红色战士书》，向红军指战员宣告："只有消灭贵州、四川、云南以及蒋介石的'追剿'部队，我们才能在云贵川区域内创造新的苏区根据地。"为了达成这一目标，求得有把握的胜利，"我们必须寻求有利的时机与地区去消灭敌人。在不利条件下，我们应该拒绝那种冒险的没有胜利把握的战斗。因此，红军必须经常的转移作战地区，有时向东、有时向西、有时走大路、有时走小路、有时走老路、有时走新路，而唯一的目的是为了在有利条件下求得作战的胜利"。这是党中央、中革军委从当时的战争实际出发，指挥中央红军进行四渡赤水战役的战略思想、战略目的和指挥红军作战的根本指导思想的体现。

2月18—21日，中央红军在太平渡、二郎滩等渡口东渡赤水河（即二渡赤水），向敌人兵力比较空虚的桐梓地区急进，并迅速攻占桐梓。之后，红军勇夺天险娄山关，又于28日再次攻占遵义城，并控制了红花冈、老鸦山、碧云峰一带。

二渡赤水、回师遵义一战，中央红军主力在5日内攻下桐梓、遵义，击溃黔军王家烈部八个团、吴奇伟部两个师，缴获各类枪支2000支以上，俘虏约3000人，追击敌人至乌江岸边，敌人因砍断浮桥才免于全军覆没。此役是中央红军自长征出发以来取得的第一个重大胜利，极大鼓舞了红军指战员的士气，并且打开了黔北的新局面。

1954年2月，时任中共中央宣传部副部长的张际春将这篇千余字的《告全（体）红色战士书》捐赠博物馆。他于1934年10月参加长征，随红五军团担任后卫的第十三师第三十七团行动，协助部队进行宣传、收容和筹粮等工作。

新中国成立后，贵州省博物馆工作人员到红军二渡赤水河时与国民党军战斗的东皇殿（位于贵州省习水县南120里，与仁怀县相邻）等地区开展文物征集工作，在当地发现了红军当年作战时遗留在战场上、未使用过的子弹。1975年10月，贵州省博物馆将其拨交给博物馆。

27

娄山关上得首捷

红军在娄山关战斗中缴获的皮背包

何志文

在中国国家博物馆举办的纪念长征胜利 80 周年文物展上，展出了一件制作精良、保存完好的牛皮背包。这个背包，是 1935 年参加长征的红军在娄山关战斗中从敌军那里缴获的。从这件牛皮背包的现状来看，它在娄山关战斗中被缴获后，就一直被新的主人精心地保存着。

可以说，这个牛皮背包是一件重要的长征文物，见证了长征路上中央红军所取得的第一次大捷——娄山关大捷。

娄山关又名娄关、太平关，是大娄山脉的主峰，海拔 1576 米。娄山关上重崖叠峰，峭壁绝立，直刺苍穹，素有“一夫当关，万夫莫开”之说，自古被称为“黔北第一险隘”，是兵家必争之地。长征途中，中央红军两进遵义城，挡在他们前面的，首先就是万夫莫开的娄山关。

红军在娄山关战斗中缴获的皮背包

1935 年 2 月 18 日至 21 日，中央红军二渡赤水，主力部队向敌人兵力比较空虚的桐梓地区行进。敌人见红军主力返回黔北，急忙抽调兵力进行追堵，企图将红军围歼于娄山关或遵义以北地区。鉴于这一情况，中央军委命令部队迅速击破黔军阻拦，占领娄山关及其以南地区，二占遵义，以争取主动。

担任此次夺取娄山关任务的，是由彭雪枫领导的红三军团第十三团。彭雪枫在其回忆长征的文章中，记录了娄山关之战。他清楚地记得，当时，在宣传人员的鼓动下，十三团的红军战士们意气风发，情绪高昂：“同志们！为了夺取遵义，必须占领娄山关！”“鸦片烟鬼王家烈，领教过了！”把守娄山关的敌人，是王家烈的素有“两杆枪”（即步枪和鸦片烟枪）之称的黔军。

率军向娄山关进发途中，彭雪枫遇

到了几个躲避战事的当地百姓。向他们了解了敌人的驻扎情况后，他率领十三团的战士们继续快速行军，很快就逼近了娄山关。没多久，十三团的先头部队便遭遇敌军，夺取娄山关的战斗打响了。在机枪的掩护下，红军战士们奋勇进攻，很快就夺得了敌人企图占领的制高点。但是，由于娄山关有重兵防守，主动出击的敌人后撤后步步为营，依据有利地形进行阻击，给重任在肩的红十三团增加了不少困难。

“无论如何要夺取娄山关！”敌人虽然人数众多，且据险而战，但英勇的红军战士并不畏惧，他们猛扑狂打，奋勇向前，终于占领了对夺取娄山关至关重要的制高点——点金山。此时，为了阻止红军的攻势，守关的敌军正急忙修筑防御工事，准备做最后的挣扎。

为了尽快夺取娄山关，红军战士们不顾饥饿和劳累，又一次发起了冲锋。彭雪枫在文章中谈到：“将近黄昏，加以微雨，点金山的英雄们并未歇气就冲下去。疲乏、饥饿控制着每一个人，然而并未减少他们的勇气。”由于敌人有指挥官督战，面对红军战士的强攻，守关的敌人也异常顽强，一个个阵地在双方的冲锋与反冲锋中频繁易主。擒贼先擒王，红军神射手拿出看家本领，决定狙击敌军的指挥官。几声枪响后，敌人督战的指挥官应声而倒，守关的敌人也军心涣散，丢盔弃甲，夺路而逃，武器和军需物资扔得到处都是。就这样，英勇的红军又一次拿下了娄山关。

红军从黔军手中夺取娄山关后，毛泽东专门填了一首《忆秦娥·娄山关》的词：“西风烈，长空雁叫霜晨月。霜晨月，马蹄声碎，喇叭声咽。雄关漫道真如铁，而今迈步从头越。从头越，苍山如海，残阳如血。”

1935年2月27日，英勇的红军乘胜追击黔军残敌，占领了遵义城。28日晨，红军在城南红花岗、老鸦山与赶来增援的敌人再次浴血奋战，歼灭吴奇伟率领的国民党军五十九师、九十三师大部，并将敌人赶到乌江以南，胜利结束了遵义战役。娄山关大捷与遵义战役的胜利，使红军摆脱了被动局面，彻底粉碎了蒋介石企图在川滇黔边地区全歼中央红军的梦想。

可以说，毛泽东的词，再加上红军战士在战斗中缴获的这件牛皮背包，让人们深深地记住了娄山关大捷。

20世纪五六十年代，中国革命博物馆开始在全国范围内广泛征集革命文物。1964年，兰州军区政治部所征集的这个皮包，被拨交到中国革命博物馆（现中国国家博物馆）。

28

盘县转兵 挥师北上

红二、六军团在盘县送给徐福生的行军锅

汪洪斌

这口行军锅是红二、六军团撤离贵州省盘县时送给当地群众徐福生的。它口径69.5厘米，高37.5厘米，是红军将士用于煮饭、烧水的最重要炊具。可是，这么重要的必需品为什么会留在了当地呢？这就要从红二、六军团在长征途中召开的一次重要会议——盘县会议讲起。

1984年1月，萧克接受采访时说："长征途中我们开过几次会议，盘县会议是带转折性的一次重要会议。"红二、六军团就是在这次会议之后，毅然放弃在贵州南、北盘江之间建立根据地的战略设想，渡过金沙江，挥师北上，与红四方面军会合的。实践证明，红二、六军团渡江北上的战略决策，顺应了抗日救国的民族革命斗争新形势，对维护党和红军的团结，推动红军三大主力胜利会师，壮大抗日力量，实现革命大势奠基西北，起了重

红二、六军团在盘县送给徐福生的行军锅

要作用。

1936年2月至3月，红二、六军团在位于贵州西北和云南省东北的乌蒙山区开展了近一个月的千里回旋战之后，陆续进至贵州省盘县境内。3月28日，贺龙、任弼时、关向应率红二军团进占盘县县城。29日，由萧克、王震、张子意率领的红六军团过云南和贵州两省交界的胜境关进入盘县亦资孔。

还未进入盘县时，红二、六军团曾于3月23日接到红军总部朱德、张国焘的电报，建议“在渡河技术有把握条件下及旧历三月水涨前，设法渡过金沙江。……与我们会合，大举北进”。红军总部的北进指示与红二、六军团准备在盘县一带建立根据地的战略设想发生了冲突。3月29日，红二、六军团在盘县给红军总部去电，询问“我军究应此时北进与主力会合抑或留在滇黔川边活动之问题，请军委决定，并望在一、二天内电告……”

30日，红二、六军团接到了红军总部的回电称，“究应如何请按实况决定，不可受拘束”。随后，红二、六军团在盘县“九间楼”紧急召集军委分会成员及军团负责人贺龙、任弼时、关向应、萧克、王震、张子意、李达等人参会。会议结合来自红军总部的两份电报和《中央关于目前形势和策略路线决议大纲》，分析了全国的形势。为了顾全大局，会议毅然决定立即执行总部的指示，挥师北上。

31日，红六军团为左翼，开始撤离亦资孔，到盘县乐民宿营，红二军团仍在盘县县城准备。4月1日，红六军团经水洞坪进入云南富源清水塘、划船边。红二军团为右翼，开始撤离盘县县城，经两河到红果纸厂宿营。

在红二、六军团停留盘县的几天当中，通过惩处作恶多端、民愤极大的地主恶霸，与当地人民群众结下深厚友谊。在县城，红二军团砸开监狱，放出了被关押的无辜群众，并发给路费帮助回家。红军在城内武营召开济贫大会，杀猪备饭请群众吃，还打开盐仓和粮仓，把粮、盐分给群众。群众称颂说“武营门，人欢腾，红军哥哥进了城，打开仓库分谷米，为的打富来济贫”“北门桥河水清，穷人天天盼红军，盼得红军早到来，打倒土豪和劣绅”。在城内的北门桥、财神庙、武营大门墙上都书写了大幅宣传标语：“打倒贪官污吏，铲除土豪劣绅！”“准许商人做买卖！”“不拉夫、不派马！”在红军的宣传和感召下，盘县群众纷纷加入红军队伍。据统计，红二、六军团在盘县期间，共扩红700余人。

盘县转兵时，为了长途行军的顺利与便捷，红军将士选择了轻装简行，忍痛割爱将这口铁锅送给了当地群众徐福生。为了纪念这支人民的军队，徐福生将它完好地保存下来。新中国成立后，遵义会议纪念馆将其征集入馆，后拨交给中国革命博物馆（现中国国家博物馆）永久保存。

这口行军锅既是红军盘县转兵、走向胜利的历史见证，也承载着军民之间的鱼水深情，表达了红军将士对当地群众给予支持与援助的感激之情和徐福生对红军将士的深深眷念。

29

奇绝惊险夺泸定

红军强夺泸定桥时桥上的铁索链

王海蛟

这段铁索链是泸定桥铁索链的一小部分，长约95厘米。1935年5月29日，红军战士曾赤手紧握着这条铁索链，冒着枪林弹雨，夺取了泸定桥，越过了大渡河天险，打开了中央红军北上的道路，粉碎了蒋介石围歼红军于大渡河以南地区的妄想，取得了长征中又一个具有决定意义的胜利。

1935年5月24日晚，中央红军先头部队赶到并占领了大渡河南岸的安顺场渡口。但是春夏之交的大渡河正值上游雪山积雪融化之时，河水暴涨，水流比乌江、金沙江更为湍急，河面最宽处达300余米，水深10余米，一时难以架桥。为防止红军乘船渡江，守卫北岸的川军破坏、凿沉了大量船只。红军经过艰苦搜寻，仅找到4条渡船，且其中只有1条是完好的，可坐40余人，其余3条尚需修理。此时尾追的敌人正向大渡河昼夜逼近，仅凭几条小船，全军数万人马要在几天内全部渡河是不可能的。军情万分紧急，红军必须抢占当时大渡河千里河道上

红军强夺泸定桥时桥上的铁索链

唯一的一座桥梁——泸定桥。

强夺泸定桥的任务交给了红一军团红二师的红四团。5月28日凌晨，红四团接到军委命令，限29日夺下泸定桥。通往泸定桥的道路两岸是悬崖陡壁，有数十条山涧溪流将小路切断，行军十分艰难，且路程有240里，但红四团经受住了考验，在“坚决完成任务，拿下泸定桥”的信念支撑下，仅用20小时多一点的时间，就于5月29日晨赶到泸定桥附近，并袭占了泸定桥的西桥头。与此同时，率先由安顺场强渡大渡河的红军部队，也昼夜不停地沿河东岸向泸定桥方向急进，准备配合红四团的行动。

横跨大渡河的泸定桥，位于泸定县城的西侧，东桥头与泸定县城的西城门紧密相连。桥两侧山峦起伏、高崖夹峙、一河中流，是扼守四川腹地和康藏高原的咽喉要道。泸定桥建于清康熙年间，桥身全长101米，宽约2.6米，没有桥墩，离水面数十米高。整座桥由13根碗口粗的铁索横拉东西两岸，12164个铁环相扣而成，铁件重达40余吨。桥面由9根铁索做底链，上铺木板，两侧各有2根铁索做桥栏。人走在桥上，整个桥身起伏荡漾，如泛轻舟。红军先头部队占领西桥头时，守卫泸定桥的敌人还没来得及拆除全部的桥板，但靠近西桥头的木板多半已被拆除，只剩下光溜溜的铁索链。对岸的敌人凭险固守，不断用机枪、迫击炮射击，红军也猛烈回击，两军一直隔河相持。此时，敌人的两个旅正向泸定县城方向赶来增援。留给红军通过泸定桥的时间已经不多了。

29日中午，红四团召开紧急会议，进行战前动员。广大红军指战员纷纷主动请缨，要求参加突击队，夺占泸定桥，攻克泸定城。经过讨论，最后组成以第二连连长廖大珠、政治指导员王海云为首的22名勇士为夺桥突击队。

下午4时许，夺桥战斗打响。红军所有武器一齐向对岸的敌人开火，军号声、枪炮声、喊杀声，霎时震撼了大渡河两岸的山谷。22位勇士身背马刀，手持冲锋枪或短枪，腰插手榴弹，在战友们的火力掩护下跃出工事，冒着枪林弹雨，手攀铁索向对岸冲去。紧跟其后的第二梯队战士们除了携带武器，每人还扛着木板，一边前进一边抢铺桥板。当突击队快要冲到对岸的桥头时，敌人突然将煤油泼在稻草上，放火封住红军去路，同时引燃了东桥头的木结构亭子，顿时浓烟滚滚，烈火冲天。在这千钧一发之际，英勇的突击队员们奋不顾身，冲过火海，顾不上帽子、衣服着火，一直冲进城门和敌人展开巷战。紧接着，第二梯队和后援部队也冲了过来。经过两小时激战，守卫泸定桥和泸定县城的敌军被消灭大半，残部急忙向天全方向逃窜。红军占领泸定县城，共俘虏人枪各百余。6月2日，中央红军主力全部由泸定桥胜利通过大渡河。

“金沙水拍云崖暖，大渡桥横铁索寒”，毛泽东在《七律·长征》中写下了红军战士勇夺泸定桥的战绩。吟诵着它，我们仿佛看到了红军勇士们冒着枪林弹雨，攀上横空摆荡的铁索桥，冲破密集的火网，奋勇向前，与敌人殊死搏斗的壮烈画面。

30

突破天险腊子口

中央红军在腊子口战斗中缴获国民党军的理发推子

王海蛟

这把理发推子是中央红军1935年突破腊子口天险时缴获国民党鲁大昌部队的战利品，由时任红二方面军理发员的阮同义保留并捐赠。今天，这把理发推子因年代久远，已经不能正常使用了，但斑斑锈迹似乎还在向我们诉说着那场惊心动魄的战斗故事。

1935年9月，中央红军长征进入甘肃南部藏区，并继续向甘肃东北方向前进。一路上击溃了藏族反动分子和国民党军的拦阻，逐渐逼近要隘腊子口。

腊子口位于甘肃迭部县东北部，是川西进入甘肃的唯一通道，地势险峻，在藏语中意为“险绝的山道峡口”，是“一夫当关，万夫莫开”的隘口。隘口宽只有30米，两面都是百丈悬崖陡壁，湍急的腊子河水从中间奔流而过。两岸由东西走向的一座木桥相连，这是通过隘口的必经之路。桥后面的悬崖上筑有敌人的碉堡群和三角形的封锁工事，敌人在距隘口千米远的朱立沟口布置了两个营的兵力，从山口往里，直到岷县，纵深配置了三个团的兵力。国民党鲁大昌部妄图凭借这道天然屏障和重兵扼守，封锁红军北上的道路。

此时，红军面临的形势不容乐观，不仅腊子口有重兵堵截，左右两侧还分别有土司卓尼杨的万余骑兵和国民党胡宗南部的主力。红军必须尽快冲过腊子口，否则，一旦国民党军形成三路合围之势，后果将不堪设想。在这种情况下，立即夺下腊子口、打通红军北上通道是唯一选择。

攻打腊子口的任务交给了红二师第四团。红四团接到作战命令“三日之内夺取天险腊子口，并扫除前进途中拦阻之敌人”后，随即向腊子口兼程疾进。9月16日，红四团连续击溃鲁大昌部两个营的堵击，并于午后全部到达腊子口。

当日16时，红四团一营率先向腊子口守敌发起攻击，但因敌人火力凶猛，几次进攻均未成功。此时，红一军团军团长林彪、政治委员聂荣臻、参谋长左权及红二师师长陈光亲临前线指挥作战。他们与红四团的指战员认真总结经验，共同制定了正面进攻与侧翼袭击相结合的作战方案。当晚，红军得到情报：次日清晨，鲁大昌部两个团及千余名藏族骑兵将增援腊子口。红军面临的形势将更为严峻。毛泽东等给担负后卫任务的红三军团军团长彭德怀发出《腊子口守敌一营未退》的

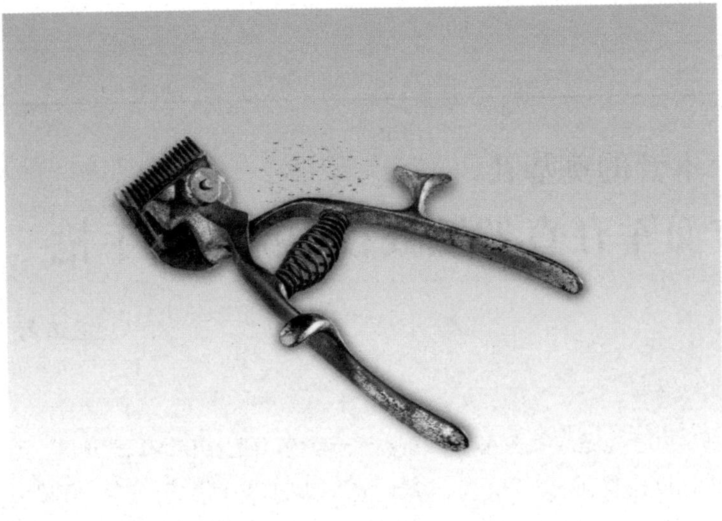

中央红军在腊子口战斗中缴获国民党军的理发推子

电报，命令红三军团和军委纵队一部截击敌人的援军，严防敌人从侧翼袭击进攻腊子口的红四团，保证先头部队胜利夺取腊子口，同时，向红四团下达指示，强调天亮之前必须拿下腊子口。

24时许，团、营首长召开党团员火线动员会，组织由15名党团员组成的突击队，兵分两路再次向敌人发起进攻。突击队员身携短枪，腰挂手榴弹，背插大刀，在夜幕掩护下向桥头移动。正当突击队将要接近桥头时，被守敌发现，敌人集中火力向桥头射击，企图阻止红军的进攻。红四团的掩护部队立即以猛烈的火力压制敌人，突击队抓住时机，迅速攻进桥头工事，挥舞大刀与敌人展开了肉搏战。与此同时，迂回部队在上游不远处用马匹将突击队员驮过河，并找到了可以攀上腊子口东侧崖顶的石缝。一名绰号“云贵川”的苗族战士自告奋勇，率先攀登悬崖峭壁到达山顶，放下用绑腿拧成的绳子，接应其他战士利用这根绳索攀上数十丈高的峭壁，到达指定位置，并迅速发出登顶成功信号弹。随即，山上山下的红军战士同时向敌人发起总攻。

9月17日清晨，经过3个小时的激烈战斗，红四团终于突破了鲁大昌部精心设置的防线，胜利夺取了天险腊子口。敌军一部被歼，残部向岷州方向溃逃。上午7时，毛泽东、林彪、聂荣臻联名向彭德怀发出“腊子口已得手照原计划前进”的告捷电。此役，红军缴获了大量粮食和盐，对于刚刚走出草地、早已断粮多日的红军来说，无疑是雪中送炭。

腊子口一战，是长征途中少见的硬仗之一，也是出奇制胜的一仗。腊子口战斗的胜利，打开了红军北上的通道，彻底粉碎了蒋介石企图利用天险将红军困死、饿死在雪山草地的阴谋，充分证明了党中央北上的方针是完全正确的，在军事和政治上都具有重要意义。

这把理发推子是红军突破腊子口天险后，清理战场时发现的。之后，交由理发员阮同义保存。阮同义还曾用这把理发推子给任弼时、贺龙等红军领导人理过发，并一直保存下来。

31

中国革命大本营的奠基礼
红一方面军在直罗镇战役中缴获的手枪

王海蛟

这把毛瑟 M1914 式手枪是红军在直罗镇战役中缴获的，枪长 17 厘米。1975 年 12 月，工程兵工程指挥部司令部管理处将其拨交博物馆。

1935 年 10 月 19 日，中共中央率领陕甘支队胜利到达陕甘苏区的陕西省保安县吴起镇，宣告红一方面军长征胜利结束。之后，毛泽东等率领陕甘支队到达甘泉县下寺湾，同红十五军团会师，并恢复红一方面军的番号，由彭德怀任司令员，毛泽东任政治委员。

此时，蒋介石感到极为恐慌，他命令国民党"西北剿总"重新调整部署，急调一个军又五个师，总兵力 3 万余人，企图采取东西对进、南进北堵的作战方针，围歼红军于洛河以西、葫芦河以北地区。为粉碎敌人的进攻，毛泽东决定集中刚刚会师陕北的红军，在直罗镇一带给敌人迎头痛击。

红一方面军在直罗镇战役中缴获的手枪

直罗镇，是甘肃合水通向陕西鄜县的一个只有几十户人家的小集镇，位于葫芦河南岸，城枕罗水，其川平直，故名直罗镇。这里三面环山，中间是一条狭窄的河谷，宽处不超过 200 米，狭窄处只有二三十米，且路面坎坷不平，车辆难于通过，部队行进时，只能排成一路长队，蜿蜒而行，正是展开伏击的良好战场。为打好这一仗，毛泽东、彭德怀等亲自带领红一和红十五军团的干部查看直罗镇地区地形，研究作战部署。战役发起前，毛泽东再三指示，要的是歼灭战。

11 月 20 日，国民党先头部队第一〇九师在师长牛元峰带领下，倚仗六架飞机掩护，向直罗镇进发。红十五军团一部按照上级的安排，且战且退，向敌人示弱，将国民党部队引向直罗镇。一〇九师师长牛元峰误认为红军抵挡不住，败阵而退，骄傲心理油然而生，更加趾高气扬，命令部队"乘胜追击"。在进入红军布好的"口袋阵"

前，师长牛元峰在查看这一地区地形时，戏称之为“蛇钻细管”，但由于自身的狂妄自大，并未对此引起足够重视。到达直罗镇当晚，牛元峰放纵部下大肆劫掠当地群众的米、面、鸡、鸭、猪、羊等物资，大开筵席，庆祝所谓的“胜利”，他本人更是迫不及待地向上级报捷邀功。大小官兵全部饮酒作乐，完全被假象冲昏了头脑，对红军即将发动的战斗毫无防备。

第二天凌晨，当敌人还沉醉在酒香和睡梦中时，毛泽东下达作战命令，红一军团从北向南，红十五军团由南向北，以迅雷不及掩耳之势向直罗镇发起猛攻。一时间，到处是枪声和红军的喊杀声。在强大的攻势下，国民党军仓促应战，很快土崩瓦解，溃不成军，许多人集体缴械投降。不到两个小时，红军就占领了镇子。牛元峰带着师部一些人员和少数士兵转向直罗镇南面山上，被红军赶得七零八落，到处乱窜，最后500余人退入镇东南的土寨内负隅顽抗。此时，敌援军也在赶往直罗镇的路上。毛泽东指示红军以一部继续围歼残敌，主力转为阻击援军。当日即在张家湾地区歼灭援敌一个团，使敌人仓皇逃跑、不敢驰援。被包围在土寨中的牛元峰残部。见救援无望，于23日夜间组织突围，一出寨子，就遭到红军的追歼。乘胜追击的红军高喊着“缴械，缴械”，紧追不放。24日，直罗镇的残敌在突围中被全歼。至此，直罗镇战役胜利结束。

此役共歼灭国民党军一〇九师和一〇六师一个团，毙伤官兵1000余人，俘5300余人，缴获长短枪3500余支，轻机枪176挺，迫击炮8门，子弹22万余发，电台2部，并迫使敌军退回陇东、退出鄜县，彻底粉碎了敌人对陕甘苏区的“围剿”。这一胜利为红军在西北站稳脚跟、扩大革命根据地，积蓄发展了新的力量，赢得了宝贵时间。

11月30日，毛泽东在红一方面军营以上干部大会上作关于《直罗镇战役同目前形势与任务》的报告，指出这次胜利的影响是：使刚刚会合的三支红军（即红一军团、陕北红军和红十五军团）得到进一步的团结，巩固了苏区，并有了条件去扩大红军，扩大苏区。洛川、中部、宜君、宜川、韩城和关中、陇东一带游击区与白区都可能成为苏区。我们要在中共中央的领导下，在西北建立广大的根据地，这次胜利算是“举行了奠基礼”。

这把直罗镇战役中缴获的毛瑟M1914式手枪，是德国毛瑟公司在M1910式袖珍半自动手枪的基础上生产和推出的改进型。M1914式手枪从1914年诞生，至1933年停产，总产量达54万余支。进入中国后，由于德国武器和毛瑟品牌在中国口碑很好，所以很有市场。20世纪30年代，它进入国民党军队武器装备序列，用以配备中央军的中高级军官和参谋军官。在中国共产党领导的工农红军与国民党军作战中，这些武器作为战斗的缴获品，被逐步“移交”给了红军指战员。这把毛瑟M1914式手枪就是红军在西北举行革命奠基礼的重要见证。

32

不做英雄枉少年

“少共国际师”成员陈和安佩戴过的袖章

何志文

在中国国家博物馆的长征文物中，有一件红军战士佩戴过“少共国际师”的袖章。袖章为正方形，布质。由于年代久远，红色的袖章已泛黄，还布满了沧桑岁月留下的斑驳痕迹，而且用黑色印墨印在上面的圆形印章也已变得模糊不清。但是，印在袖章正中间的红军的“红”字，虽然历经了几十年的岁月，却依旧清晰，似乎在向世人诉说着可歌可泣的“少共国际师”的光荣历史和难忘的战斗岁月。

除了袖章中心醒目的“红”字，经过仔细辨认，我们可以依稀看到，围绕着“红”字的圆环里，隐隐约约有“武装保护苏联”“模范少共国际”等字样。

根据文物档案记载，这个布质的袖章属于一个名叫陈和安的“少共国际师”战士。当时他随部队出征时，将这个他佩戴过的袖章交给父亲陈茂朗保存。后来，陈和安与家人失去了联系，很可能牺牲在了长征路上。为了纪念儿子，也为了表明自己相信革命能够取得胜利的坚定信念，陈茂朗一直精心保存着它。他去世后，袖章由同样参加了革命的陈和瑞保存。

这件颜色泛黄、字迹模糊的袖章看似普通，却是“少共国际师”留下来的为数不多的历史证物之一。“少共国际师”被称为红色“娃娃师”，它虽然存在时间不长，但这些少年战士的革命事迹和战斗经历却可歌可泣。

1933 年 5 月，中国工农红军全军青年工作会议后，根据周恩来的建议，红军总政治部向中央提出了建立“少共国际师”的建议。5 月 20 日，中国共产主义青年团中央局（简称“少共中央局”）正式作出《关于创立少共国际师的决定》，号召“完成扩大一百万铁的红军的任务……”，并下令在中央苏区所在地江西、福建征调 8000 名兵员。号召发出后，中央苏区的近万名青少年踊跃参加。

同年 8 月 5 日，“少共国际师”在江西博生县（今宁都县）“跑马场”正式成立，归红一方面军直接指挥。中革军委任命陈光为首任师长，冯文彬为首任政治委员。全师 3 个团 11000 余人，党团员占了 70%，他们的平均年龄为 18 岁，最小的才 14 岁，许多人还没有枪高。“少共国际师”成立时，战士们的武器是他们自带的红缨枪和大刀，红十军团攻占沙县后，“少共国际师”才用上了从敌人手中缴获的武器。

“少共国际师”成立后，战士们高举

“少共国际师”成员陈和安佩戴过的袖章

配合红九军团保护左翼安全。经统计，在长征途中，“少共国际师”总共进行了12场战斗，其中主动出击敌人3次，担任掩护任务时与敌军进行战斗9次。湘江战役中，少共国际师四十三团和四十五团被隔在湘江东岸的咸水圩渡口，萧华果断地杀向仍由红军控制的界首圩渡口，终于渡过湘江，但损失严重。

1935年1月遵义会议后，“少共国际师”的番号被撤销，剩下的兵员被合并。这支“娃娃兵”部队存在时间虽短，但他们不怕牺牲、顽强血战的英勇精神，已在中国革命史上写下了浓墨重彩的一笔。这件袖章正是他们不屈不挠、英勇顽强精神的历史见证。

新中国成立后，中央派访问团到革命根据地慰问根据地群众，陈家人便把袖章交给访问团，希望将这件珍贵的“纪念品袖章交给毛主席看”。于是，这件袖章被带到了北京，并由当时的内务部于1952年6月拨交给新成立不久的中央革命博物馆筹备处（现中国国家博物馆）收藏。

“少年有志报神州，一万虎犊带吴钩。浴血闽赣锐无敌，长征路上显身手”。这是曾任“少共国际师”政治委员的萧华所作《忆少共国际师》中的诗句。如今，“少共国际师”的多数成员都已去世，但国家博物馆精心保存的这件袖章，会继续向人们讲述这些长征路上少年英豪们的英勇故事。

战旗，唱着《少共国际师歌》，赴石城开始了紧张的战斗训练。

我们就是“少共国际师”，

九月三日在江西誓师出征去，……

坚决的果敢的武装上前线；……

最后的一滴血为着新中国。

战士们在歌声中、在严格的训练和革命教育中迅速成长。1934年5月，在闽北拿口，“少共国际师”与敌军打了第一仗，歼灭敌人500余名。首战告捷，红军总司令朱德、总政委周恩来等专门致电祝贺。当月，“独臂将军”彭绍辉调任“少共国际师”任师长。之后，在彭绍辉和萧华的率领下，“少共国际师”先后参加了大寨脑、驿前、广昌、石城等战斗。经过几次血战，“少共国际师”的兵力锐减到5000余人。

1934年10月16日晚，“少共国际师”随红一军团渡过于都河开始长征，处于左路前卫的后部。长征初期，“少共国际师”有时在红一军团的指挥下开辟通路，有时

33

红军号音的秘密
中革军委湘鄂川黔省分会的号谱

尹静

这件红军通讯号谱，全称为“中华苏维埃共和国中央革命军事委员会湘鄂川黔省分会号音通讯之号谱”，横21厘米，纵14厘米，油印，共16页。封面左边是“绝对秘密”；中间是号谱目录；右边有两位红军战士的素描，站着的战士正在吹响军号，趴在战壕里的战士手握长枪盯着前方。封面下方有“公历一九三五年八月二十八日翻印”字样。封底五线格上画着一个飘扬着红穗的军号，号身上的圆圈里写着“通讯号谱”四个字。

红军创建初期，通讯工具非常落后，除军以上单位设有一两台简易电台和老式电话外，主要依靠哨音、司号、旗语、烟火等原始通讯方式联络。由于哨音、旗语、烟火等容易受天气、地形等因素的影响，不宜广泛使用，因此具有诸多优点的号音通讯便成为红军的主要通讯手段，司号员也成了各级指挥员调动、指挥部队的得力助手。

红军在初创时期就有司号兵，司号兵编入通信兵，连有司号员，营有号目，团有号长，军有号官。新兵入伍后都要进行背诵号谱的训练，要熟记上百个号谱，这样才能在日常生活、学习、训练和作战时与大部队保持绝对一致。

这本号谱目录包括“绪言”“讯号规定”“司号员一般的注意”“司号员在作战时的动作”“司号员训练”“司号员的教育”等六项内容。

中革军委湘鄂川黔省分会的号谱

“绪言”介绍了号音通讯的优缺点。它的优点是“凡号音所及范围内不受天气地势之障碍通讯甚便利，且声能表情，可使动作得度，并能激发士气”；它的缺点是“号音所及距离有限（一般在六百至八百米远），号谱有一定规定，不能随意变化，通信受其限制，故号音通信只适用部队联络及简单动作命令，而非完善的通信”，而且由于“不能经常变易又用声传达使通信秘密不能保守不适合于军用；近代通讯技术发达，用固定号谱以通讯已少应用，普通均以长短符号代替”。

“讯号规定”包括：(1) 规定讯号，在一个作战区域里的诸部队须统一不错。(2) 号音信号须简易明了，一般选用通用号牌（负责规定者应与司号者商量）为宜。(3) 普通采用公事号、长短音或公事号尾加长短音三种。(4) 须避免与敌雷同，以免发生误会。(5) 受领信号须注意保管，严守秘密，如遇遗失，立即报告。(6) 高级司令机关须预定多种讯号，以便遗失后立即通知更换。(7) 在作战前指挥员收到讯号后，应将现用的转给司号员。(8) 在每次讯号更讯时，司号长须向所属部队的司号员检查讯号是否相同。(9) 每次战斗结束后，应更换一次。

“司号员一般的注意”则要求司号员要按时发号，迅速传达指挥员的命令，绝对不可发错等。其他几项还规定了司号员作战时的动作、训练和教育等诸多细节。

该号谱共有号谱 141 首，不仅有“起床”“开饭”“洗衣”“熄灯”等日常号谱、“队伍停止”“敌人退却”“停止射击”等战斗号谱，还有“司号连”“机枪连”“保卫局”等部队番号的号谱、“军团长”“副军长”“军政委”等军人职务的号谱。

这本号谱是红军转战云贵川时“围剿”红军的国民党军从一位牺牲的红军号目身上搜到的。据国民党陆军第十三师师长万耀煌、马申代电称“兹在被我击毙之匪军号目身中搜出匪之号谱一本……谨将本部翻印之匪军号谱……呈鉴并恳通令剿匪各部队注意为祷……”。万耀煌于 1931 年任第十三师师长，1933 年奉调入赣“围剿”中央苏区红军。红军长征后，万耀煌率部跟踪追击到湘鄂川黔边区。1935 年年初，遵义会议召开后，中国工农红军在毛泽东的指挥下四渡赤水，迅速掌握了战争的主动权，引起了敌人的极大恐慌。在这种情况下，万耀煌得到这本号谱后如获至宝，立即致电湘鄂川黔边区“剿匪军”第二路军总司令龙云，“恳通令剿匪各部队注意为祷”。

随着军队通信技术的不断发展，号音通讯这种原始的通讯方式已经不适应现代高科技战争的需要。1985 年，人民解放军精简整编时取消了司号兵，号音通讯逐渐退出了历史舞台。

这本浸染了红军司号员鲜血的珍贵号谱，是红军长征艰苦卓绝、浴血奋战的历史见证。1964 年 1 月，云南省公安厅档案室将这本号谱拨交到中国革命博物馆（现中国国家博物馆）。

34

红军的后备队
“红军第四军汀漳龙联合赤卫队大队部”旗

安莉

在福建省漳州市华安县高安镇平东村大片头有个天然石洞，因为这个石洞曾保存过“红军第四军汀漳龙联合赤卫队大队部”旗等革命文物，被当地人传颂为“红军洞”。

这面旗帜，纵99厘米，横111.2厘米。丝绸质，红色，中间缝有一个黄色五角星，五星中间绘有黑色镰刀、斧头图案。经过岁月的洗礼，这面旗帜已破旧、褪色，但透过这斑驳的旗面，我们仿佛看到它飘扬在腥风血雨的战场上，指挥着千军万马的英姿。

1934年10月，中央红军被迫退出赣南、闽西革命根据地，开始二万五千里长征。留在闽西的地方干部、红军和游击队转入深山密林，坚持游击战争。1935年4月，闽西南军政委员会成立，推举张鼎丞为主席，邓子恢为副主席兼宣传、财政部长，谭震林为副主席兼军事部长，方方为政治部主任，郭义为为组织部长，伍洪祥为青年部长，朱森为参谋长。在闽西南军政委员会的统一领导下，各红

“红军第四军汀漳龙联合赤卫队大队部”旗

军游击队紧密依靠人民群众，创造性地运用灵活多变的游击战术，打破了国民党军10个正规师的反复“清剿”，赢得了三年艰苦卓绝的游击战争的胜利，“为长征的胜利作出了不可磨灭的贡献”。毛泽东曾在1937年对方方说：“你们坚持了三年游击战争，保留了这么多干部，保留和发展了部队，保留了20万亩土地，保卫了苏区广大群众的利益，这是伟大的胜利。”这是对闽西三年游击战争最好的评价。

红四军汀漳龙联合赤卫队是战斗在闽西南的一支红军游击队。对于汀漳龙联合赤卫队，有关文献中只有零星的记载。这支队伍于1930年在江西瑞金成立。由于闽西开展“肃反”运动的影响，1933年才正式组建。“汀漳龙”即汀属、漳属、龙川地区，指现在的闽西南3市19县。

这面旗帜的原保存人、红军汀漳龙联合赤卫队负责人邹天水有着传奇的一生。他是福建省漳州市华安县高安镇平东村人，1930年初在龙岩参加工农红军，不久转入红四军第四纵队，并加入中国共产党。在此期间，担任过四纵队司令员胡少海的警卫员，后来先后被提任红四军连长、政治部宣传科科长等职。

1933年春节前，邹天水从瑞金工农红军学校第四期毕业后，被任命为红四军汀漳龙联合赤卫队大队部负责人，他携带这面旗帜和联合赤卫队印章前去报到。这时，赤卫队已经初具规模，人员已达1800多人。一团长为张阿明，二团长为郭生明，组织部长为高奇才。汀漳龙联合赤卫队是红军地方武装，平时分散，战时集中，并分期分批向主力红军输送力量，是红军的后备军。

1933年秋，在坎市战斗中部队失利，邹天水负伤，被送到龙岩老乡家养伤。不久赤卫队被补充到红军主力部队，随军长征。邹天水则受党组织委派，离开赤卫队到长汀做地方工作。

1936年6月，为配合闽西游击战争，根据邓子恢的指示，邹天水回到家乡华安，秘密组织漳龙赤卫团，任赤卫团团长。他随身带回了这面“红军第四军汀漳龙联合赤卫队大队部”旗帜、“红军第四军汀漳龙联合赤卫队之印”印章，还有驳壳枪、步枪、子弹、红军大刀、斗笠、红军证章、袖章、传单等物品，分别藏于平东村的大片头和坪斗仔坂底坑两处洞中。和老红军邹天宝一道，冒着被杀头的危险，将这批革命文物保存长达14年。

从1936年至1949年的十几年间，漳龙赤卫团在邹天水等人领导下，活跃在华安、南靖、漳州等地，以各种形式与当地的民团、保安团、土豪劣坤展开了不懈的斗争。在白色恐怖的日子里，邹天水曾被国民党抓获，面对敌人的严刑拷打，他始终坚贞不屈，严守党和红军的秘密。

1949年11月18日，华安和平解放。邹天水看到为之奋斗的胜利终于到来，便主动将藏在洞中的旗帜、印章等物取出，献给国家。《福建日报画刊》《福建日报》和《人民日报》先后报道了他们献出革命文物的事迹。1951年，福建文化古物保管委员会将这批革命文物拨交给中央革命博物馆筹备处（现中国国家博物馆）。

35

长征胜果铁血换
红一军团在反攻中经过的战斗表

何志文

长征路上，红军跨越了近百条江河，攀越了40多座高山险峰，穿越了被称为“死亡陷阱”的茫茫草地，历经了千辛万苦。除此之外，长征中的红军还击退和避开了上百万穷凶极恶的敌人的围追堵截。根据统计数字，在长征路上，红军将士共与敌人进行了600余次大大小小的战役战斗。可以说，长征既是一次世所罕见的战略大转移，也是一部威武雄壮、可歌可泣的“战争活剧”。

中国国家博物馆保存着一件中国工农红军第一方面军红一军团司令部印发的“红一军团在反攻中（自一九三四年十月十六日起至一九三五年十月廿一日止）所经过的战斗表”。由于历经风雨，再加上纸张质量不是很好，这件长征文物颜色已然发黄，也有一些污迹，但是它的重要性却是不言而喻。

1934年10月中央红军长征时，所属部队有第一、第三、第五、第八和第九军团等，其中以林彪为军团长、聂荣臻为政治委员的红一军团下辖三个师，即第一师、第二师和第十五师。根据战斗表的内容可以看出，它统计的是红一军团三个师的队伍从1934年10月16日到1935年10月21日一年时间内所进行的大大小小的战斗和战役。可以说，这个战斗表既是我们研究长征历史的重要史料，也是展示长征之艰辛的重要物证。

这是一张非常详细的战斗统计表。在表中，它标明了红一军团所辖部队的番号，战斗发生的时间、地点、对阵的敌军、战斗任务、战斗结果等，为我们了解红一军团各个师的所有战斗经历提供了依据。

在表格的第一列，其表头为“部队”，下面所列即是红一军团所属的三个师的番号，这从“第壹师”“第弍师”“第十五师”的字样可以明显地看出来；表格的第二列则详细地罗列了各个师进行战斗的时间，比如十月二十一日、十一月十二日、十一月二十三日等等；第三列是战斗发生的地点，比如固营、道州城、嵩明、泸定桥、吴起镇等；第四列是对阵的敌军，如粤军、湘军、滇军、周（浑元）敌、薛（岳）敌、番军、夷军，分别指的是长征途中红军与之战斗的国民党地方军、国民党中央军和少数民族武装等；第五列是战斗性质，主要分为掩护和主动进攻敌人两种；第六列则是战斗结果，有击溃了敌

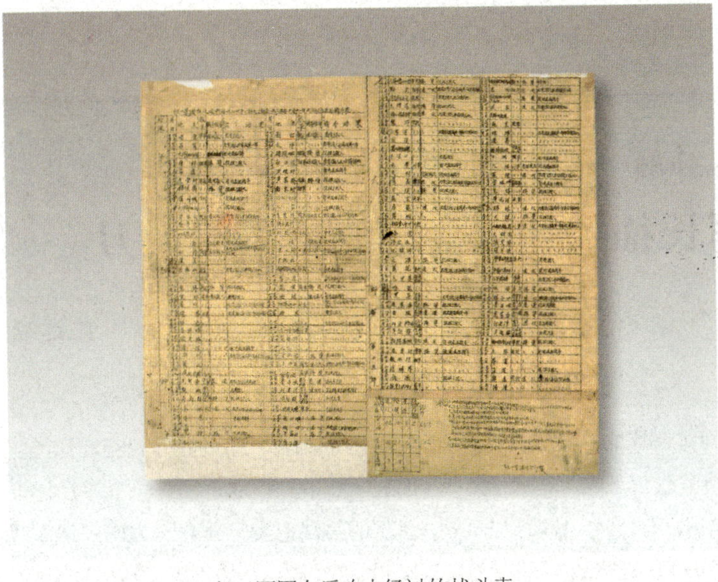

红一军团在反攻中经过的战斗表

人、自动退出战斗、扼阻了敌人、未解决战斗等。

从这张表中，我们可以看出红一军团在长征途中所经历的战斗之频繁，遭遇的敌人之多。以红一军团第一师为例，在短短的一年时间里，他们经历了大大小小62场战斗战役，遭遇了粤军、滇军、湘军、黔军、川军、周敌、薛敌、番军，夷军等的围追堵截，有的时候是连续几天不停地作战。

在战斗表的下方，有一个小表格统计了红一军团三个师的战斗次数。其中第一师进攻敌军42次，掩护兄弟部队15次，与敌军遭遇3次，受敌侧击2次，共计战斗次数62次。第二师遭遇的战斗更多，达到了70次。由“少共国际师”组成的第十五师进攻敌人3次，掩护兄弟部队9次，参加战斗共计12次。在这三个师中，红十五师（“少共国际师”）经湘江之战损失巨大，在遵义会议后部队整编时被撤销番号。

除了三个师的战斗次数统计表，表格右下方还有制作战斗表的附记。附记共有7条，详细说明了战斗表统计战斗次数的具体方法，如此表统计的是营及以上建制发生的战斗，途中与土匪进行的小规模战斗未统计在内，在芦花毛尔盖等地进行的战斗是配合红四方面军进行的等等。表尾有“红一军团司令部制”字样。

有人说，长征之路像是无数红军战士用鲜血染红的红飘带，这一比喻是十分形象的。在长征途中，红军差不多平均每天都要经历一场血战，许许多多红军战士为中国的革命事业献出了自己年轻而宝贵的生命。根据统计，在红一方面军二万五千里长征路上，每三百米就有一个红军战士牺牲倒下。长征的胜利，是无数红军战士用英勇的战斗、用生命和鲜血换来的。

中国国家博物馆保存的这张红一军团长征战斗表，是红军战士浴血奋战和英勇不屈的革命精神的最好证明。1951年中央革命博物馆筹备处（现中国国家博物馆）在全国各地征集革命文物时，中央军委文化部将其拨交给博物馆。

36

三军会师尽开颜

红军长征经甘肃会宁时留下的大刀

纪远新

中国国家博物馆保存的这把大刀是红军在甘肃会宁会师时留下的，长91厘米，铁质，现状锈蚀、有裂口。甘肃会宁是中国工农红军经历了长途跋涉、历尽艰辛后三军会师的地方。大刀对于缺少枪支弹药的红军战士来说，是作战中必不可少的武器。因此，这把红军大刀也因其具有特殊的历史意义，成为中国国家博物馆中一件重要的长征文物。

1935年10月，党中央率中央红军到达陕甘革命根据地的吴起镇，胜利完成了长征。这时，红二十五军与陕甘根据地的红二十六、二十七军已合编为红十五军团。11月初，中央红军与十五军团合编，恢复红一方面军番号。同年12月，中共中央在陕北瓦窑堡召开政治局扩大会议，确定建立抗日民族统一战线的战略方针。为贯彻瓦窑堡会议精神，红军先后实施东征、西征战役，逐步将根据地扩大为陕甘宁根据地，为迎接红二、四方面军北上创造了有利的条件。

1936年7月，长征中的红四方面军和红二、六军团会师于四川甘孜。同年7月，红二、六军团和红三十二军编为红二方面军。随后，红二、四方面军根据中央要求迅速北进甘南的指示，至8月底全部进入甘肃。9月初，红一方面军从甘肃北部的黑城出发，向会宁方向前进，迎接北上的红二、四方面军。9月13日，中共中央和西北革命军事委员会制订了《静会战役计划》，明确提出了三大主力红军在静宁、会宁以北地区会师北上抗日的任务。9月中旬，红一方面军主力集结于静宁、隆德、靖远一带，在会宁城外形成包围圈。

面对三大主力红军即将会师西北的局面，蒋介石命令胡宗南部兼程北上，企图在会宁一带切断红军三大主力会师的道路。而此时，红四方面军领导人张国焘又企图推翻甘孜会议确定的“共同北上”方针，而去建立“甘南根据地”。在红二、四方面军绝大多数同志的坚决反对和中央的努力争取下，9月19日，红二、四方面军指挥部发布了向会宁、静宁进军的命令。10月9日，朱德、张国焘、徐向前、陈昌浩等率领红四方面军进入会宁。

10月9日上午，碧空万里，阳光和煦，会宁城门楼前扎起了彩门，红旗招展，锣鼓喧天。夹道欢迎的人群，有士兵，有群众，气氛非常热烈。会宁城内，

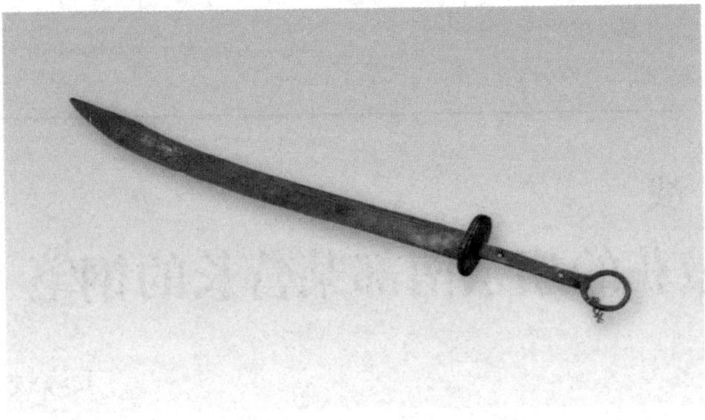

红军长征经甘肃会宁时留下的大刀

万象更新，标语、人群、欢歌笑语，使这座偏僻的小山城空前热闹起来。红一、四方面军的会合是多么激动人心的会师啊！同志们悲喜交集地拥抱起来，手挽手地走来走去，兴高采烈地互赠礼品，互相倾吐盼望之情。为避免敌机轰炸，红一、四方面军会师庆祝大会于10月10日傍晚在会宁文庙大成殿举行。庆祝大会以两张门板搭成讲台，以供桌当讲桌，红一、四方面军团以上干部2000多人坐在长条凳上，两万多红军战士、群众坐在大成殿外广场上。

庆祝大会由红四方面军政治部主任李卓然主持，朱德宣读了中央的贺电，徐向前等人讲话，两个方面军的领导人还合影留念。10月22日，红一、二方面军在将台堡胜利会师。至此，红军长征胜利结束，中国革命由此揭开新的一页。

这把大刀是当时在会宁会师的红军战士所携带的，是红军长征途中常使用的武器。长征途中，由于红军装备较差，很多人没有枪，只有长矛、大刀，因此红军刀也可称是中国革命取得胜利的重要见证。在红军部队中有很多因善使大刀成名的将领，比如长征中曾担任红四方面军补充师师长的秦基伟，人送绰号“秦大刀”。1931年红四方面军攻打黄安城时，刚担任总部警卫团手枪营二连连长的秦基伟阵前请命，提着大刀冲上前线，用大刀砍死了好几个敌人，从此便传开了“秦大刀”的威名。

独臂将军贺炳炎也是红军中赫赫有名的“刀王”。1932年，10余万国民党军进攻湘鄂西苏区。一次，敌人偷袭湘鄂西中央分局机关，贺龙命令军校学员投入战斗。当时还在校受训的贺炳炎，抄起一把大刀杀入敌群，接连砍翻几个敌人，夺枪杀敌一举轰动军校。

还有在少林寺练就一身功夫的“刀客”许世友。1933年10月，许世友任红四军副军长兼二十五师师长，率部在四川抗击刘湘等川军对红四方面军的“六路围攻”。在长达四个月的防御战中，许世友身先士卒，常与敌人展开肉搏战，一把纯钢的大刀，竟被砍得缺锋卷刃。在红军突破嘉陵江的一次战斗中，身为军长的许世友还曾亲率敢死队，手提一柄钢刀直捣敌阵，斩敌36人。

正因为大刀在红军将士心中有特殊的历史记忆，历经抗日战争和解放战争后，这把红军战士留在甘肃会宁的大刀才能被保存下来。1964年6月，这把曾见证会宁会师这一光辉历史时刻的红军刀，由兰州军区政治部拨交给博物馆永久收藏。

37

三军会师后的第一战
山城堡战役缴获的胡宗南部某营长的钢笔

王海蛟

这支派克钢笔是山城堡战役中红军缴获胡宗南部的战利品，长13.8厘米，后由五十五军副军长程启文一直使用，成为红军的学习工具。1959年8月，由中国人民革命军事博物馆拨交。

1936年10月，红一、二、四方面军在甘肃会宁和宁夏将台堡地区胜利会师后，北移至海原、打拉池地区。10月下旬，蒋介石不顾中国共产党一再提出的“停止内战，一致抗日”的主张，亲自坐镇西安督战，调集五个军，分兵四路发起进攻，企图趁红军长途跋涉、立足未稳之机，一举将红军主力消灭。

除了面对敌人进攻的威胁，红军面临的自然环境也是异常险恶的。当时红军所处地理位置正是黄土高原最贫瘠的陕甘宁交界处，人口稀少、干旱少雨、物产不丰，数万红军拥挤于此，无法补充兵员、筹粮筹款。在此情况下，如果不打退敌人的追击，红军将被迫撤离陕甘，东渡黄河，这种形势是很不利的。

中共中央、中革军委经过研究，决定对国民党胡宗南部实施重点进攻，打击其咄咄逼人的嚣张气焰。

胡宗南是蒋介石的心腹爱将，参与了对各革命根据地及红军的“围剿”、对长征中的红军的“追剿”，所率第一军是蒋介石的嫡系部队，是其赖以起家的本钱，部队中的各级主官十有八九是黄埔军校的学生。自调到西北战场后，这支军队一直未受过红军打击，倚仗优势兵力和优良装备，恃强骄纵，目空一切。在这种情况下，能否沉重打击胡宗南部，就成了中共中央和红军能否继续在陕甘地区坚持斗争的战略关键。

11月中旬，中革军委下达指令，要求红军主力“应即在豫旺县城以东，向山城堡迅速靠近，集结全力，准备打第一仗”。接到指令后，红军各部大踏步“后退”，向山城堡南北地区集结，吸引胡宗南部孤军深入。胡宗南部果然上当，认为红军溃不成军，分三路追击红军。

山城堡位于豫旺县以东、盐池以南、环县以北的中间地带，南系关陇、北通河套，历来是兵家必争之地。这一带山连塬，塬连沟，土寨子比较多，部队便于隐蔽集结，也便于发动攻击。

为了打好山城堡一仗，给予胡宗南部有力一击，11月18日，毛泽东、朱德、周恩来、彭德怀、贺龙等联名发出《关于

山城堡战役缴获的胡宗南部某营长的钢笔

粉碎蒋介石进攻的决战动员令》，指出："当前的这一个战争关系于苏维埃，关系于中国，都是非常之大的。……我们一定要不怕疲劳，要勇敢冲锋，多捉俘虏，多缴枪炮，粉碎这一次进攻，开展新的局面，以作三个方面军会合于西北苏区的第一个赠献给胜利的全苏区的人民的礼物。"遵照这一指示，红军前敌总指挥彭德怀进行了具体部署。各支红军部队纷纷按照相应部署，秘密进入山城堡附近各伏击点，构筑工事，封锁消息，只待敌人自投罗网。

20日，胡宗南所部第一军第七十八师进入山城堡。21日白天，敌军飞机在山城堡上空盘旋侦察，因红军各部隐蔽缜密，没有被发现。黄昏时分，红军各参战部队对山城堡的敌人发起猛烈攻击。其中，红十五军团和红一军团第二师向山城堡西北之哨马营攻击，切断敌人退路；红一军团主力由南向北、红三十一军由北向南、红四军由东南至西北，向山城堡进逼。面对突如其来的进攻，敌军被打得晕头转向，四散奔逃，溃不成军，除一部突围外，大部被红军包围压迫于山城堡西北山谷中。红军充分发挥夜战特长，与戴有"青天白日"帽徽的敌人进行肉搏。经过一夜的激烈战斗，至22日9时，红军共歼敌第七十八师第二三二旅全部及第二三四旅的两个团，使敌第七十八师损失总兵力的2/3以上。

当天，中共中央、中华苏维埃中央政府、中革军委联合向全军和全苏区人民发出《为各方面军歼胡敌一旅通电》，热烈祝贺红军三个方面军联合作战取得山城堡战役的伟大胜利。

山城堡战役，是三大主力红军会师后取得的第一次胜利，显示了红军团结战斗的无往不胜的威力，沉重打击了国民党军尤其是胡宗南部的气焰，迫使该敌全线退却，从而停止对陕甘苏区的进攻，使苏区得到进一步巩固，对促进国内和平和"逼蒋抗日"方针的实现起到了积极作用，也为红军长征画上了圆满的句号。它作为红军会师后的第一仗、结束第二次国内革命战争的最后一仗而载入史册。

3

长征宣传

38

中国红色第一联

红四方面军留在四川达县的石门对联

安莉

“斧头劈开新世界，镰刀割断旧乾坤”。这副对联对仗工整，读来朗朗上口，字里行间气势恢宏，意境深远，加上其巨大的影响力而成为“中国红色第一联”。

1932年年底，徐向前、李先念等率领中国工农红军第四方面军从鄂豫皖根据地转移西征，经陕南进入四川东北部地区，建立了以通江、南江、巴中为中心的川陕革命根据地。1932年12月29日，红四方面军与当地党组织、地方武装和民众相结合，成立了川陕省临时革命委员会，到1935年4月21日红四方面军开始长征前，前后经历了两年零五个月。在此期间，为了向当地老百姓宣传马克思主义、宣传中国共产党、宣传红军，根据地的党组织、红军和苏维埃政府制作了大量的标语口号。

相对于红一、二方面军在中央苏区、长征沿线等地留下的标语均为墨书、壁书、纸书而言，红四方面军的标语有很多是写在石头上錾刻出来的，其保存时间更为长久。据文献记载，自1932年12月到1935年4月期间，红四方面军在陕南、川北一带20多个县、市的沿途，曾组织专人镌刻石刻标语1万余条。

中国国家博物馆馆藏的镌刻着红军标语的石门框就是红四方面军留下的比较典型的一件珍贵的石刻标语。这个刻有标语的门框整体高219.3厘米，通宽173.2厘米，厚37.5厘米。石门上方横梁上行楷阴刻“红卅军政治部”，两侧门框正面竖行凿刻“斧头劈开新世界，镰刀割断旧乾坤”，其内侧面刻有“平分土地”“阶级斗争”标语。

1933年7月上旬，红四方面军各师进行整顿并扩编为军，其中第十一师扩编为三十军，军长为余天云，政治委员为李先念。不久红四方面军发起宣（汉）达（县）战役。在梓桐乡教书的何永瑞和何芳泽父子派人前去邻近的北山乡迎接红军。9月3日，红三十军大部队到达达县梓桐乡（今四川省达州市通川区梓桐镇）。由于当地伪团总杜光亭已闻风而逃，红军就将政治部设在了他的庄园。杜光亭的庄园修得比较考究，雕楼画栋，碧瓦飞檐，草绿花红，当地人称之为“杜府草堂”。

红三十军政治部住进“杜府草堂”后，把两杆红旗分别插在大门两边。为了庆祝红军的到来，何永瑞、何芳泽父子除了热情接待外，还打算写一些宣传红军

红四方面军第三十军政治部留在四川达县的石门对联

离后，国民党军和地主豪绅卷土重来，对根据地人民进行疯狂报复。他们本想铲除对联，但又怕损伤朝门，破了风水，只得在表面涂盖一层石灰将其掩盖，这样才使这副红军标语保存下来。

1958 年，达县民政科工作人员到梓桐乡征集革命文物，在当地得到了这副对联的线索，随后请人将石门柱上的石灰去掉，使石门得以恢复原貌，这副对联亦重见天日。后来，有关部门将这个刻有红军标语的石门框，作为革命文物拆下，1959 年 7 月由四川省达县文教科拨交给当时的中央革命博物馆筹备处（现中国国家博物馆）。如今，这个刻有红军标语的石门框，被竖立在中国国家博物馆“复兴之路”基本陈列的一个重要复原场景中，鲜活、生动地向人们讲述着红四方面军在川陕根据地带领人民翻身求解放、当家做主人的动人故事。

主张的标语。但是要怎样写才能表达对红军给劳苦人民带来的巨大变化，以及人民对红军的深情厚谊呢？这时，他们看到了迎风飘扬的红旗和红旗上的镰刀斧头，父子俩决定以镰刀斧头为内容，撰写一副对联。“斧头劈开新世界，镰刀割断旧乾坤”，就这样，一副气壮山河、后来传遍川陕的革命对联横空出世了。何永瑞挥笔写下对联，献给红军，并把它贴在政治部的石朝门上。11 月下旬，红军请工匠将这副对联錾刻在石门框上，并在大门的正上方刻了“红卅军政治部”，后来又在石柱内侧两边分别刻上了“阶级斗争”和“平分土地”几个字。

1935 年，红四方面军撤离川陕根据地，踏上北上抗日的征程，何永瑞和他的 3 个儿子也都参加了红军，何芳泽后来还曾担任红三十军政治部宣传科长。红军撤

39

反“围剿”的胜利捷报

《红色中华》为湘鄂赣红军大获胜利印发的号外

周彩玲

中国国家博物馆珍藏有第二次国内革命战争时期，中华苏维埃共和国临时中央政府的机关报《红色中华》报的第10号号外。该号外报道了1932年7月10日湘鄂赣革命根据地红十六军在第四次反“围剿”中取得通山战役胜利的消息。报道全文用铅印黑体印刷，标有醒目的大标题“湘鄂赣红军大获胜利”，及“消灭敌谢彬部二团 占领湖北通山县城”的副标题。主体内容是湘鄂赣根据地十一日的来电：“我红十六军于十日在湖北通山与白军谢彬部激战，当即消灭该敌两团，缴械甚多，并占领通山县城。”这份捷报，极大鼓舞了各革命根据地军民的斗争精神，为粉碎国民党军队的第四次“围剿”树立了信心。

湘鄂赣革命根据地，最初是1928年7月由彭德怀、滕代远等领导的平江起义的部队建立的。1930年8月，湘鄂赣边独立师与平江、修水、铜鼓、岳阳等各县赤卫队组编成中国工农红军第十六军。从此，红十六军就成为湘鄂赣苏区人民武装的一支主要力量。从1930年年底到1932年年初，经过一年多的时间，红十六军与地方赤卫队等人民武装先后粉碎了国民党军队对湘鄂赣根据地的三次“围剿”。随着三次反“围剿”的胜利，湘鄂赣根据地的红军队伍以缴获敌人的武装装备自己，

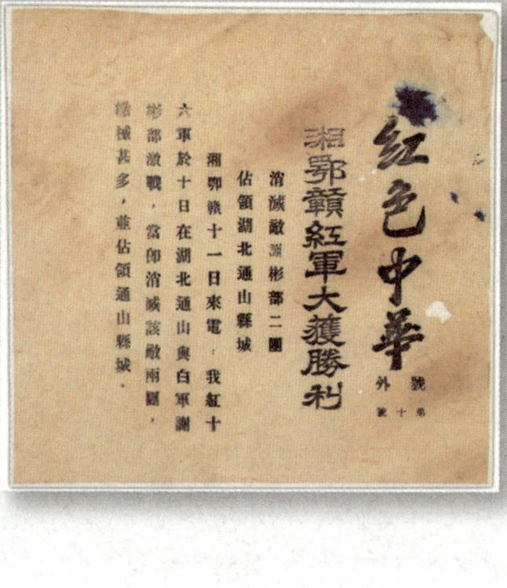
紅色中華
號外 第十號
湘鄂贛紅軍大獲勝利
消滅敵謝彬部二團
佔領湖北通山縣城
湘鄂贛十一日來電：我紅十六軍於十日在湖北通山與白軍謝彬部激戰，當即消滅該敵兩團，繳械甚多，並佔領通山縣城。

《红色中华》为湘鄂赣红军大获胜利印发的号外

发展壮大了起来。

1932 年 6 月，蒋介石纠集 60 万兵力，亲临武汉出任总司令，对湘鄂赣、鄂豫皖、湘鄂西等革命根据地发动了第四次“围剿”。此次，蒋介石用 50 个团的兵力进攻湘鄂赣，其中进攻鄂东南苏区的兵力就有 15 个团之多。通山县位于鄂东南苏区的中心，当时国民党新编第十师谢彬部的两个团驻守通山县城。面对来势汹汹之敌，红十六军与红三师配合，采取“逼蛇出洞，聚而歼之”的战术，于 1932 年 7 月 9 日夜，向通山县城发起进攻。红十六军与红三师一部进攻南门与北门，而主力则埋伏在城外，当县城内的敌军向外撤退时，被红十六军主力一举歼灭。该战役我军不仅占领了通山县城，还缴枪 1000 余支，俘营以下官兵 900 余人，毙敌官兵 700 余人，大获胜利。

湘鄂赣通山战役的胜利，在当时各革命根据地正面临国民党军队疯狂的第四次“围剿”的严峻形势下，打响了反“围剿”胜利的前奏，有力配合了鄂豫皖等革命根据地的斗争，可谓大快人心。这一胜利的消息很快通过湘鄂赣根据地的电台发到了中央革命根据地的红色中华通讯社（简称“红中社”）。值得一提的是，湘鄂赣根据地使用的这一电台是国民党二十六路军宁都起义时带过来的。1932 年夏，中央革命根据地派专人将这一电台送到湘鄂赣根据地，以便保持中央革命根据地与红十六军的联系。就在电台开通不久，就传来了湘鄂赣红军通山战役胜利的消息。红中社很快在其主要出版物《红色中华》报的最近一期上进行了刊登，并刊发了号外。

《红色中华》报于 1931 年 12 月 11 日创刊于江西瑞金，是中国共产党在中央革命根据地创办的第一个中央级大报，也是中央革命根据地影响最大的报纸。《红色中华》创刊时，中央革命根据地的红军已粉碎了国民党的第三次“围剿”，在反对国民党军队第四次、第五次“围剿”期间，该报都曾开展过大规模的宣传报道。为积极准备应对国民党对革命根据地进行的大规模“围剿”，《红色中华》报时刻关注着各根据地反“围剿”的消息。

对 1932 年 7 月 10 日的通山大捷，《红色中华》报除刊发号外，还在 7 月 14 日的第 27 期第 1 版进行全文刊登，并且在 1932 年 7 月 21 日第 28 期的《红色中华》第 1 版刊发了中华苏维埃临时中央政府对红十六军的嘉奖贺电。受到鼓舞的红十六军，在 7 月上中旬又取得了山口铺、马桥和官埠桥战役的胜利，使国民党军队在一周内连吃四次败仗。中共苏区中央局给红十六军又专门发去贺电。对此，《红色中华》报都曾进行过持续报道。

中国国家博物馆珍藏的这份反映湘鄂赣红军反“围剿”斗争的报纸，1959 年由文化部文物局拨交，因其存世量稀少，而成为珍贵的红色革命历史文献，其在中共早期红色报刊史上也具有重要的文物史料价值。

40

红军的海外宣传站

中共在巴黎出版的《救国时报》

谭天

“第二次国共合作，在共产党方面是完全可能的……在国民党方面不管蒋介石的企图如何也是完全可能的。”这是《救国时报》上“民族出路问题论坛”里的文字。中国国家博物馆珍藏有 1936 年 1 月 19 日至 1938 年 2 月间出版发行的《救国时报》，纵 56.5 厘米，横 36 厘米，铅印。这些珍贵的报纸，不但宣传了中国共产党提出的抗日民族统一战线，还记录了红军长征的消息。

1935 年 12 月 9 日，北平爆发了震惊中外的爱国学生运动，就在这一天，《救国时报》在巴黎面世。《救国时报》（法文报名为 Au Secours de La Patrie）是中共领导海外宣传抗日民族统一战线政策的中文报纸，受中国共产党驻第三国际代表团直接领导。它在莫斯科编辑，由吴玉章担任主编，在法国巴黎出版，因此也称为“巴黎《救国时报》”。从 1935 年 12 月 9 日创办到 1938 年 2 月 10 日停刊，《救国时报》共出版了 152 期。它最初为对开四版的周刊，后经工作人员努力，从 1936 年 1 月第 6 期起改为五日刊，有时还分三日刊、双日刊出版。

GIU GUO SH BAO
"Au Secours de la Patrie"
救国时报

中共在巴黎出版的《救国时报》

1934 年中央红军开始长征后，中央苏区的机关报《红色中华》被迫停刊。鉴于在国内没有条件公开出版中共报纸，中共驻共产国际代表团于 1935 年 5 月 15 日在反法西斯人民阵线已初步形成的法国出版了《救国报》。七八月间，共产国际在莫斯科召开了第七次代表大会。会后，中共代表团成员吴玉章被党派往巴黎，指导《救国报》的工作。同年 11 月中旬，《救国报》第 16 期正要出版的时候，应南京国民党政府要求，被法国当局勒令停刊。然而《救国报》工作人员的抗日救国意志并未因此受挫而松懈，他们利用法国政府标榜言论自由，只在报头上加了一个“时”字，就通过了政府的审查，以《救国时报》名义继续出版。

《救国时报》出版时，红一方面军已经到达陕北，但红二、四方面军还在长征途中，因此，《救国时报》非常关注红军三大主力的动向。虽然编辑部不在国内，它仍通过各个媒体渠道，将获得的长征信息报道了出去。比如 1936 年 6 月 8 日，它就在第 34 期刊出了题为“晋陕红军势力扩大朱德贺龙西康会师”的新闻。在 1936 年 10 月 25 日的第 63 期《救国时报》上刊出的“红军主力全部会合北上抗日”这条消息，则传播了主力红军一、二、四方面军在甘肃会宁地区会师的重要信息。一家海外报纸在当时通讯遇到诸多困难的情况下，能及时发布如此重要的信息，实属不易。

长征胜利后，《救国时报》继续为报道长征情况不遗余力。从 1936 年 12 月 18 日到 1937 年 6 月 25 日，它连载了 19 期的杨定华所写的《雪山草地行军记》。后来又于 1937 年 7 月 5 日至 1938 年 1 月 20 日连载了他的《从甘肃到山西》。这些长征报道，在读者中引起了强烈反响。

通过《救国时报》的宣传，各国人民了解了红军及其领导人的英勇事迹，了解了红军已经进入抗日战争的前沿阵地，完成了中国革命中心从南方到北方的转移，看到了中华民族胜利的希望，为民族抗战鼓舞了人心。

此外，作为中共的机关报，《救国时报》贯彻“不分党派，不问信仰，团结全民，共同救国”的宗旨，发表了大量宣传抗日民族统一战线的社论、要讯和通信等，呼吁实现第二次国共合作。它刊登中共高层如毛泽东、张闻天、王稼祥等的文章，表明对时局的态度。它还登载宋庆龄、冯玉祥、蔡廷锴等爱国人士的抗日救国言论。

“七·七”事变后，国民党中央通讯社在中共和全国人民的推动下，发表了《中国共产党为公布国共合作宣言》。至此，中共倡导的以国共合作为基础的抗日民族统一战线最终形成。此时，国内已经具备公开出版抗日救国报刊的条件，《救国时报》的特殊历史使命基本完成。

虽然《救国时报》仅仅历时两年有余，但是其覆盖面之大、发行面之广在当时的海外华文报刊中首屈一指，初期发行 5000 份，一年后增至 2 万份，国内读者遍及北平、天津、南京、上海、武汉、长沙、广州、西安、成都等大城市，国外读者分布在全球 43 个国家，共有 9600 余订户。它始终扮演着忠实的宣传者的角色，结合时局的发展，进行全方位的报道，提高了中共的威望，为抗日民族统一战线的形成发挥了不可估量的作用，被读者誉为“海外权舆”“抗日先锋”“革命民众的喉舌”。它对红军长征的宣传报道，在中国新闻史上也占有非常重要的地位。

41

发出抗击日本帝国主义的吼声

中革军委等印发的《为中国工农红军北上抗日宣言》

王海蛟

这件《为中国工农红军北上抗日宣言》，纵 19.7 厘米，横 57 厘米，由中华苏维埃共和国中央政府主席毛泽东、中国工农红军革命军事委员会主席朱德等联合署名发布，向全国宣布了中国共产党领导下的工农红军“派遣抗日先遣队北上抗日”的行动消息。

1931 年 9 月 18 日，日本发动震惊中外的九一八事变。面对日本帝国主义的侵略，中国共产党始终坚持联合抗日的主张。然而，奉行“攘外必先安内”政策的蒋介石，却对日本帝国主义的侵略一味退让，使日本迅速吞并了东三省，占领热河、内蒙古，并进而向华北渗透。与此同时，蒋介石又在“无力抗日”的谎言下，更加变本加厉地对中国共产党领导的革命根据地进行残酷“围剿”。1933 年 9 月，蒋介石集中 100 万军队、200 架飞机的庞大兵力向红军和各革命根据地发动第五次“围剿”，其中用于进攻中央革命根据地的兵力就达到 50 万。

1934 年 7 月初，在第五次反“围剿”作战接连失利、中央苏区形势极其严峻的情况下，从冲破国民党军的“围剿”、吸引国民党军队回调、配合红军主力准备实施的战略转移、推动抗日民主运动等一系列战略目标出发，中共中央、中华苏维埃共和国中央政府和中央革命军事委员

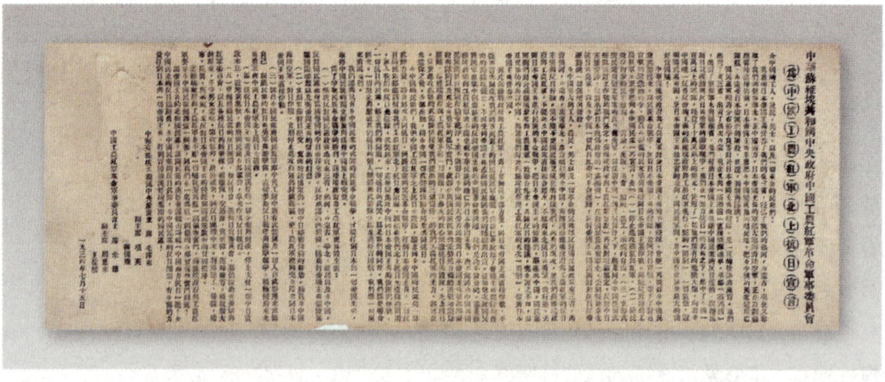

中革军委等印发的《为中国工农红军北上抗日宣言》

会，决定从前线抽调红七军团组成红军北上抗日先遣队，转战闽浙赣皖边境地区，宣传党的抗日主张，推动抗日民主运动，创造和建立新的苏维埃根据地。

中共中央、中革军委对北上抗日先遣队的行动极为重视，接见了部队的领导人，进一步明确了北上的任务，并做了充分的动员工作。

同时，党中央还在印刷条件极为困难的情况下，赶印了《为中国工农红军北上抗日宣言》《中国工农红军北上抗日先遣队告农民书》等共计160余万份、约300担的宣传材料，并专门派了一个运输营挑着前进，供北上红军沿途宣传和散发、张贴。1934年7月30日，北上红军渡过闽江，随后开始张贴和散发这些宣传品。8月1日，在瑞金出版的《红色中华》全文发表了《为中国工农红军北上抗日宣言》。同一天，在瑞金举行的阅兵典礼上，朱德率领受阅红军举行了抗日宣誓，毛泽东在讲话中说："苏维埃政府与革命军事委员会已下令全国红军随时准备随着先遣队出发。"

《为中国工农红军北上抗日宣言》全文约2600字，在揭露和斥责国民党蒋介石卖国投降政策的同时，号召一切反抗日本侵略者的民众联合起来，团结在北上抗日先遣队周围，或加入抗日先遣队，共同抗日。宣言表达了苏区政府和工农红军在"停止进攻苏区与红军""给予民众初步的民主权利""创立群众的反日义勇军"等条件之下，同全中国任何武装队伍订立对日作战协定的意愿。同时，宣布了五项具体主张，即：(一) 坚决反对国民党政府出卖东三省、热河、内蒙古、华北、福建以及全中国；(二) 立刻宣布对日绝交，宣布一切中日秘密条约无效；(三) 号召全国民众武装起来，组织义勇军和游击队，援助东北义勇军和中国工农红军北上抗日先遣队；(四) 没收日本帝国主义者及卖国贼汉奸的一切企业与财产；(五) 组织民众的反日团体，利用罢工、罢课、罢市、罢商与示威来反对日本帝国主义的侵略与国民党政府的卖国投降。

《宣言》的发表，对当时苏区军民而言，是嘹亮的动员号角。在中华民族面临生死存亡的关键时刻，这份宣言表明了中华苏维埃共和国中央政府和中国工农红军坚决抗击日本帝国主义、争取民族独立的决心，宣传了中国共产党的抗日主张，教育和影响了广大群众，推动了全国群众抗日运动的蓬勃发展，为反对日本帝国主义侵略，制止国民党反动军阀投降卖国，建立广泛的抗日民族统一战线，争取民族革命战争的胜利起了积极的作用。

中国工农红军北上抗日先遣队，全军前后共1万余人，深入闽浙赣皖诸省国民党统治地区，历时6个多月，行程5000余里，最后在国民党优势兵力围攻下失败。先遣队在所经过的四省几十个县的广阔地区，深刻揭露日本帝国主义的侵略罪行和蒋介石的不抵抗政策，大力宣传抗日救亡，推动了抗日运动的发展，扩大了中国共产党和中国工农红军的影响。

这件文物的原持有人是皖南休宁县梅溪的许炳顺，他冒着生命危险将其珍藏和保存下来，新中国成立后捐献给了国家。1953年1月，中共中央宣传部将其拨交给博物馆。

42

白区里的红色消息

少年真理报社出版的《拥护红军北上抗日画集》

江琳

这本是少年真理报社出版的《少年真理报》丛书之三——《拥护红军北上抗日画集》。它于1934年11月3日出版，封皮右中部为五角星，左下方为镰刀锤子图案。画集内文一共16页，描绘了中国工农红军北上抗日先遣队出发北上，以及国内民众支持红军北上抗日，反对蒋介石进攻红军、媚日投降的情形。

《少年真理报》是中国共产党地下组织在上海秘密出版的一份油印的不定期小报，1932年10月创刊，曾于1933年遭到国民党的查禁。1934年6月，《少年真理报》在上海复刊，一开始为共青团中央和江苏省委合办，同年10月底改由共青团江苏省委主办。《少年真理报》创刊时立志成为“劳动青年的喉舌”，因此创刊伊始就积极组织青年，反对国民党的反动政策，拥护革命政权，投身中国共产党领导的抗日救亡运动。报社曾在青年工人、农民、士兵、学生、学徒、店员群众中征求通讯员。在它的《通讯员通讯纲领》中划定的报道范围包括四个方面：一是政治、经济、事业和群众运动生活的情况。二是一切斗争的消息。三是一切斗争的经验。四是民众被压迫的生活情况，包括失业状况、地方的苛捐杂税、拉夫、妇女被压迫等。

1934年冬，《少年真理报》开始大量报道红军的消息，指出“只有苏维埃才能从帝国主义战争、日本进攻、灾荒破产中

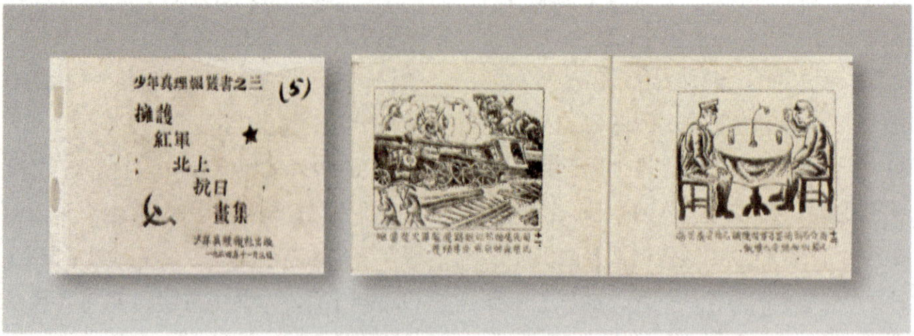

少年真理报社出版的《拥护红军北上抗日画集》

救出中国”。报社还刊载了中共中央发表的《八一宣言》，报道了人民的救亡运动，介绍抗日根据地的政治、经济、文化情况。中国国家博物馆珍藏的这本《拥护红军北上抗日画集》，就是此时期由报社出版、宣传红军抗日的重要书籍之一。

1934 年 7 月，中共中央、中革军委派红七军团组建成北上抗日先遣队，在军团长寻淮洲、政委乐少华、参谋长粟裕、政治部主任刘英的带领下，从瑞金出发，向敌人后方的福建挺进。这本画集就描绘了红军北上抗日先遣队从 1934 年 7 月到 11 月的战斗经历。画集共分为四大部分内容。第 1 至 4 页，描绘的是 1934 年 7 月红军北上抗日先遣队在瑞金誓师出发和当地群众支持红军北上抗日的情形。第 5 至 9 页，描绘的是先遣队过闽江后，根据中革军委电令，东进占领水口、相机威胁、袭取福州的过程，内容包括“永安、水口之战”蒋介石到福州同日本帝国主义舰“攻福州，英日美法帝国主义军舰助国民党守城，开炮击红军”“福州城内民众游行示威反对国民党卖国，欢迎红军”等等。

画集的第三部分，即第 10 到 13 页，表现了 1934 年 10 月下旬红军北上抗日先遣队到达闽浙赣（即赣东北）地区的战斗过程。这其中有反映北上抗日先遣队攻克浙江庆元县城，“浙江民气激昂，庆元县长被迫出逃，民众即占领县城，欢迎红军”的，还有反映“国民党的杭江铁路运输军火被当地民众敲碎铁轨，全车倾覆”情形的。此外，还有以夸张手法表现“蒋介石到南昌召军阀陈调元商安徽防务之发抖神情，令人喷饭”情形的。

《少年真理报》是在上海发行的秘密报刊，因此这本画集的第四部分还表现了上海人民对红军北上抗日的支持和拥护。两张图画的名称分别为：第 14 页，“上海工人学生集会，决议组织义勇军，救护队随红军北上收复失地”；第 15 页，“工厂内募捐援助红军之热烈”；画集的最后一幅画为“东北义勇军露天大会”。

《少年真理报》在 1934 至 1936 年间，发布了很多长征的消息。1936 年春，《少年真理报》从第 110 期起分 7 次连载西屏的《中国红军的铁流》，其中生动叙述了长征的相关情况。少年真理报社还于同年 9 月出版《中国红军的铁流》小册子，收入西屏的《中国红军的铁流》和李璜的《红军西征是怎么胜利的呢》两篇文章。

80 年多前，红军长征取得了伟大胜利，由此改写了中国革命的历史进程。作为中国共产党的诞生地，上海虽然不是长征的途经地，但是却与长征有着千丝万缕的历史关联。通过上海这个“窗口”，通过像《少年真理报》这样的秘密报刊，红军长征的消息被传给了国统区的民众和世界，鼓舞着被压迫、被剥削的青年关心祖国命运，积极起来斗争。这样的报刊，是红军长征时非常有力的宣传阵地，也是红军长征珍贵的历史印证。

43

史诗的序幕

《拥护“红军北上抗日先遣队”出发北上抗日告劳苦群众》传单

石干

中国国家博物馆收藏的这份《拥护“红军北上抗日先遣队”出发北上抗日告劳苦群众》传单，纵19厘米，横29厘米，由中共香港工委印制于1934年10月。中共香港工委是1934年8月由两广临时工委改组而成的，但是在9月中旬就遭到严重破坏。

传单中所说的“红军北上抗日先遣队”，是指由寻淮洲任军团长、乐少华任政治委员、粟裕任参谋长、刘英任政治部主任的红七军团。1934年7月，中央苏区第五次反“围剿”作战接连失利。面对国民党军向中央苏区中心区域开展的全面进攻，中共中央、中华苏维埃共和国中央政府人民委员会和中央革命军事委员会决定，以红七军团组成北上抗日先遣队，挺进到闽浙赣皖边地区，一方面开展抗日救亡运动，一方面吸引敌人兵力回撤，以缓解中央苏区的压力。正是这一决定，在中国共产党生死存亡的紧要关头，指出了正确的前进方向，同时拉开了红军二万五千里长征的序幕。

1934年7月6日，红七军团6000余人由瑞金出发，后经福建、闽中等地区北上浙西、皖南。途中通过与敌军的浴血奋战，数次突破了敌人建立的封锁线，迫使国民党军部分兵力回防福州，发挥了一定的牵制作用。同时，北上抗日先遣队在进行艰苦卓绝的战斗之余，仍不忘积极宣传中国共产党抗日救亡的政治主张，呼吁广大群众反抗日本帝国主义侵略，并认清国民党政府消极抗日、戕害同胞的真实罪行。

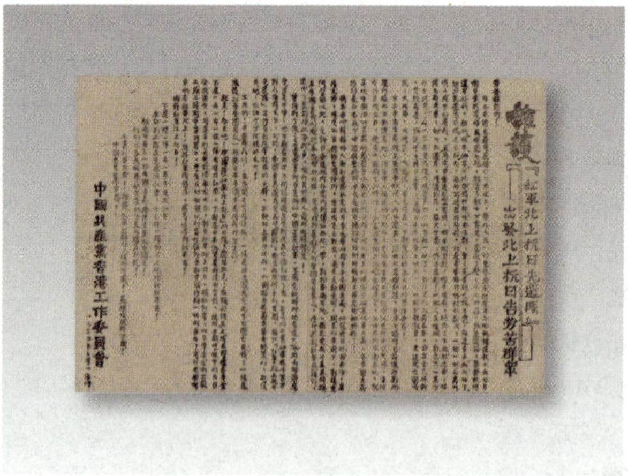
中國共產黨香港工作委員會

《拥护“红军北上抗日先遣队”出发北上抗日告劳苦群众》传单

在抗日先遣队出发之前，中央特意赶印了《为中国工农红军北上抗日宣言》《拥护红军北上抗日运动口号》《中国能不能抗日？》等宣传材料，供红七军团沿途宣传和散发。在我馆保存的这份《拥护“红军北上抗日先遣队”出发北上抗日告劳苦群众》宣传材料上，我们首先看到的是日本侵略者在中华大地上所犯下的累累罪行：“驱逐了数十万农民，屠杀了整整十七村庄。强迫造路，筑飞机场，违者格杀……五月间日军进攻磐石时，将全村焚毁，逃者枪杀，炮轰之下血溅肉飞”，残酷的场面令人发指。日本侵略者的罪行令人震怒，全民抗日已迫在眉睫，然而国民党政府所奉行的“攘外必先安内”错误决策无疑会将中华民族置于万劫不复的深渊：“国民党双手奉送华北给日本帝国主义。加紧与日技术合作，直接交涉，接受二百余条的亡国条约，塘沽协定之订立，通车通邮通关，调东北军南下，割让黄河整个以北”，他们还“更凶残地屠杀轰炸全国劳苦民众，进行围剿红军苏维埃，造成了空前的血浴战争，施行其惨无人道的血腥政策”。这张宣传单有力地回击了国民党政府在“围剿”红军期间动用各种舆论工具编造的诸如“红军捣乱抗日后方”“中国无力抗日”等歪曲事实的言论，阐明只有中国共产党领导的工农红军才是团结广大群众、真正积极抗日救国的先锋队。

在1934年10月1日传单印发之时，经过两个多月艰苦转战的红七军团到达了段莘（婺源县北），部队已损失过半。1934年10月21日，红七军团接到中革军委来电，令其转移到闽浙赣苏区整顿补充。11月，红七军团与方志敏在闽浙赣苏区建立的红十军会合，合编为红军第十军团。红七军团改编为第十九师，红十军改编为第二十师。

红十军团整编后，遵照中革军委指示，第十九师出动到浙皖赣边，打击“追剿”之敌；第二十、二十一师留在闽浙赣苏区坚持斗争。11月18日，中革军委又命令二十师从玉（山）常（山）挺进于铁道以北，集结主力争取运动中消灭敌人，以创造皖浙边苏区，并成立由方志敏、刘畴西、乐少华、聂洪钧、刘英组成的军政委员会。

在当时的形势下，把长于打游击的红十军和地方武装集中起来，进行大兵团活动，这是战略指导上的重大失误，为日后的挫折和失败埋下了隐患。12月14日，在乌泥关一战中，第十九师师长寻淮洲率部英勇杀敌，最终身负重伤，壮烈牺牲。1935年1月，敌军加紧了对红十军团主力的包围与封锁。最终因敌我数量悬殊，弹尽粮绝，多数指战员壮烈牺牲。刘畴西、方志敏等也先后在怀玉山麓陇首村被俘，后在南昌英勇就义。

中国国家博物馆收藏的这张《拥护“红军北上抗日先遣队”出发北上抗日告劳苦群众》传单是研究红军北上抗日先遣队的珍贵文献。它是党为宣传抗日主张、宣传红军北上抗日而印制的，内文中呼吁劳苦大众“团结起来，不运一兵一卒一枪一弹去进攻红军”“不起落日本仇货”“组织救国会”。它也证明，处于白色恐怖之下的香港工委仍在履行着职责，向香港民众宣传着中国共产党的抗日主张，为争取广大民众的支持做着积极的努力。

44

妇女解放 唱出心声
红四方面军翻印的《妇女歌》

袁晓璐

这首《妇女歌》是中国工农红军第四方面军第三十军政治部翻印的，纵 27.5 厘米、横 18.5 厘米。它仿泗洲调创作，歌词中批判了封建礼教，号召妇女平等，是 20 世纪 30 年代红军在苏区广泛推广的革命歌谣。由于它既采用了传统的歌谣曲调，歌词又深入人心，为当时苏区人民群众所喜闻乐见。

20 世纪 30 年代初，国民党对中央苏区的革命呈强烈的镇压态势。在这种形势下，急需找到一种行之有效的，既能团结有识之士、教育广大群众，又能鼓舞士气、瓦解敌人的方法。革命歌谣因其易于传唱，曲调优美，内容丰富，歌词浅显易懂，成为红军进行群众宣传和战斗动员的重要形式。例如在《古田会议决议》中，就专门提到要求各政治部“负责征集编制表现各种群众情绪的革命歌谣”。

那么，为什么红四方面军会印制仿泗洲调创作的《妇女歌》呢？我们首先要从“妇女解放”谈起。中国几千年的文化，贯穿着根深蒂固的男尊女卑的观念，女人没有独立的人格，一生只是男人的附属品。妇女对于自身地位没有抗争意识，不懂得妇女解放的意义，这种情况在经济和知识水平低下的农村社会尤为严重。为了使广大妇女认识到自身的权益，苏区的党和政府十分重视妇女的思想宣传工作，要求在妇女中

红四方面军翻印的《妇女歌》

广泛宣传党关于妇女解放的主张，以及打破贫富差距等革命思想。

这样，借助歌谣这个为大众所喜闻乐见的形式，许多有助于推动妇女觉醒的歌曲应运而生。这首《妇女歌》就是其中的代表作之一。歌词中的“不分男女都是人”“三从四德旧礼教”“怨的社会不改良”等诸多语句，无不反映了词作者以歌谣为武器推动妇女解放的良苦用心。

不过，创作的红色歌谣要想在广大农村地区快速流传，一是要求创作起来简单快捷、省时省力，二是需要选择一种在当地十分流行的、被广为接受的曲调。所以，苏区传唱的革命歌谣绝大部分是用现成曲调填词而成，而且曲调以民歌为主。“泗洲调”恰巧满足条件。

“泗洲调”于清末开始在安徽、江苏、湖北一带盛行。它的曲词本多为反映女子思念情人的内容，歌词多段，每段七言三句，并带有衬词，在衬词后又全部或减字重复第三句，旋律下行的趋势较明显，感情表现偏于忧郁。它最直观的特色就是第四句规定唱“哎哟哎哟”，比如《妇女歌》中的这句“土豪妇女真可笑，细脚细手又细腰，打扮得惹人好瞧；哎哟哎哟，打扮得惹人好瞧”，就带有“泗洲调”的明显特点。

这首《妇女歌》歌词共分12小节，每小节4句，每句7个字。前3小节控诉了旧社会对于妇女的不平等待遇，歌中唱到：“不分男女都是人，什么重男把女轻”“三从四德旧礼教，牢笼压迫说不了”“不怨父亲不怨娘，怨的社会不改良”在歌词中一针见血地指出了三从四德的封建思想和社会不公是妇女长期受到压迫的根本原因。第4至12小节则采用对比的手法，分别从富家女儿和穷家女儿的不同境遇，说明了广大妇女也可以通过革命斗争争取经济上和地位上的平等。歌词中唱到：富家妇女住的是洋屋，穿的是绸罗，不用做活，“穿的吃的百样多”，每日跟着丫鬟看花草；而穷人家的女子却“一天三顿靠不稳，做生活忍气吞声”“说起婆家就要钱，买卖式畜生一般”，到了夫家，还要继续遭受凌辱，“丈夫压她辱贱她，动不动打打骂骂”。这样的惨痛生活，怎能不让广大妇女心寒，那么自然会对“穷人妇女要觉醒，大家起来快革命”产生强烈的共鸣。

正是由于《妇女歌》唱出了广大妇女的心声，曲调也为当地群众所熟悉，在20世纪30年代，它才能和许多革命歌谣一起，把革命理论以通俗、传统的歌谣形式传送给了文化程度不高、认知范围有限的穷苦大众，并很快为他们所接受。接受了革命思想熏陶的苏区妇女，不但学习文化、参政议政、支持家人当红军，很多还参加了红四方面军，成了一名光荣的女战士。长征开始后，有2500名女红军跟随着红四方面军走上了漫漫征程，她们克服了重重艰难险阻，以巾帼不让须眉的勇气和毅力最终取得了长征的胜利。

45

歌声呼吁工农觉醒
《工农革命歌》等歌曲手抄本

袁晓璐

这部《工农革命歌》等歌曲的手抄本抄写于 1936 年。它纵 15 厘米，横 13.4 厘米，记录了 4 首歌词。手抄本首页上写有“工农革命歌”字样，是第一首歌曲名称。第二首歌名为《枪会革命歌》，第三和第四首则并未注明歌曲名称。

第一首名为《工农革命歌》的歌曲，实际为红安县七里区张南一创作的《为什么贫富不均》，《大别山革命歌曲选集》将它定名为《贫农自叹歌》。张南一原是一位鼓书艺人，他年幼时家境贫寒，但因从小口才就好，成年后便以打鼓说书为生。1926 年，他参加了农民运动，后来加入了中国共产党。他平日里经常走村串户，秘密筹建农民协会，很多群众不知其名，只见他老穿一件蓝色大衣，就称他为蓝衣先生。他在积极动员农民的时候，以自己的艺术特长编写鼓词，并在天台山、七里坪一带说唱。这些鼓词以通俗易懂的语言，以当地农民最熟悉不过的曲调，一针见血地揭示了敌人的本质，号召农民参与到革命中。

《为什么贫富不均》本是一篇鼓词，是张南一在 1926 年秋，国民革命军北伐占领武汉后，为发动群众所创作演唱的。歌谣的开篇以一位农民在田间思考开始，歌中首先唱到：“今一天与农友来到田畈，想起来痛苦事记在心间。”然后，歌中将穷人苦与富人乐两个主题放在一起，对比了贫富的巨大差距。比如在对比四季中穷人和富人的生活差异时，歌词写道：

那富人，到春天，游山玩景，
到夏天，穿的是，葛夏衣巾。
到秋天，穿夹衣，绸缎齐整，
冬天来，穿皮袄，白炭火燻。

而穷人的日子则是：

我穷人，做苦工，反不如人，
我穷人，做生活，日夜不困。
累得我，披头的，血汗淋身。
可怜我，不是那，烧火断顿。

这些歌词形象、深刻，对原来过穷苦日子习以为常的工农来说，这些描述无疑使他们对自身苦难与一部分人的富有产生了强烈的体会和感触。

《为什么贫富不均》这首鼓词后来被广为传唱，由于它本是口耳相传的，因此传唱过程中歌名和歌词都有所更改。手抄本抄录的时间是 1936 年，内中的歌词与原词也有不少差异。比如原词的“只累得筋骨断汗流满身”，手抄本中为“累得

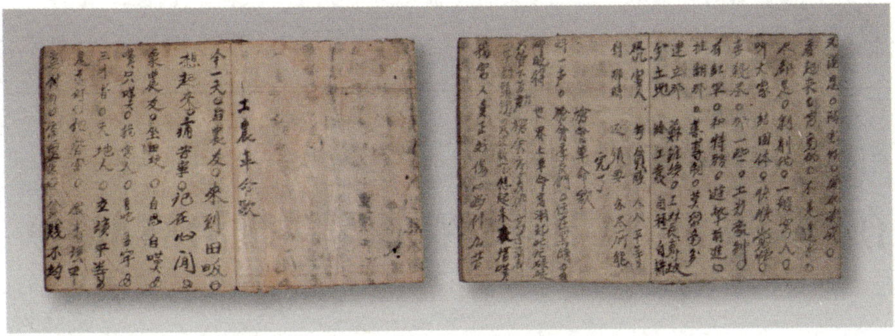

《工农革命歌》等歌曲手抄本

我，披头的，血汗淋身”。

手抄本中还有一首歌谣名为《枪会革命歌》，是鄂豫皖革命根据地比较流行的革命歌谣。“枪会”即“红枪会”，它本和民团一样，属于豪绅地主利用的反动武装。为了让枪会认清豪绅地主的本质，歌词中唱道：

枪会学友们，穷苦的工农老老小小着急真难混。自己怨，命运不如人，脱胎投错门，只见那富人们百事不担心，游手好闲样样比人胜。……叫一声，穷苦工农快要找出路，而不要替土劣牺牲了头颅，共产革命各国处处有。枪会学友们，穷苦工农要是共产，一定会出头。土劣们，利用我穷人替他保生命，我工农要认清土劣是敌人。

这首歌谣也是采用对比穷苦工农和富人的贫富差距，描述穷人的困苦生活的方法，来影响枪会，动员枪会成员走上革命道路的。

手抄本的第四首歌词未署名，对照《大别山区红色歌谣选集》可确定其为《农人歌》节选。歌词中写道：“农人快快要觉醒，天天起五更，回家戴月星。热天的冷天的总是苦幸情。”“一年忙到头”，却被“豪绅和地主”掠夺得“搏命不聊生”，“屋也住不成”，呼吁“农友们要想出头，除非是革命”。

这部歌曲集手抄本中的每首歌谣都有它的故事，它们将群众的生活现状与深奥的革命理论写入歌词，以深入人心、老少皆知、朗朗上口、便于传唱的地域性歌谣来加以诠释。例如传唱在麻城、黄安、黄陂、光山的曹学楷所创作的《枪会革命歌》中的歌词，“老老小小确实难得混”和“肚子憋连连那来力气干”都是平实的大实话，这样平实的语言可以被素质不高、水平有限的鄂豫皖地区农民所广泛接受，是使他们加入革命的动力之一。

红色歌谣的宣传影响力大，是因为穷人当中能够认识文字的人少，且他们又最喜欢唱歌，容易接受这些唱到心里去的歌词。手抄本中的《枪会革命歌》《为什么贫富不均》《穷人歌》等，在黄安、麻城、黄陂等地都曾被广为传唱，所以说，“红色歌谣万万千，一人唱过万人传”。在宣传革命思想、动员民众、鼓舞斗志方面，这些红色歌谣是发挥了巨大作用的。

46

用生命保护的布告
在遵义发布的《中国工农红军总政治部布告》

王海蛟

这张《中国工农红军总政治部布告》是1935年红军长征经过贵州时颁布的，它由一位布依族老人——杨登凤，冒着生命危险保存下来。当时，红军在贵州停留时间较长，足迹遍及几十个县乡村镇，在很多地方都张贴了这样的布告。

贵州位于中国西南部，这里居住着苗、瑶、侗、布依等少数民族。红军来到这里时，由于民族隔阂和国民党地方军阀的造谣，再加上环境较为闭塞，地区文化、经济相对较为落后，不少群众对红军不了解、有误解，甚至恐惧、害怕。他们纷纷躲避、隐藏到深山之中，给红军增加了很多困难。

为宣传中国共产党的政治主张和纲领，阐明红军的行动方向及要实现的目标，让广大群众认识、了解、帮助进而加入共产党和红军，中国工农红军总政治部早在1934年10月就发布命令："必须在沿途进行对群众的宣传工作，尽量的召集伙食单位的群众会议，广泛的进行口头宣传，散发和张贴宣传品和在墙上多写标语口号（居民的和告白军士兵的），特别要根据当地群众迫切的具体要求，提出斗争口号，领导群众斗争。"

1935年1月，红军进入遵义城后，中国工农红军总政治部立即印刷、张贴布告、标语，开展宣传工作。这张布告就是当时印制的。它用贵州白皮纸石印而成，纵50.4厘米，横70.5厘米。首列标题"中国工农红军总政治部布告"末列年款"公历一九三五年一月　日"，署名"代主任李富春"，均为楷书、大字。年款处加盖了刻有麦穗标记的"中国工农红军总政治部"朱文圆印。正文4段、20列，共444个字，楷书、小字。布告的主要内容是宣传中国共产党的主张和对待少数民族、工人、农民、商人以及白军士兵的各项政策；宣传红军的性质、纪律与任务；号召工农群众组织起来，"自动打土豪分田地""收缴一切反动武装""建立苏维埃政权"，"报名当红军"等等。

这张布告还有一段感人的流传经过。1935年4月，红军长征来到贵州关岭板袍村。这是一个只有二十几户布依族人家的小山村。由于听信敌人的谣言，村民把家里所有能带走的东西都打成包袱，赶着牲畜到深山老林里躲了起来。村子里只剩下一位50多岁的老人杨登凤。这天夜里，红军先头部队来到板袍村，他们怕影响老乡们休息，没有进村，在野外扎了营。天亮以后，红军进村准备起火做饭。这时他们才发现，村子里的人都走光了，红军甚至连一口煮饭用的锅

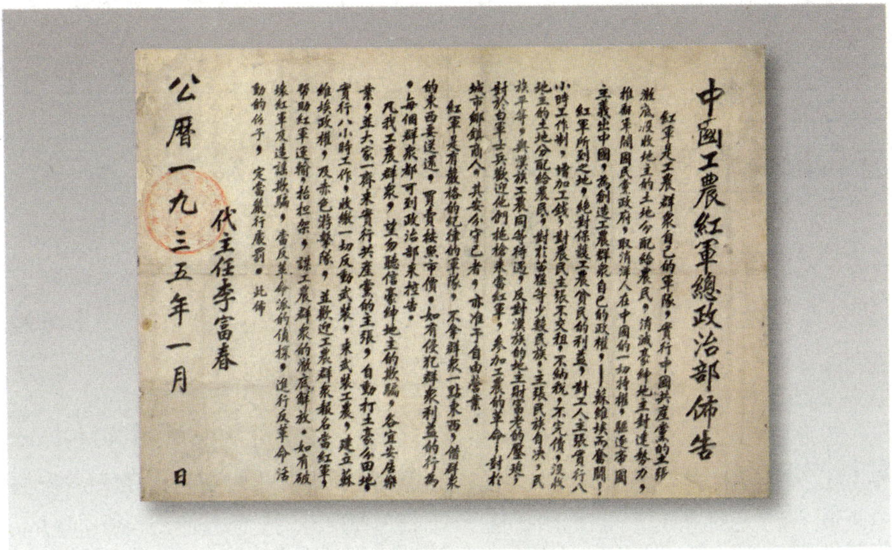

中國工農紅軍總政治部佈告

紅軍是工農群衆自己的軍隊，實行中國共產黨的主張澈底沒收地主的土地分配給農民，消滅豪紳地主封建勢力，推翻軍閥國民黨政府，取消洋人在中國的一切特權，驅逐帝國主義出中國，為創造工農群衆自己的政權——蘇維埃而奮鬥！

紅軍所到之地，絕對保護工農貧民的利益，對工人主張實行八小時工作制，增加工錢，對農民主張不交租，不納稅，不完債，沒收地主的土地分配給農民，對於苗猺等少數民族，主張民族自決，民族平等，與漢族工農同等待遇，反對漢族的地主財富老的壓迫，對於白軍士兵歡迎他們拖槍來當紅軍，參加工農的革命，對於城市鄉鎮商人，其安分守己者，亦准予自由營業。

紅軍是有嚴格的紀律的軍隊，不拿群衆一點東西，借群衆的東西要送還，買賣按照市價，如有侵犯群衆利益的行為，每個群衆都可到政治部來控告。

凡我工農群衆，望勿聽信豪紳地主的欺騙，各宜安居樂業，並大家一齊來實行共產黨的主張，自動打土豪分田地實行八小時工作，收繳一切反動武裝，來武裝工農，建立蘇維埃政權，及赤色游擊隊，並歡迎工農群衆報名當紅軍，幫助紅軍運輸，抬担架，謀工農群衆的澈底解放。如有破壞紅軍及造謠欺騙，當反革命派的偵探，進行反革命活動的份子，定當嚴行處罰。此佈

代主任李富春

公曆一九三五年一月　日

在遵义发布的《中国工农红军总政治部布告》

都没有找到，只发现了老乡们来不及带走的几坛甜酒。红军吃了甜酒以后，把银圆、纸票放在原来盛放甜酒的坛子里。

红军找来杨登凤老人，向他打听村子的情况。在与红军战士聊天中，老人逐渐消除了恐惧。一天，一位红军指挥员来与他聊天，得知他识字，便从随身的包中取出这张《中国工农红军总政治部布告》，请他拿去张贴在村中，并向村子里的乡亲们宣传红军。

虽然杨登凤对红军、对中国共产党的宗旨、主张不能完全了解，但布告中写的“红军是有严格的纪律的军队，不拿群众一点东西，借群众的东西要送还……”倒是给了老人非常深刻的印象，就连煮饭用的柴都是自己到山上去砍，根本不像当地的国民党军和地主豪绅说的“见人就杀”“见东西就抢”，他终于相信“红军是工农群众自己的军队”。

杨登凤老人几代人租种地主家的田地，每年交完租子后，剩下的粮食还不够一家人糊口，年年要向地主借债，这样祖祖辈辈欠下地主的债总也还不清。看到布告上写道：农民“不交租，不纳税，不完债，没收地主的土地分配给农民”后，老人从心里拥护共产党的主张，他相信，只要共产党红军为穷苦人做主，地主霸占的土地将来一定会回到农民手中。

红军离开板袍村后，杨登凤老人悄悄把布告揭下藏在家中。同村的地主知道此事后，逼他交出布告，杨登凤一面推脱，一面将布告小心翼翼地塞到墙缝中，地主多次搜查，均无功而返，后来又勾结国民党军队前来追查，并以杀头相威胁，但老人始终守口如瓶。敌人走后，老人觉得墙缝中也不安全，又取出来，用油纸包好，藏到屋顶的瓦沟中。就这样，几经周折，杨登凤老人才将这张布告保存了下来。

新中国成立后，老人把珍藏的布告无偿捐赠给当地政府。1959 年 4 月，贵州遵义会议纪念馆将这件珍贵文物拨交给博物馆。

47

宣传民族政策 宣告“万里长征”
朱德签署发布的民族政策布告

王海蛟

这张《中国工农红军布告》是1935年5月，红军为向彝族群众宣传党的民族政策、顺利通过彝族聚居区而印制的。布告纵36.5厘米，横36厘米，拼版印刷而成，虽已变黄，还有破损，但上面的字迹仍然清晰。它不仅是红军“万里长征”的庄严宣告，还向我们讲述了中国工农红军与彝族群众结下的深厚情谊。红军通过彝族区后，当地群众冒着生命危险保存了这张布告，1951年由西南军政委员会文教部征集并拨交给博物馆。

1935年5月初，中央红军巧渡金沙江后，进入四川凉山地区。5月14日，中革军委决定，以主力沿会理至西昌北进，通过彝族区，抢渡大渡河，以粉碎蒋介石围歼红军于大渡河以南的企图。随后，中央红军击溃了会理、西昌外围的敌军，打开了一条北上的大道。19日，中革军委以红一军团第一师、一个工兵排和无线电台，再加上一个工作队，组成中央红军先遣队，任命刘伯承为司令员，聂荣臻为政治委员，率先北上为红军开路。

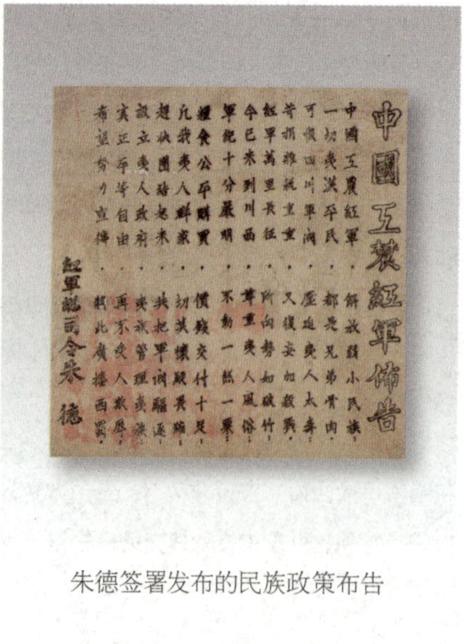

中國工農紅軍佈告

中國工農紅軍，解放弱小民族；
一切夷漢平民，都是兄弟骨肉。
可恨四川軍閥，壓迫夷人太毒；
苛捐雜稅重重，又復妄加殺戮。
紅軍萬里長征，所向勢如破竹；
今已來到川西，尊重夷人風俗。
軍紀十分嚴明，不動一絲一粟；
糧食公平買賣，價錢交付十足。
凡我夷人群眾，切莫懷疑畏縮；
趕快團結起來，共把軍閥驅逐。
設立夷人政府，夷族管理夷族；
真正平等自由，再不受人欺辱。
希望努力宣傳，將此廣播西蜀。

紅軍總司令 朱德

朱德签署发布的民族政策布告

为迅速抢渡大渡河，刘伯承等根据形势变化，决定走崎岖难行的山路，取道冕宁，经过彝族聚居区到达安顺场。然而，这一路地处川边，山多地少，彝汉杂居，环境闭塞，文化和经济比较落后。统治这一地区的地方军阀、汉族官员、地主豪绅，对当地的彝族群众大肆剥削压迫、横征暴敛，还制造民族仇恨，导致彝、汉两族隔阂和误解很深。军队尤其是汉人军队要通过这一地区绝非易事。

为了让当地的彝族群众了解中国共产党和红军，了解党的民族政策，认识到中国共产党与国民党的本质区别，中革军委决定印制《中国工农红军布告》，在部队进入彝族区时用来开展宣传工作，争取彝族群众的信任。起草这份布告的任务交到了当时的《红星报》主编、有“军中秀才”之称的陆定一手中。接到任务后，他马上根据指示，拟定了这样一份语言浅显、朗朗上口、易记易传的布告。

陆定一起草的《中国工农红军布告》一共26句，全部内文共156个字，准确扼要地表述了中国共产党和中国工农红军的宗旨、任务，表明红军是军纪严明的军队，向彝族群众宣传了党的民族平等政策。值得一提的是，这个布告使用了“红军万里长征”这一具有光辉历史意义的特定用语，并从此传播开来。

布告起草完成后，刻印的工作交给了当时负责出版的总政治部秘书科文书科长赵发生。文书科又称文印科，从中央苏区长征出发时，文书科的工作人员带了两台油印机，过湘江时，遗失了其中的一台。这样，背在他们身上的一台简陋的油印机以及一些钢板、油墨、毛边纸，就构成了整个长征途中红军唯一的流动印刷所。遵义会议后，由于战事紧张，原中央苏区的《红色中华》和《斗争》等报纸都停刊了，而中央军委机关报——《红星报》成为一直坚持发行的宣传“武器”。由此，负责主编《红星报》的陆定一和文书科长赵发生经常一起合作。赵发生字写得好，也是一个肯动脑筋、非常能干的人。接到刻印布告的任务后，为了能把布告印得大一些，他将布告分刻在两张蜡纸上，又小心翼翼地将文字拼印在一张纸上，几乎看不出拼接的痕迹。印出的布告，字迹优美、醒目，大小也适于张贴。总政治部的领导和布告起草者陆定一看后十分满意。

红军先遣队边走边宣传党的民族政策，其主要内容就是这份以红军总司令朱德名义发布的《中国工农红军布告》。它郑重宣告各民族一律平等、各民族都是骨肉兄弟，并明确提出尊重少数民族风俗习惯、民族区域自治的思想，号召各少数民族团结起来，与红军并肩作战，反对汉族地主和封建军阀的剥削压迫。先遣队司令员刘伯承不但军事阅历丰富，还是个“老四川”，对当地的地理、风俗、民情都比较熟悉，在进入彝族区前就为做好彝民工作进行了充分的调查研究。出发前，他对部队动员说：过了冕宁县城就是彝族区了，大家要严格执行党的民族政策，广泛宣传朱德总司令安定彝民的布告，争取和平通过彝族区，没有命令，谁也不许开枪。5月21日，红军先遣队进入冕宁县城，迅速释放了被国民党地方军阀关押在监狱里的很多彝族首领和群众。红军指战员严格纪律，秋毫无犯，给当地的彝族群众留下了深刻印象。

这份以朱德总司令名义发布的《中国工农红军布告》通俗易懂，一经粘贴和发放，就在当地的彝族群众中产生广泛影响，加之红军身体力行，党的民族政策的宣传很快取得成效。由于民族平等、民族自治的政策深入凉山各族人民心中，得到各族人民的拥护和支持，为红军顺利通过彝族区、抢渡大渡河提供了可靠的保证。这份布告也成为红军长征时期民族关系、军民关系、军政关系、党群关系的重要见证。

48

遵义城里宣传忙

红军总政治部在遵义印地图、布告用的石印机

曹亚玲

这台长127厘米、宽98厘米、高120厘米的石印机，是1935年1月中国工农红军总政治部进入遵义后印制布告、传单等宣传品时用过的。在遵义，红军撰写张贴标语、散发传单、召开群众大会，宣传中国共产党的政策，用实际行动安定了民心，团结了民众。

遵义位于中国西南部，贵州省北部，北依大娄山，南临乌江，是由黔入川的咽喉，黔北重镇。1935年1月中央纵队由红六团为前卫团，担起了攻占遵义的任务。随后，总参谋长刘伯承率军委干部团也赶到团溪，部署了攻占遵义的计划。1月6日，红军部队采用诱敌之策，骗开了遵义城门，随后后续部队向城内发起进攻。

红军总政治部在遵义时印地图、布告用的石印机

在中央红军即将攻占遵义前，城中的“红军之友协会”为了让各民族群众了解红军，已在群众中展开了秘密的迎接红军工作。1月7日凌晨，得知红军已在新城南门攻城，城中的地下党员就组织起来，沿街鸣锣通知群众“快开四门，迎接红军”。当日，红军就完全占领了遵义。

在军委纵队及有关部队即将进驻遵义城前，红军总政治部下发了12条口号和八项注意，要求各部队广泛宣传，严格执行。这12条口号是：1. 红军和工农群众团结起来！2. 建立遵义的工农政权！3. 创造川贵边新苏区！4. 打倒无恶不作的王家烈！5. 消灭卖国贼蒋介石的主力！6. 消灭警察队和民团！7. 取消一切苛捐杂税……八项注意是：1. 整齐武装服装！2. 不掉队

落伍！3.不脱离部队，不自由行动！4.到宿营地后出外要请假！5.私人不准向群众借东西！6.不乱买东西吃！7.无事不要进群众家里去！8.注意卫生，不乱屎尿！

8日，朱德下达了驱逐娄山关之敌，并相机占领桐梓的命令。9日，英勇的先头部队顺利完成了夺取娄山关和攻占桐梓县城的任务。随后，红军部队逐步控制了以遵义为中心的黔北大部分地区。

12日下午2时，中华苏维埃共和国中央政府在遵义老城协台坝省立第三中学操场召开遵义县革命委员会成立大会，这是遵义历史上空前规模的"万人"群众大会。朱德与毛泽东先后在会上讲话。中央革命军事委员会主席朱德首先介绍了红军的"三大纪律八项注意"，阐述了中国共产党的抗日救国主张，说明红军愿意同各界人士、友党友军团结一致，打败日本侵略者。毛泽东讲述了中国共产党和红军的革命主张，说明了中华苏维埃红色政权不收苛捐杂税，保护民族工商业，实行民主选举，没收地主豪绅的土地分配给无地或少地的农民耕种。他还深刻地揭露了国民党反动派投靠帝国主义、镇压人民、"围剿"共产党和红军的罪行，号召人民群众组织起来，打土豪、分田地、建立革命政权。

朱德和毛泽东讲话时，为了能够看清这两位大名鼎鼎的红军领袖的英姿，讲台四周的墙头都站满了人。他们的讲话，极大地鼓舞了群众。散会后，大家久久不愿意离去。毛泽东对大家讲，以后和大家谈心的机会还很多，群众这才慢慢散去。

为了让中国共产党和红军的政治主张得到及时的宣传，当红军总政治部进入遵义城后，找到了当地美术印刷局，希望尽快印制布告、传单、标语等宣传品。据在美术印刷局当学徒和帮工的工人回忆，当年红军来印制的有布告、传单，还有很多四川、贵州边界地区县乡的地图。印刷的工序是先由工人写好药纸，再将药纸固定在石印版上印制。因为印制量大，仅靠这台石印机上的石印版无法按红军的要求完成工作，美术印刷局的工人们还刻了一块木版一起印，木印版上的字要略大一些。当时每次来印制布告、地图时，都有两名红军战士在旁监督。工人们一开始称战士为"军士"，战士们让他们以"同志"相称。印制工作结束后，根据保密的要求，全部印版马上被销毁，石印版被磨掉，木印版被烧毁。据当事者回忆，按当时的费用计算，红军需要支付六七百块钱，这些印刷费战士们全都如数结算了。

就这样，红军战士用这台石印机印刷了大量的布告、传单、标语，用最通俗的语言、极浅显的道理、鲜明的对比，宣传了党的政策、红军与白军的本质区别，揭露了阶级压迫和剥削，启发了群众的觉悟。离开遵义城时，红军还携带了大批印制的传单和布告，在行军途中继续向群众散发，广为宣传党的纲领和政策。这些传单和布告也以其大众化、通俗化的特点，起到了极好的宣传效果。

49

政治战略的重大调整

瓦窑堡会议通过的《目前政治形势与党的任务决议》

石干

中央红军长征到达陕北，虽然找到了“家”，但革命形势并不乐观。一是1935年冬，日本帝国主义占领华北，加紧了侵占中国的脚步，中国政治形势发生了急剧变化，全民族面临着亡国灭种的严重危险。然而国民党蒋介石政府却一意奉行“攘外必先安内”的反动政策，置民族危亡于不顾，屈从于日本帝国主义的压力，血腥镇压抗日救国运动，并调集重兵进行反共内战，使民族危机更加严重。另一方面，张国焘的反党活动还很猖狂，如何克服党内分裂危机，也是中共中央面临的严重考验。

对于国内政治形势的急剧变化，党内不少同志缺乏认识。一些人错误地认为民族资产阶级是不可能与工人、农民联合抗日的；统一战线的政策是“机会主义”等。这种倾向严重影响了党的政策的调整和转变。正在这时，中共驻共产国际代表团成员张浩到达了瓦窑堡。

“张浩”是林育英从苏联回国时使用的化名。他经蒙古入境后，在银川进城时因为浓重的湖北口音引起了守城连长的怀疑，曾被拘留1个月。最终，他历经3个月长途跋涉，跨越沙漠，辗转陕北，才找到了同共产国际长期失去电讯联系的中共中央。

张浩到达瓦窑堡后，向张闻天传达了共产国际七大会议精神和季米特洛夫关于在无产阶级统一战线的基础上建立广泛的反法西斯人民阵线的报告。当时，毛泽东、周恩来在前线指挥直罗镇战役，张闻天派专人将张浩传达的内容予以通报。这

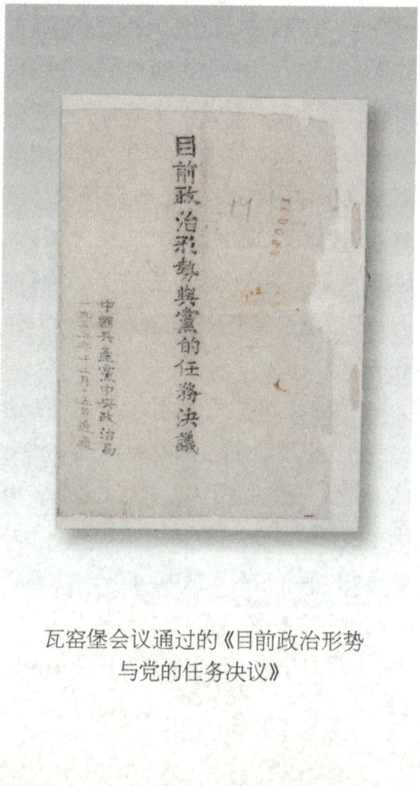

瓦窑堡会议通过的《目前政治形势与党的任务决议》

为统一中央领导层的思想，召开瓦窑堡会议做了重要准备。

为克服关门主义错误，加速抗日民族统一战线的建立，中共中央于 1935 年 12 月 17 日至 25 日，在陕北瓦窑堡召开了政治局扩大会议。会议是在瓦窑堡镇下河滩田家院张闻天的住处召开的。这个院子一排 5 孔砖窑，北起第 3 孔窑洞为会议室。出席会议的有毛泽东、张闻天、周恩来、博古（即秦邦宪）、邓发、刘少奇、凯丰（即何克全），以及张浩（即林育英）、杨尚昆、郭洪涛等。

张闻天受政治局委托，起草了会议决议——《关于目前政治形势与党的任务的决议》。它指出：在目前民族危机空前严重的形势下，一部分民族资产阶级，许多的乡村富农与小地主，以至一部分军阀，对于目前开始的新的民族运动，是有采取同情、中立以至参加的可能的。民族革命战线扩大了。党的任务，"是在不但团结一切可能的反日的基本力量，而且要团结一切可能的反日的同盟者，是在使全国人民有力出力，有钱出钱，有枪出枪，有知识出知识，不使一个爱国的中国人，不参加到反日的战线上去。这就是党的最广泛的民族统一战线的总路线"。

会议还通过了毛泽东起草的《关于军事战略问题的决议》，号召"全党及其干部为坚决执行党的策略路线而斗争。把统一战线运用到全国去，把国防政府与抗日联军建立起来，把苏维埃人民共和国变成全民族的国家，把红军变成全民族的武装队伍，把党变成伟大的民众党，把土地革命与民族革命结合起来，把国内战争和民族战争结合起来"。决议还确定了打通抗日路线和巩固扩大陕甘苏区这两个任务，并将打通抗日路线作为中心任务。这也成为日后红军东征、西征战役的指导方针。

瓦窑堡会议是中国共产党在中华民族危亡关头、中国革命处于转折时期召开的一次重要会议。会议通过对当前中国形势的正确判断，确定了抗日民族统一战线的建立，也为全党全军未来的行动方向指明了道路。从此，中国革命开始由国内革命战争转向抗日民族战争，而这也又一次证明，中国工农红军长征北上抗日所具有的历史性与先见性。

中国国家博物馆收藏的这份《目前政治形势与党的任务决议》印本表面已残破，为纸质油印，文件纵 16.5 厘米，横 11.2 厘米。这件珍贵的文物不仅是瓦窑堡会议上的重要决议，更是中国共产党在历史关键时期完成转折的文字证物，无疑是中国近现代史、中国共产党党史上重要且宝贵的财富。

50

来当红军卫家园

毛泽东、彭德怀、刘志丹署名印发的号召工农参加红军的传单

何志文

作为党和工农红军政策的重要宣传工具，传单在长征过程中被广泛使用。中国国家博物馆的近现代文物馆藏中，有一件红军时期的传单，是中央红军陕甘支队到达陕北后，为扩大红军力量、号召陕甘苏区的工农群众踊跃参加红军而印发的。

这张传单为纸质油印，纵 27.5 厘米，横 37.5 厘米，用纸较粗糙，形制简单。由于年代久远，传单上留下了污迹、水渍和虫蛀的痕迹等。虽然如此，其文字依旧清晰可辨。按照当时的印刷习惯，这张传单是从右往左竖排印刷的，右侧抬头是“陕甘苏区的工农劳苦群众们”，中间是几段正文，左侧结尾的两列分别是落款人和时间，落款人为当时到达陕北的中央红军的领导人毛泽东、彭德怀和陕甘苏区的红军领袖刘志丹，时间为“十二月八日”。根据中央红军到达陕北的时间（1935 年 10 月）和刘志丹牺牲的时间（1936 年 4 月 14 日）来推算，可知“十二月八日”指的是 1935 年 12 月 8 日。

通观这张传单的内容，可以说它写得很有层次和感召力。在传单中，红军领导人首先列举了军阀官僚、豪绅地主和白军的种种恶行：

那时军阀官僚怎样压迫我们来出说不尽的捐款，催款的人像毒虫那样咬着我们，一次捐款还没付清，下次捐款又已派到，付不起时，就立即把我们捉去坐牢，或枪杀……

记得豪绅地主怎样凶恶地天天的上门来催我们的租，逼我们的债，缴不出租债时，我们的牛羊牲口家里器具都被牵去拿去，甚至我们的儿女都抢去卖掉……

更伤心的白军来时，把我们的粮食牛羊鸡子猪子一起吃完，把我们的牲口赶走抢去，把我们房屋拆掉烧毁，将我们的壮丁拉夫当兵，将我们的妇女轮奸奸死！

在列举了这些人的恶劣行径后，传单鲜明地指出：“国民党军阀官僚豪绅地主是要使我们死亡！”因此，在传单里，毛泽东等人号召陕甘地区的劳苦大众们勇敢地起来革命：“我们忍受不了这种残酷的痛苦，我们勇敢的起来革命，推翻反革命统治，建立苏维埃政权……我们要以一切的牺牲，用一切力量来保护我们的土地和自由，来保护我们的苏维埃政权。”

传单指出，陕甘苏区的广大人民正在遭受国民党统治和日本帝国主义的巨

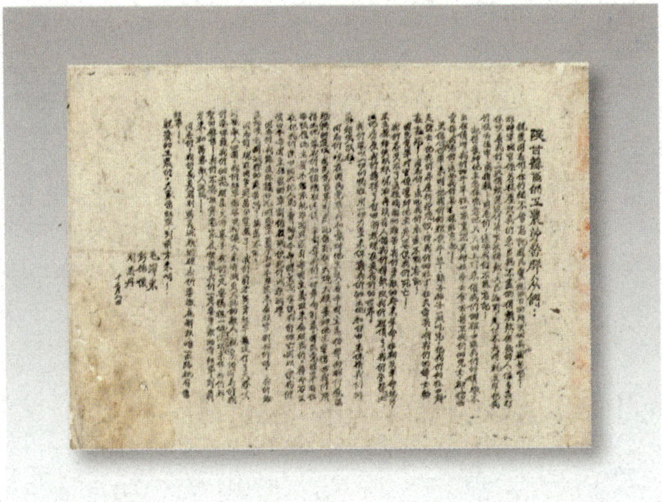

毛泽东、彭德怀、刘志丹署名印发的号召工农参加红军的传单

大威胁：“蒋介石正在把我们陕甘的土地人民，卖给日本帝国主义，要使我们做亡国奴，使我们受日本帝国主（义）强盗的宰割摧残，使我们灭族灭种。”受此威胁，“斗争是万分紧张了”。传单指出，红军刚刚打了一胜仗（应指直罗镇战役），为了夺取更大的胜利，“我们红军需要更加扩大来消灭更大批的敌人”，“我们不应该贪恋家庭快乐，我们一定要勇敢的当红军，到前方来，和万恶敌人血战”。传单最后鼓动说：“我们或是胜利，或是灭族灭种，我们要彻底解放，唯一出路只有当红军。”“亲爱的工农们，大家当红军到前方啊！”

可以说，这张传单客观表述了当时陕甘苏区面临的严峻形势，同时也表达了陕甘苏区的领导人希望工农积极参加红军的热切愿望。通过这张传单，我们可以看出，中国工农红军陕甘支队到达陕北苏区没多久，很快就展开了扩大红军队伍的宣传工作。

红军扩红工作的开展，是由当时的斗争形势所决定的。1935 年 10 月，中央红军“陕甘支队”到达陕北吴起镇。10月22日，中共中央在吴起镇召开政治局扩大会议，宣告红一方面军长征胜利结束，决定党和红军今后的战略任务是“建立西北苏区，领导全国大革命”。此时，红一方面军的长征虽已结束，但只有几千人，而红二、六军团和红四方面军还在长征路上，红军主力部队尚未集中，面对蒋介石和周围军阀的步步紧逼，在强敌环伺的严峻形势下，中央红军想要在陕甘地区发展壮大并站稳脚跟，势必要迅速扩充红军队伍，壮大红军在陕甘地区的力量。

这张号召工农群众参加红军的传单，就是在这一背景下印发的。在随后召开的瓦窑堡会议上，扩充红军队伍问题作为一个重要的议题被讨论。经过大力宣传，陕甘地区的扩红工作取得了很大成效，共产党领导的革命队伍又一次发展壮大，为取得革命的最后胜利奠定了基础。

根据档案记载，这件文物原是延安革命纪念馆的藏品，1959 年中央革命博物馆筹备处（现中国国家博物馆）筹备基本陈列时，延安革命纪念馆响应国家号召，将它拨交给该馆。

4

军民情谊

51

革命纪律　时刻牢记

红军战士写有“六项注意”的包袱皮

安莉

中国国家博物馆收藏的这件棉布包袱皮，是1959年5月由江西省博物馆拨交的。上面用毛笔写着以下内容：“□□注意(1) □□草，(2) 上门板，(3) 买卖公平，(4) 言语和气，(5) 借东西要还，损坏要赔偿，(6) 不准乱翻东□”。由于年代久远，墨迹污染，有些字迹已无法辨认，但我们依然可以看出是“六项注意”的内容。由于是战士们根据记忆写的，与原文的内容和前后顺序稍有出入。

“革命军人个个要牢记，三大纪律，八项注意……”这是人们耳熟能详并被广泛传唱的歌曲《三大纪律八项注意》中的歌词。中国人民解放军自建军之日起，就非常重视加强革命纪律，并严格执行统一的纪律，这是人民军队区别于一切旧式军队的显著标志。“三大纪律　八项注意”，是人民军队铁的纪律，为锤炼一支“文明之师”“仁义之师”发挥了重要作用。追根溯源，“三大纪律　八项注意”的首次提出是在红军时期。随着人民军队的不断壮大、发展及革命形势的不断变化，其内容也几经修改、补充，到解放战争时期形成了统一内容的“三大纪律　八项注意”。

红军战士写有“六项注意”的包袱皮

“三大纪律　八项注意”的思想内容最早发源于著名的三湾改编。1927年9月29日，毛泽东率领湘赣边界秋收起义部队到达江西省永新县三湾村时，对部队进行了整编。针对村中群众上山躲避以及部队中发生的逃跑等现象，毛泽东严厉要求部队官兵对待人民群众要说话和气，买卖公平，不拉夫，不打人，不骂人。这是“三大纪律　八项注意”开始提出的雏形。10月23日，毛泽东率领秋收起义部队进军途中，在江西省遂川县的荆竹山宿营。在向当地干部了解井冈山的情况时，得知部队中有战士顺手挖老百姓路边地里的红薯吃等损害群众利益的现象，毛泽东正式向部队宣布了工农革命军的三项纪律：一、行动要听指挥；二、不拿老百姓一个番薯；三、打土豪要归公。

1928 年 1 月 5 日，工农革命军进驻遂川县城。1 月 25 日，部队奉命分兵下乡，深入发动群众。出发前，毛泽东在遂川县李家坪对部队进行纪律教育，宣布了“六项注意”：上门板，捆铺草，说话和气，买卖公平，借东西要还，损坏东西要赔。

同年 3 月中旬，为策应湘南起义，工农革命军分三路向湘南进发。4 月 3 日，部队到达湖南省桂东县沙田镇，在一个叫三十六石丘的地方，毛泽东向工农革命军和地方赤卫队进行思想政治教育时，正式宣布了“三大纪律　六项注意”，并掰着手指逐条、逐项地进行了详细地讲解。三大纪律是：第一，行动听指挥；第二，不拿工人、农民一点东西；第三，打土豪要归公；六项注意是：一、上门板；二、捆铺草；三、说话和气；四、买卖公平；五、借东西要还；六、损坏东西要赔。从而奠定了红军统一纪律的基础。

1930 年 5 月以后，在“六项注意”的基础上增加了两条（即：七、不得胡乱屙屎；八、不搜敌兵腰包），从而将“六项注意”发展为“八项注意”。同年 9 月 25 日，在红一方面军政治部颁布的《红军士兵会章程》中，正式规定了“三大纪律　八项注意”。1931 年 9 月 3 日，中央苏区代表欧阳钦在向党中央报告中央苏区情况时，明确使用“三大纪律　八项注意”的规范名称，并详细罗列了其中的相关内容。以后，红军、八路军、新四军和人民解放军总部又适时地将“三大纪律”中的“行动听指挥”改为“一切行动听指挥”，“不拿工人农民一点东西”改为“不拿群众一针一线”，“打土豪要归公”改为“筹款要归公”，后又改为“一切缴获要归公”。

1947 年 10 月 10 日，毛泽东起草了《中国人民解放军总部关于重行颁布三大纪律八项注意的训令》。重申了井冈山时期创始的“三大纪律　八项注意”。三大纪律是：一切行动听指挥；不拿群众一针一线；一切缴获要归公。八项注意是：说话和气，买卖公平，借东西要还，损坏东西要赔，不打人骂人，不损坏庄稼，不调戏妇女，不虐待俘虏。从此，内容统一的“三大纪律　八项注意”就以命令的形式固定下来，成为全军的统一纪律。

中国国家博物馆收藏的这个写有“六项注意”的包袱皮，纵 85.7 厘米，横 94 厘米，是井冈山时期红四军一位战士使用过的物品。部队行军时战士们用它包东西，宿营时挂起来学习，使红军战士时刻不忘群众纪律，可以说是红军执行铁的纪律的珍贵历史见证。

52

参加红军 粉碎“围剿”

中共湘赣省委为粉碎敌人五次“围剿”印发的传单

曹亚玲

这张传单，纵28.3厘米，横36.8厘米，是1933年12月由中共湘赣省委为着粉碎敌人大举进攻，彻底粉碎敌人第五次“围剿”，号召湘赣工农群众踊跃加入红军而印发的。

1930年冬到1933年春，蒋介石在江西连续发动四次对中央苏区的“围剿”，均告失败。他接受了过去的教训，改弦更张，放弃了长驱直入的作战方式，调整部署，采取“稳扎狠打，步步为营，修碉筑路，逐步推进”的办法，企图构成包围圈，断绝苏区物资来源，迫使红军进行阵地战来比力量拼消耗。1933年9月下旬，蒋介石调集了100万军队和200余架飞机，对红军和各根据地发动了第五次“围剿”。

经过四次“围剿”后，几块大的革命根据地中，鄂豫皖、湘鄂西革命根据地已受到较大的损失，唯有中央革命根据地损失不大。因此，蒋介石这次“围剿”的重点，是中央革命根据地。为了消灭中央红军，他集中了50万兵力，“围剿”中央革命根据地和与之相邻近的湘赣、湘鄂赣、闽浙赣等革命根据地。他任命顾祝同为北路军总司令，以陈诚为北路军前敌总指挥，率领第三、第六两路军由北向南进攻苏区；同时以重金收买陈济棠为南路军总司令，出兵两个军封锁江西、广东边境。

中共湘赣省委为粉碎敌人五次“围剿”印发的传单

当时中央苏区红军已经发展至8万多人，如果采取正确的战略战术，打破敌人的第五次“围剿”仍然是有可能的。但是，在这样严峻的形势下，受王明“左”倾机会主义路线的影响，红军放弃了最拿手的机动灵活的战术，与敌人打阵地战，只能局促回旋于堡垒之间，造成被动之势。而国民党军队依靠兵力优势，五里一推，十里一进，给苏区增加了很大的困难。

这张传单中所说的湘赣根据地在中央苏区的侧翼，辅助中央苏区反“围剿”作战。1933 年 11 月，国民党军在对中央苏区进行第五次“围剿”的同时，以西路军第一纵队 3 个师为主，向湘赣苏区发动进攻。红六军团在地方武装配合下，在莲花县梅花山等地经数日激战，毙俘国民党军 1800 余人，阻止了国民党军的进攻。

这份传单印制于 1933 年 12 月 24 日，内文中写道：“工农劳动群众们：粉碎敌人五次‘围剿’的决战已经在各个战线上剧烈地进行着，工农红军在各个战线上得到了连续不断的胜利，给了敌人五次‘围剿’以初步的严重打击。敌人更疯狂般的作绝望的大举进攻，这是苏维埃中国与殖民地中国两条绝对相反的道路决战的紧急关头。我们要以一切的力量，一切的牺牲，为着粉碎敌人大举进攻，彻底粉碎敌人五次‘围剿’，争取苏维埃中国的道路而斗争。”传单中还提到：“我们坚信湘干（赣）全省广大劳动群众为着苏维埃政权与土地革命利益经过了长期流血的斗争，个个都是有时时刻刻准备着到前方去，当红军去的光荣热情。省委的号召，无疑是能够获得湘干（赣）广大工农劳动群众热烈的回答。”

发布传单的中共湘赣省委是 1931 年由赣西和湘东南两地的特委合并组成的，开始是临时机构，后来在六届四中全会后才成立正式省委。1933 年 5 月，任弼时担任湘赣省委书记兼省军区政委。任弼时根据中革军委命令，将湘赣和湘鄂赣两省红军合编为三个师，在永新沙市组成红六军团；把湘鄂赣省红八军改编为红十七师；把湘鄂赣省红十八军五十二师改编为红十八师；把湘鄂赣省红十六军改编为红十六师。

就在发布这张传单之前，1933 年 11 月 21 日举行的中共湘赣省第三次代表大会，确定了第五次反“围剿”是湘赣省委的中心任务。为了完成这项中心任务，大会号召湘赣全党努力做好几项工作，其中就包括以最大的努力扩大红军，充实红六军团。任弼时还宣布通过了省党代会一系列决议案，在《苏维埃问题决议案》和《政治决议案》中，他明确指出，应纠正一切“左”的倾向，如轻视敌人的进攻而放松战争动员工作。这份传单正是湘赣省委贯彻执行决议案的直接证明。

然而，虽然湘赣根据地积极做了战斗准备，当 1934 年 1 月国民党军再次发动进攻时，仍很快占领了梅花山，并向永新推进。其后，由于敌军步步紧逼，加上红军执行了错误的“堡垒战术”，湘赣革命根据地日益缩小，最终根据地的第五次反“围剿”失败。1934 年 8 月 7 日，红六军团根据中共中央和中革军委的命令，退出湘赣苏区，向湖南中部转移，湘赣军区率地方武装继续在这一地区坚持斗争。

53

创造百万红军的先驱
中革军委授予扩红模范兴国县的奖旗

安莉

中国国家博物馆珍藏的这面奖旗，纵70.5厘米，横112厘米。旗面为红色丝绸质地，字为白色棉布质地，用缝纫机轧制而成。内容为：

为争取永久的模范县而斗争

奖给红色“五一”扩大红军的模范兴国县

中央革命军事委员会

兴国县位于江西省中南部，是著名的苏区模范县。第二次国内革命战争时期，兴国有23万多人口，参加红军的有9.3万多人，牺牲的有名有姓的烈士23179人，为全国各县牺牲烈士之首，占全国烈士总数的十分之一。在参加长征的红军12个主力师中有7个师是从兴国出发的，其中“兴国模范师”“少共国际师”“中央警卫师”3个师大多是兴国子弟。在长征路上，兴国籍指战员牺牲超过1.2万人，几乎每前进一公里，就有一名兴国籍将士倒下。

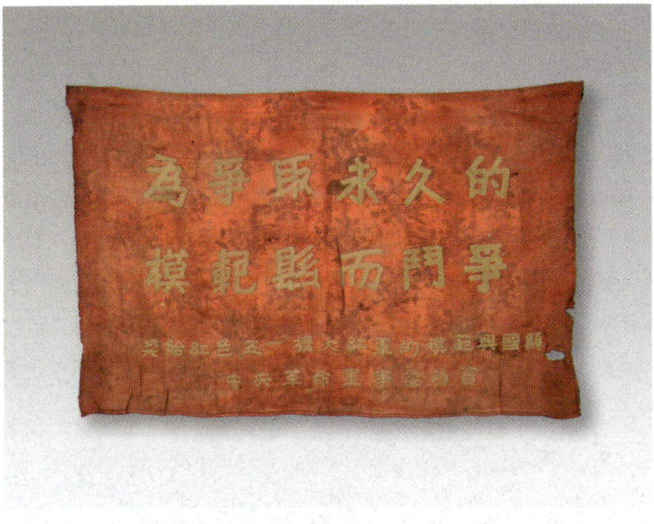

中革军委授予扩红模范兴国县的奖旗

1933年5月，周恩来在中央苏区一次扩大红军的群众大会上盛赞：“中国外国不如兴国，南京北京不如瑞金”。1934年1月，毛泽东在第二次全国苏维埃代表大会上对兴国给予高度赞扬。他说：兴国的同志们创造了第一等的工作，值得我们称赞他们为模范工作者。毛泽东还欣然题写“模范兴国”四个大字，赠给兴国代表。如今，镌刻着“模范兴国”四个大字的雕塑还竖立在江西省兴国县的将军公园内，成为后代缅怀革命先辈丰功伟绩、接受爱国主义教育和革命传统教育的好课堂。

兴国的模范表现在方方面面：扩大红军、支前参战、慰劳红军……其中，在扩大红军（简称“扩红”）工作中，表现尤为突出。在中央苏区，短短5年多时间里，兴国县就有8万余人参军参战。据历史资料统计，编入主力红军的有5万多人。仅有437户1600人的长冈乡，参加红军和调县以上工作的干部达320人，占全乡青壮年男子的80%。

由于国民党反动军队的“围剿”，中央革命根据地对敌斗争形势日益严峻，扩大正规红军以抵御敌人的“围剿”，保卫红色政权就成为中华苏维埃政府经常性的工作，“猛烈的扩大红军”一直是最响亮、最持久的口号和政治任务。在苏维埃中央政府的大力号召和各级地方政府及各革命组织的积极动员下，广大苏区民众踊跃参军参战，出现了一幕幕“父母送子上前线，妻子送郎上战场”的动人情景。曾在苏区广为流传的《送郎当红军》，以其质朴的词曲、优美的旋律至今仍在民众中广为传唱。《八兄弟齐报名当红军》《兴国枫林区整乡青年加入红军》等关于苏区民众踊跃参军的报道，时时见诸根据地出版的《红色中华》等报刊上。

1933年2月，中央局正式提出创造一百万铁的红军的目标，为此必须：“动员所有模范队、模范少队，整营整团的加入红军中去”。同年5月至7月，中央根据地内掀起了一场“扩红”的高潮。兴国县委接到中央指示后，立即召开各区委书记联席会议，决定在红五月动员“兴国模范师”全师加入红军。5月10日，召开了全师军人动员大会，一致通过全体加入红军的决议，同时江西军区代表转达中革军委意见，批准成立“中国工农红军兴国模范师”。至此，兴国模范师完成了从地方武装到中央主力红军的升级，兴国县成为中央苏区“创造百万红军的先驱”。

1933年6月，“兴国模范师”开赴前线时，江西军区司令员陈毅代表苏区中央局等领导机关授旗，苏维埃中央政府等领导机关嘉电称赞：“这一英伟的壮举，是革命历史上一页灿烂的纪录”“是扩大红军的先驱”“是全苏区的好模范”。同年7月，中共江西省委举行“扩红”工作检查评比大会，兴国县荣获模范县的光荣称号和全省参战工作的优胜旗。不久，中央革命军事委员会授予兴国这面“为争取永久的模范县而斗争”的奖旗，以表彰他们在红色“五一”扩大红军活动中的突出表现。1972年邓颖超在审查中国革命历史博物馆陈列大纲时曾说过：宣传“扩红”时，应着重宣传江西的兴国县，当年兴国参加红军的人数最多。

半个多世纪过去了，艰苦的战争环境在这面红旗上留下了岁月的痕迹，它已经褪色，不再光鲜，但作为红色文化遗产，其所蕴含的丰富的精神财富却历久弥新。当年，为了躲过国民党反动当局的搜查，根据地人民将它埋在地下，塞在瓦沟上，藏在大树洞里，几经辗转，历经无数次劫难，才将这面革命的旗帜保存下来，献给国家。1959年4月，这面旗帜由江西省博物馆拨交给中央革命博物馆筹备处（现中国国家博物馆）。

54

参加红军 消灭军阀
红四方面军印发的消灭刘湘匪帮宣传画

曹亚玲

这幅宣传画纵 55 厘米，横 35 厘米，是 1933 年由红四方面军第三十军政治部在四川印发的。它揭露了刘湘部队杀害百姓、破坏春耕的事实，号召穷人参加红军消灭刘湘匪帮。

刘湘是四川地方军阀，早在 1931 年夏，他就接受了蒋介石派兵出四川、清剿鄂西红军的任务。7 月，蒋介石任命他为长江上游“剿匪”总司令。1933 年春，蒋介石任命刘湘为川黔湘鄂四省“剿匪”总司令。同年 7 月，蒋介石又任命刘湘为四川“剿匪”总司令。不过，在 1933 年 10 月前，刘湘的主要力量还是在同敌对军阀刘文辉作战，刘文辉战败退入雅安后，刘湘才集中全力转而对付川北徐向前的红四方面军。

活动在川北的红四方面军队伍的总指挥是徐向前，政委是陈昌浩。1932 年 12 月，徐向前趁着二刘在荣、威地区决战之机，率领红四方面军的红四军第十、十一、十二师和二十五军七十三师，向川北地区进军，并迅速击败川北驻防的田颂尧部队，建立了川陕边区革命根据地。红军还抓紧时间，发动群众，建党建政，实行土地革命，使得南京国民政府和四川军阀大为震动。1932 年 4 月，蒋介石指示四川省各路军迅速派兵支援田颂尧军队剿灭红军。随后，川军军阀田颂尧、杨森、刘存厚发动了对根据地的三路围攻。

1933 年 7 月，红四方面军击败川军的三路围攻，力量迅速发展，遂将所辖四个师升格为军，依次改编为红四军、红九军、红三十军和红三十一军，又将川东游击队改编为红三十三军。创作这幅宣传画的所属部队——红三十军的军长是余天云，政治委员是李先念。

1933 年 10 月，刘湘经过一番紧密磋商，制订了六路围攻红军的“进剿”计划，阵线西起广元、经蓬、岳、两开，东迄城口，长逾千里，使用了约 20 万部队。11 月中旬，徐向前与刘湘的第五路第二十一军遭遇，打响了反六路围攻的第一枪。敌人装备精良，又是军阀在川西会战的胜利之师，气焰嚣张，攻势猛烈。徐向前在杨柳关、永兴场一线，指挥红军与敌激战五昼夜，共杀伤敌军 5000 余人。但因敌众我寡，红军遂转入内线，撤至南坝场、宣汉、达县一线与敌对峙。

这时，六路敌军虽尚未全部投入战斗，但从侦察的情报获悉，敌人大规模

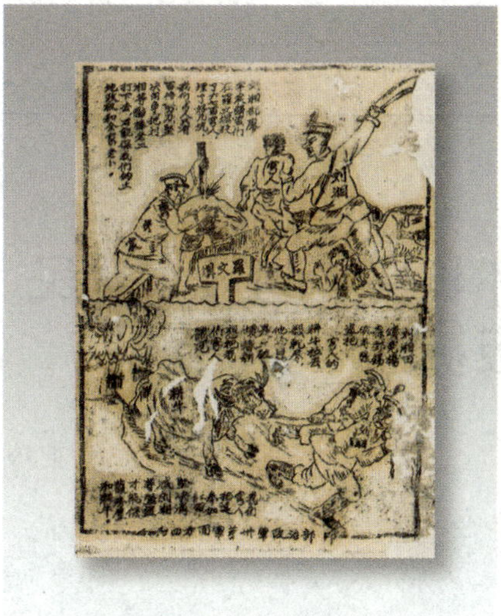

红四方面军印发的消灭刘湘匪帮宣传画

围攻川陕根据地已是为时不远的事。徐向前火速返回通江，与红四方面军其他领导人研究粉碎敌人围攻的对策。徐向前回忆说：“面对四川军阀联合进攻的严重形势，我们一面令前线部队抗击敌人，一面在通江开会研究对策。办法有两条：一条是积极防御，诱敌深入，和反三路围攻一样，收紧阵地，节节抗击，待机反攻，重点突破。一条是广泛发动群众，党政军民总动员，一切为了战争的胜利。”

12月中旬，刘湘的第一次总攻开始。在飞机和强大炮火的掩护下，刘湘下属分路强渡州河、前河。徐向前指挥红军乘敌半渡之际，发起反击，经两天激战，歼敌3000余人后，主动放弃宣汉、达县，将部队撤至庙场、井溪场、东升场、双河场、碑牌河、北山场一线，利用山险隘路，构筑工事，继续抗击敌人。

宣汉、达县、万源一带，是刚刚解放的新区，土地改革尚未进行。刘湘发起进攻后，一些地主、富农、会道门头子见有机可乘，便在罗文坝南北地区和万源附近，发动了拥有约五六千人的所谓“神兵”叛乱。“神兵”们个个身披红布，头扎黄表纸，喝了朱砂酒，手提大刀，像一窝蜂似的乱冲乱砍。徐向前为了不让他们扰乱后方安全，当即命令红四军、三十三军各派出一部兵力，经过一天多的战斗，全歼了这批乌合之众。

12月下旬，急于在围攻红军中夺取头功的王陵基，又向东线发起突击。徐向前组织部队节节抗击，杀敌甚众。次年1月间，红军将阵地收缩至固军坝、罗文坝、马渡关至红灵台一线。王陵基被“胜利”冲昏了头脑，认为红军在“全线崩溃”，即令所属各部不惜任何代价，猛烈推进。23日夜，徐向前令红三十军向冒进的敌左翼第四师发起反击，将敌十二旅大部歼灭，敌左翼兵团的攻势顿时瓦解。

这幅宣传画是红四方面军红三十军在反刘湘六路围攻期间，为了发动群众，揭露刘湘迫害百姓的恶行而印制的。宣传画图文并茂，其中部分文字是：“刘湘部廖宇宸强盗们在罗文坝杀了六七百穷人，埋了好几坑，我们穷人只有百倍努力坚决斗争，把刘湘等棒老二打下去，才能保我们的土地政权和全家老小。”宣传画还号召贫苦农民踊跃参加红军，消灭刘湘，保护土地政权和全家老小，获得新生。

55

人民心中有杆秤
红一方面军在贵州仁怀长岗乡为号召贫民赶走白军而书写的木板标语

曹亚玲

这件木板标语纵78.1厘米，横45厘米，是1935年红一方面军红一军团政治部（代号“坚”）长征到达贵州仁怀长岗乡大园子村时，书写在一位老乡家的木板壁上的。

长征是宣传队，撰写宣传标语是红军广泛宣传群众、动员群众和组织群众的一种重要方式，对扩充红军、筹集粮草、宣传抗日主张起到了很大作用。1935年2月27日，红军总政治部发出命令，要求各部队加强革命宣传工作，同时拟定了12条通俗而深刻、易于流传的宣传材料，要求部队指战员在转战途中广为书写。命令指出：“依靠此工作，使我们顺利战胜四面的敌人。各部队立即动员自己部队中凡能写字的，用木炭、用毛笔、用大字、用小字，在屋壁上，在门板上，遍写下列12条，做到每人每天至少写一条。”

红一方面军在贵州仁怀长岗乡为号召贫民赶走白军而书写的木板标语

为了加强宣传，红军战士走到哪里，红军歌谣就唱到哪里，标语就贴到哪里。他们还教群众唱革命歌曲，演出街头剧、活报剧，召开军民联欢会等。红军的文化工作无比活跃。红军长征所经过的大部分是偏僻地区，那里的群众此前没有见过共产党，没有见过红军。正是通过这些标语，让他们了解到了共产党和红军的方针、政策和革命主张，更多地加入红军的队伍。

红军长征途中留下了大量的宣传标语、口号，有墙上写的，有木板上刻的，有石上錾的，也有纸上印的。红一方面军、红四方面军、红二军团、红六军团、红三十二军、红二十五军在长征途中都留下了大量的标语。标语的内容和种类也十分丰富，多种多样，如有“红军是打倒日本帝国主义的，白军是帮助日本帝国主义的，不当白军当红军去！”之类的宣传党和红军政治纲领的标语，有“回番汗（汉）民族一律平等”“红军是工农兵的军队，绝对保护回番夷藏人的利益”之类的宣传党的民族政策的标语，也有“优待白军俘虏兵，缴获枪有钱发，回家发路费，官兵平等，反对白军官打骂士兵”之类的专门针对白军的宣传标语，还有“创造西北广大抗日根据地，努力争取少数民族”“赤化西北，巩固抗日根据地”之类宣传抗日救国主张的标语。

一些标语反映了当年紧张频繁的军事斗争，展示了红军战士们不怕牺牲、勇于斗争的壮志豪情。中国国家博物馆就收藏有一对红军在贵州遵义枫乡坝老乡家门板上画的图文并茂的宣传画。这对门板上既画了红军战斗的场景，又写下了斗志昂扬的口号。一块上面写着：“把红军运动战的特长，最高度发扬起来。打倒抽丁当兵的王家烈！不当王家烈的饿肚兵！”另一块上面写着：“动作一致，勇敢冲锋，坚决消灭敌人。”

从长征时期这些标语、歌曲的宣传效果来看，反映地主和农民贫富差距内容的最为深入人心。比如有一首童谣唱道：“绅粮堆满谷仓，干人（穷人）无米煮汤，土豪劣绅住洋房子，工人农民住茅棚，还有种种苛捐杂税，把工人血汗吸得精光！”

中国国家博物馆收藏的这块红军在贵州仁怀长岗乡大园子村老乡家木板壁上书写的标语，字迹清楚，文字朗朗上口，语言风趣，给人印象深刻。标语写道：“红军到，乾人笑，绅粮叫，白军到，乾人叫，绅粮笑，要使乾人天天笑，白军不到红军到，要使绅粮天天叫，白军弟兄拖枪炮，拖了枪炮回头跑，打倒军阀妙妙妙。红坚政”。木板上所写的“乾人”是对穷苦大众的称呼，“绅粮”即富人。由于它采用了对比的方式，用“叫”和“笑”两个字，表现了群众对于红军和白军两种截然相反的态度，语言形象又生动，才在广大群众当中起到了良好的宣传作用。这种最通俗的语言、浅显的道理、鲜明的对比，宣传了红军与白军的本质区别，揭露了阶级压迫和剥削，启发了民众的觉悟。

红军长征历时两年多时间，在所到之处的城市、乡村，每个地方都留下了不少宣传标语，它们是中国共产党和中国红军坚持战斗、模范执行纪律的历史见证，是鼓舞军心激励士气的战斗号角，是瓦解敌军的有力武器。红军走后，在当地广大群众的精心保护下，这些标语口号成为进行革命传统教育的生动教材。这些历史纪念物，也随同长征这一伟大的壮举一起载入了中国革命的光辉史册。

56

争取团结合作

红四方面军某部司令部为答谢甘肃武山高甫清送礼物给部队的感谢信

曹亚玲

这封信纵 32 厘米，横 27.5 厘米，是 1936 年 9 月 2 日红四方面军驻扎武山时，某部司令部为答谢当地的居民高甫清送礼物给部队的感谢信。从 1936 年 8 月 23 日至 10 月 8 日，红四方面军在武山驻扎了 45 天的时间。在这期间，红军宣传反蒋救国的革命理念，组织开展了轰轰烈烈的扩红、筹粮、剿匪、反霸斗争，组建了武山地区的党组织，还与当地群众结下了深厚的情谊。

1936 年 8 月初，红四方面军通过草地，顺利进入甘肃南部。8 月 23 日，红四方面军二纵队三十一军军长王树声、政委詹才芳率部由岷县经漳县新寺进入武山县境内，九十二师在军参谋长李聚奎带领下，经包家柯寨、苗庄、杨坪、王家门、丁家门、盘古、颉家门，从鸳鸯镇渡过渭河，继续北进。三十一军九十一师驻鸳鸯、山丹一带，总部驻鸳鸯镇颉家门村。九十一师师部驻山丹镇车可图院内。

红四方面军进入武山后，就把政权建立作为在新区工作的重要内容，部队组织当地人民开展声势浩大的打土豪、地主及土匪工作，建立了红色政权和人民武装。9 月 4 日，九十一师在贺家店天爷庙开会，欢迎筹粮积极分子，还打开财主的两个粮窖，筹粮两万多斤。之后，在颉家门村成立了武山县苏维埃政府，由杨芬芝任主席，并在不久后成立了鸳鸯区苏维埃政府、区农会、中共山丹区委、山丹区苏维埃政府、区农会，并在附近各村成立了村农会。

据红四方面军三十一军九十一师民运科长鲁瑞林回忆：九十一师当时活动在武山的鸳鸯、山丹、颉家门、车家川、滩歌等地。部队在山丹镇成立区政府、区农会时，插了一面镰刀锤子的红旗，还公开进行工作。区长马鸿九是个党员。当时发展党组织是秘密的，党员的组织关系由师政治部转到军政治部，再转到红四方面军政治部，最后才转给甘肃省地下党组织。在部队离开时，只公开了马鸿九等 3 名共产党员的身份，他们都跟着红军踏上了长征的道路。

在武山，还有天水地区最早的地下党支部，那就是 1936 年 9 月，柴宗孔在武山组织成立的中共武山刘坪党支部。柴宗孔是共产党员，曾率领队伍在岷县、漳县、陇西一带打游击、掩护红军过境。红四方面军总部就任命他为抗日救国军甘

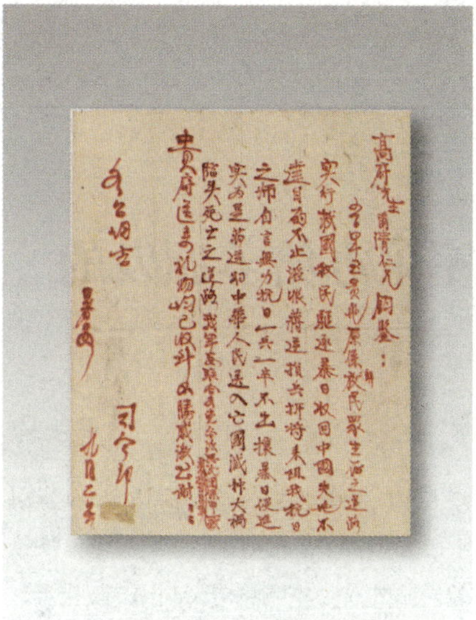
高甫清先生 阁鉴：
实行救国救民驱逐暴日收回中国失地不

红四方面军某部司令部为答谢甘肃武山
高甫清送礼物给部队的感谢信

肃省第二路军司令。此后，柴宗孔即率部南下，在西和、礼县、武山、甘谷、天水一带打土豪、惩污吏，除暴安良，劫富济贫，深受群众拥戴。

红四方面军在武山期间还抓紧宣传党的政策，张贴了“中国工农红军总司令部布告”。布告中说明：“我军此次北上，抗日救国救民”的立场，号召人民“快快团结起来，联合抗日红军，抗日反蒋救国，独立自由成功”。红军还利用各种方式，宣传反蒋救国的革命道理，发动群众。他们没收富豪大户屯积的粮食财物，救济贫民，鼓励商人照常营业，百姓安居乐业，还发动群众在马力镇包家柯寨等地组建了办粮委员会，在包家柯寨、鸳鸯镇、山丹镇等地设立粮台，为红军筹粮。

从这封红四方面军某司令部给高甫清的信中，我们可以看出，高甫清应为当地较为有地位的人士。信中措辞文雅，除了感谢高甫清给红军送来礼物外，还在信中写明：部队到武山是为了“解放民众生存之道路，实行救国救民，驱除暴日，收回中国失地，不达目的不止”。信中还指出，蒋介石派兵阻止红军抗日却假托“无力抗日”，不出一兵一卒，导致日本侵掠日盛，“实为是葬送，将中华人民送入亡国灭种大祸临头死亡之道路”，表明了红军要联合各党各派一切人民走向抗日战场的立场。

1936 年 9 月 28 日，红四方面军分六路纵队开始北上。在红军撤离时，涌现了更多民拥军的动人场景。10 月 8 日，当红四方面军第三十一军九十一师奉命撤离武山，经费家山，穿越榆盘去往通渭时，正遇渭河河水暴涨，当地群众主动拿出自家的桌子、面柜、门板、木板等，与红军一起在榜沙河、渭河上架起两座行军便桥，他们搀扶着体弱的战士，帮助背送物资，护送红军过了河。

这些感人的事例，是红军长征时积极宣传党的政策、执行正确的群众纪律的结果，也证明了红军的确是人民的军队，得到了群众的真心拥护。

57

尊重藏俗 赢得支持

贺龙为夏拿古瓦给红军采办给养颁发的委任令

曹亚玲

这张委任令纵 22.5 厘米，横 30.3 厘米，是 1936 年 5 月红二、六军团的领导人贺龙颁发给归化寺的喇嘛夏拿古瓦的。委任令上有不少水渍，左下方的中华苏维埃共和国中央革命军事委员会湘鄂川黔滇康分会图章的下半部分缺失，但委任令上的字迹仍很清晰，它向我们讲述了 80 多年前，夏拿古瓦与长征的红军之间一段难忘的经历。

1936 年 4 月，贺龙、任弼时领导的红二、六军团长征翻越中甸雪山，来到云南省中甸县（今迪庆藏族自治州香格里拉县）的藏族居住区。中甸是一座只有几百户人家的荒僻山城。这里海拔 3000 米以上，人烟稀少，贫穷落后，藏民笃信喇嘛教，城外有一座喇嘛寺，叫作“归化寺”。寺内僧侣很多，最高统领是松本活佛。当红军到达这里时，藏民听信国民党的欺骗性宣传，早已躲进山林。松本活佛也心存戒意，令僧徒紧闭寺门，防范红军。整个山城静悄悄的。

为了顺利通过藏区，贺龙、任弼时、关向应等领导集合部队，向指战员介绍了藏族的情况，强调要严格执行“三大纪律 八项注意”，尊重藏族人民的生活习惯和宗教信仰，切实按党的民族政策行事。之后，贺龙以中华苏维埃人民共和国中央革命军事委员会湘鄂川黔滇康分会主席的名义颁发布告，声明：“本军以扶助番民、解除番民的痛苦，兴番灭蒋，为番民谋利益之目的，将取道稻城、理化进康川。行军所致，纪律严明，秋毫无犯，幸望沿途番民群众以及喇嘛僧侣，其安居乐道，勿惊惶逃散……”与此同时，红军战士身体力行，所到之处买卖公平，凡筹到物资用现金

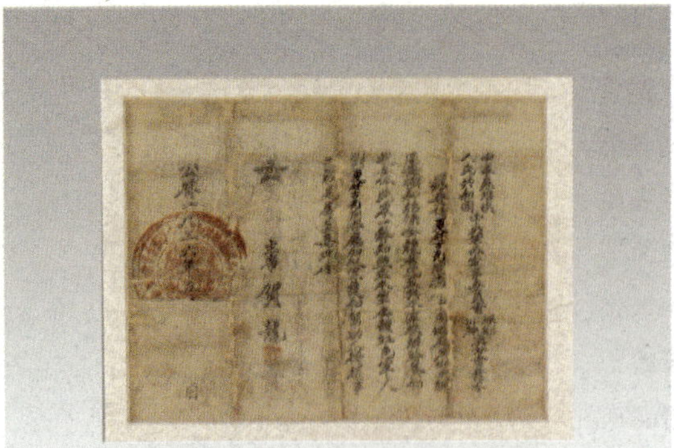

贺龙为夏拿古瓦给红军采办给养颁发的委任令

交易，取用藏民的粮、盐，均折价留下银圆和字条。夜晚，他们冒着凛冽的高原寒风，坚持露宿街头，不住藏民家中。

由于红军纪律严明，秋毫无犯，使藏族同胞渐渐消除了疑虑，开始积极为红军当向导，还帮助红军找住房、买粮食，有的藏民还把家里的粮、油、肉、糖、酥油送给红军，但红军都坚持照价付款。

归化寺的"八大老僧"（归化寺八大僧团的首领）看到红军确实与国民党军队不同，决定与红军会谈。贺龙热情接待了归化寺的谈判代表，负责保管青稞和跳神（一种每年冬季举行的祈祷丰收和吉祥如意的宗教仪式）用衣的喇嘛夏拿古瓦（夏拿是姓氏，古瓦是职务）。夏拿古瓦为贺龙献上哈达，以表示尊重和友好。贺龙耐心地对他提出的疑虑一一解释，还向他宣传了党的抗日主张和民族平等政策，希望他们帮助红军筹备粮秣，为红军顺利通过藏区提供方便。为表示诚意，贺龙亲自给"八大老僧"写了一封信，信中说：贵代表前来，不胜欣幸；红军允许人民宗教信仰自由，对贵喇嘛寺所有僧侣生命财产绝不侵犯，并负责保护；你们须即回寺，照安生业，并要所有民众，一概回家，切不要轻听谣言，自造恐慌，本军粮秣，请帮助操办，决照价付金；请即派代表前来接洽。

归化寺"八大老僧"收到信后，被贺龙诚恳和蔼的态度和做法所感动，表示拥护并自愿帮助红军。归化寺还决定破例举行每年在冬季才举行的"跳神"仪式欢迎红军。5月2日，贺龙和40余名着装整齐的红军代表应邀赴会，受到全寺众僧的热情接待。之后，归化寺及喇嘛商人富户，打开仓库，出售青稞、食盐等物资给红军。

在筹粮过程中，夏拿古瓦为红军日夜奔走，为此，贺龙为夏拿古瓦颁发了委任令："兹委任夏拿古瓦同志任中甸城厢及附近乡区安抚和招徕全体居民，并与本军采办给养，仰我全体民众一体知照。至本军全体红色军人，对夏拿古瓦同志应加以保护和帮助，不得稍事为难，是为至要。此令。主席贺龙。"就这样，在藏族同胞的帮助下，短短两天时间，红军就筹集粮秣超过10万斤。5月5日，红二、六军团从中甸出发，连续翻越几座连年积雪的高山，终于在7月1日到达甘孜，与红四方面军会师。

红军走后，夏拿古瓦将这张贺龙颁发的委任令珍藏起来。1952年，夏拿古瓦写信给贺龙，愿将委任令送到北京，交给国家作为革命文物保存。贺龙收到这件委任令后，于1953年3月将它转给中央革命博物馆筹备处（现中国国家博物馆）收藏。

58

白利寺里的革命情深

红四方面军为四川甘孜白利寺喇嘛支援红军青稞豌豆开的收据

曹亚玲

中国国家博物馆保存有一张红四方面军供给部于1936年6月13日开给白利寺的收据。它是一张纵16厘米、横10.6厘米的小纸条，用铅笔写成。这张不起眼的收据已经历经80年，它记录了白利寺格达活佛与中国工农红军之间真挚感人的革命情谊。

格达活佛是四川省甘孜县白利喇嘛寺的活佛，他谙熟宗教、历史、文学，对医学、天文等也有很深的造诣，而且为人公正，生活简朴，经常帮助穷苦群众，受到当地藏民的爱戴。1936年春，正在进行长征的红四方面军和红二、六军团两大红军主力先后途经康北高原，会师于白利寺格达活佛的故乡甘孜县。

红军进入藏区后，一方面深入了解藏族的历史和宗教习俗，宣传抗日救国主张和民族政策，一方面严肃红军纪律，积极争取当地宗教人士的支持。然而，藏民们因为听信当地土司和国民党当局反动宣传的欺骗，大部分赶着牛羊进山躲了起来。当时，格达活佛因听到一些反动宣传，心中极为疑惧，也在白利寺附近找了一个村庄躲了起来。

红军进入甘孜白利寺土司官寨之后，尽管初春的天气仍然很冷，地上的湿气又大，但为尊重少数民族的风俗习惯，部队绝不进民房，而在村外的野地露营。于是，红军天天晚上睡在村外，白天进村把大街、各家院落门前打扫得干干净净。他们还派出宣传队，带上随队的藏语翻译，千方百计地进山寻找村民，希望他们回村过安稳的生活。

宣传队在山上找到藏民后，耐心地向他们解释，红军是保护少数民族利益、尊

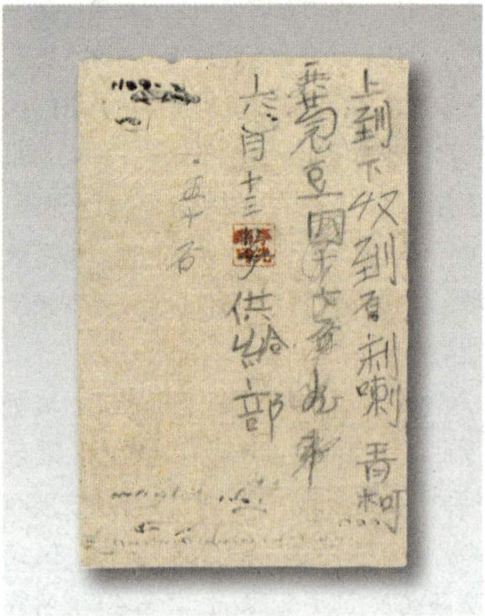

红四方面军为四川甘孜白利寺喇嘛支援红军青稞豌豆开的收据

重他们民族习惯的子弟兵，是为老百姓打天下、谋福利的。藏民们看到这些带枪的红军和蔼可亲地对待他们，慢慢放松了戒备，赶着牛羊，驮着藏在山上的粮食下山回村了。

红军到寨子之后，格达活佛也在观察着他们的活动。他看到红军既没放火烧村庄，也没有损害藏民的利益，就决定返回寺庙。在通往寺庙的铁索桥边，他遇上红军的几位干部，就问他们："红军是什么人的队伍，到这里来干什么？"通过翻译，红军告诉他：红军是共产党领导的队伍，专门为穷苦人打天下，到这里是为了北上，抗击日本侵略者。红军路过藏区，保护寺庙，尊重藏族人民的宗教信仰，买卖公平，绝不乱拿群众的东西。听到这些话，格达的心中感觉到一种震动。回到寺里，他看到经堂和佛像都完好无损，更增加了对红军的信任。他派人上山，召回还躲在山上的群众，动员白利寺所属藏族群众多吃野菜，把粮食献出来支援红军。并亲自到附近的亚龙寺、更龙寺，说服他们出钱出粮支援红军。

在甘孜，红军一边修整，一边筹建苏维埃政府，于1936年4月与甘孜喇嘛寺和白利喇嘛寺达成了《互助条约》，组建了博巴自治政府，还在《施政纲领》中提出：推翻蒋介石国民党政权，实行民族平等，废除封建等级制度，信教自由等内容。通过了解红军的政治主张，格达活佛愈发坚信红军是一支为各族人民谋利益的军队，他更积极地组织白利寺为红军筹措军粮、调派向导，安置救护红军伤病员。

中国国家博物馆保存的这张收据，是1936年6月13日红四方面军供给部开给白利寺的。收据上面用铅笔写着："收到百（白）利（寺）喇（嘛）青柯（稞）莞（豌）豆四十七石 "，后又在结尾补充为"五十石"。据记录，白利寺总共支持红军青稞3万余斤，豌豆4000多斤。在当时，规模不大的白利寺，能拿出大量的青稞、豌豆支援红军实属不易。

格达活佛热诚支援红军的事迹，很快传遍甘孜地区。朱德率部到甘孜后，专程去白利寺拜访了格达活佛。在甘孜驻留期间，他与格达活佛分别在白利寺和甘孜县城会面9次。两人互赠礼品，秉烛长谈，常常是彻夜不眠。

红军走后，格达活佛冒着生命危险，把红军留下的轻伤员转移到当地群众家中，以便分散保护，将重伤员悄悄接到寺庙中亲自调理治疗。为了安全起见，格达活佛还给伤病员取了藏名。一些伤病员伤好后，在格达活佛的精心安排下，就地安家，还有部分伤病员痊愈后重新走上了北上抗日的道路。

59

手提明灯 心系红军
红军送给黎平向导的手提风雨灯

曹亚玲

中国国家博物馆收藏的这盏手提风雨灯高23厘米，直径15厘米，是贵州省黎平县农民高树清为纪念中国工农红军保存下来的。

1934年12月14日，红一方面军第二师六团作为前卫部队，向黎平进发。黎平当时有贵州军阀王家烈部周芳仁旅的一个团驻守，他们对红军作战勇猛顽强早有耳闻。所以，在红军先头部队尚未到达之前，他们就放弃黎平，向城外逃跑了。

红军占领黎平后，红一军团以一个师的兵力驻守黎平，并继续向前推进。为驱逐城外的黔敌，红军请来了熟悉当地地形的黎平县农民高树清为部队做向导。高树清赶忙给红军带路，任务完成后便向回返。归途中，高树清遇到了另一支红军队伍，于是，他主动为这支队伍再次带路，走到目的地后天色快要黑了，红军战士为了对他表示感谢，便将这盏手提风雨灯送给他。在回家的路上，他又几次遇到红军队伍，仍然执意给红军带路，但是红军战士看到天色已黑，他也很是辛苦，又怕他无法进城回家，坚决不肯再让他继续带路，高树清这才提着这盏风雨灯回了家。

其实，在长征路上，像高树清这样主动帮助红军的群众数不胜数，比如红军长征途经贵州时，就有大量各族青年参加红军，还有许多贵州群众，尽管自己生活十分贫困，还是拿出粮食、衣被、鞋袜等支持红军。1935年1月，当中央红军来到桐梓，急需军粮时，桐梓的广大群众积极支持红军，从土豪家把稻谷挑出来，还帮助部队碾米、筛米、挑米。当时的桐梓城内和城郊有水碾9间，14架碾槽，6架牛碾，为了支援急需用粮的红军，100多名当地群众不辞劳苦，不讲代价，昼夜为红军碾米20多万斤，解决了红军吃粮难的问题。桐梓城区南郊、西郊革命委员会，发动居住城区的缝纫工人10多人和几十名辅助女工，带着缝纫机12台，住进桐梓中学，为红军赶制军衣3000多套。大定、毕节两县的苏维埃政府，为了使红军在天寒地冻的云贵高原有衣御寒，发动全县的裁缝和妇女，日夜赶制军衣20000多套，解决了红军的燃眉之急。

红军的伤病员更是得到了当地群众的细心照料。当年，仅遵义“贫民医院”就收治红军伤病员数百人，黔北革命根据地人民群众抢救医治的红军伤病员则更多，遵义当地群众也曾设法安置了一大批红军

红军送给黎平向导的手提风雨灯

伤病员。

红军军事作战的胜利也和人民群众的支持分不开。他们为部队找渡船、献门板、砍毛竹、搭浮桥，甚至冒着危险亲自驾船帮部队渡江渡河，这才能使红军顺利两渡乌江、四渡赤水、抢渡鸭池河和清水江。

红军进入黔北后，所到之处都受到人民群众的热烈欢迎和大力支持，他们有的为红军赶制服装、鞋袜，补充御寒衣物；有的为红军印刷文件、布告、宣传品；有的为红军抢修枪炮；还有的积极为红军带路，送情报，抬担架。

对于红军留下的物品，根据地人民倍加珍惜。他们冒着坐牢、杀头的危险，千方百计保存下红军的遗物。这之中，有红军书写的标语、歌谣、漫画、广告，还有苏维埃币、红军亲笔证明、通行证、红军用过的各种军用物品等。

中国国家博物馆收藏的这盏红军送给高树清的手提风雨灯，除灯罩玻璃略有烟熏痕迹外，其他部分保存完好，可见灯的主人高树清对它非常珍惜。据档案记载，红军从黎平离开后，高树清深深思念着这支人民的队伍，就把这盏手提风雨灯当作珍贵的礼物保存起来。在以后的日子里，无论生活多么艰苦，他一直舍不得用这盏灯，连油壶里边的灯芯都是原来红军送给他的时候装的。新中国成立后，高树清老人才将这盏灯作为革命文物捐献给博物馆永久保存。

60

难忘的红军纪念

红二、六军团送给村民谷吉如作纪念用的绸子

曹亚玲

中国国家博物馆收藏的长征文物中，有一块纵63厘米、横121厘米的绿绸子。它表面有几处污迹和破洞，右边和下边还留有缝针的痕迹。这件看似普通的文物，被他的主人湖南桑植县洪家峪村的村民谷吉如保存了40年。这之中饱含着他对曾驻扎在家乡的红二、六军团战士的深切思念。

湘西桑植县是贺龙的故乡。1928年，根据党中央的指示，贺龙回到家乡开辟革命根据地，不到一个月的时间里就有数千桑植百姓加入了红军。从这里开始，经过一年多的艰苦战斗，贺龙领导的红军队伍在湘鄂西地区不断壮大。1930年7月，湘鄂西地区的红四军和红六军合编为红二军团，贺龙担任总指挥，政委为周逸群。1931年，红二军团改编为红三军，贺龙任军长。然而，从1932年年初开始，由于党内“左”倾机会主义路线的影响，在军事上实行了冒险主义的“进攻路线”，致使根据地的武装斗争陷入困境。1932年夏，红三军未能粉碎国民党军队对根据地的第四次“围剿”，被迫放弃了苏区，转战于湘鄂川黔地区。

1934年10月24日，在贵州省印江县的木黄，贺龙、关向应领导的红三军迎来了由任弼时、萧克、王震率领的红六军团。红六军团是于1934年8月，作为红军长征的先遣队从湘赣苏区出发的。两军胜利会师后，红三军恢复红二军团番号。随即，为配合中央红军准备转移到湖南西部同红二、六军团会合的计划，任弼时、贺龙确立了两军联合行动，发动湘西攻势的方针。

1934年10月至11月，红二、六军团纵横驰骋于湘鄂川黔地区，先后占领了桑植、大庸、桃源、慈利等县城及其广大地区，歼灭了湖南的守敌陈渠珍、新编三十四师的大部和罗启疆三十四旅的大部，钳制了国民党正规军11个师，部分地打乱了蒋介石围追堵截中央红军的部署，顺利地完成了策应党中央和中央红军突围远征的艰巨任务。

由于湘西攻势的顺利开展，红二、六军团逐步扩大了新的割据区域，湘鄂川黔根据地基本形成，贺龙的家乡桑植县也成为根据地的一个重要的中心地区。

红军在桑植驻扎期间，打土豪分田

红二、六军团送给村民谷吉如作纪念用的绸子

地，开展了广泛的政策宣传，获得了当地群众的支持。部队吃、喝、住等后勤工作和军需，小到一双草鞋，大到口粮布匹，许多都依靠老百姓贡献支持。不少地方出现母送子、妻送郎、父子一起参军、兄弟争相报名的动人景象，从县城到乡村都响起了“当兵就要当红军，处处工农都欢迎”的歌声。除了扩大红军队伍外，根据地还积极发展地方武装，桑植成立独立团和游击队，为开展清匪反霸、巩固和建设根据地起到了重要作用。

中国国家博物馆收藏的这条绸子，就是1934年10月，红二、六军团的部分指战员驻扎在湖南省桑植县洪家峪村时留下的。据档案记载，当地的村民谷吉如因为被红军的言行深深感动，摘了一背篓柑子送给红军，指战员们推辞不下，只好收下柑子后，将这条绸子送给谷吉如留作纪念。

1935年秋，就在红二、六军团继续巩固和扩大湘鄂川黔根据地的时候，蒋介石已集中130多个团、20余万兵力准备向湘鄂川黔革命根据地发动“围剿”。此时，中央红军长征到达陕北，红四方面军转入川康边区，湘鄂川黔革命根据地和当地的红二、六军团就成为长江以南最后的一块根据地和最大的主力红军，是蒋介石的心腹大患。

面对十几倍于己的国民党军围攻，1935年11月4日，红二、六军团作出了转移到湘黔边地区，开辟贵州石阡、镇远、黄平一带新根据地的决策。19日清晨，在距桑植县城15公里的刘家坪，贺龙召开了誓师动员大会。会上，他用简短的话解释了长征的原因：我们在根据地坚持了一年的斗争，人民支援红军尽了最大的努力。可是，这里山多，田少，加上敌人烧杀抢掠，哪还能养得起我们两万人的红军？人要吃饭，马要吃料，可是老天爷长不出那么多粮食，所以，我们只能转移到外线去。

出发这一天，桑植的群众唱着送行的歌曲：“一送红军下南山，秋风细雨扑面寒，树树梧桐叶落完，红军几时再回山？二送红军大路旁，红漆桌子路边放。桌上摆着送行酒，祝愿红军打胜仗……”红军走后，谷吉如将绸子完好地保存起来，直到1975年将它捐赠给博物馆。

带着桑植百姓的期许，红二、六军团1.7万人踏上了长征的道路，于1936年7月到达西康甘孜同第四方面军会合。其后与红四方面军一起北上抗日，于10月在甘肃的会宁地区与红一方面军会师，胜利完成了长征。

61

为了红军的伤员
盘县群众用桥栏杆做成的担架

曹亚玲

这副长380厘米的担架是红二、六军团从盘县向富源转移时，当地群众帮助部队送伤员时使用的。

红二、六军团开始长征后，经乌蒙山区转战千里，跳出敌军包围圈，直插云南东北，于1936年3月底转入贵州境内。红二、六军团进入到黔、滇地区之初，因当地物质条件丰富，敌人进攻困难，且部队也需要修整，军委会曾认定在盘县以南的兴义一带有建立苏区的可能。但1936年3月23日，红二、六军团还未进入盘县时，便接到红军总部朱德、张国焘的电报，要求红二、六军团伺机渡过金沙江与红四方面军会和北上抗日。这一意图与红二、六军团准备在滇黔边（盘县一带）建立根据地的战略设想发生了冲突。

此时，部队因刚经过乌蒙山回旋战，需要休息恢复体力，遂决定在敌人主力尚远时先攻打宣威。在宣威城北虎头山，红军先与刘正富部队激战，后又遭遇敌军孙渡纵队。由于敌军较多，加上占据了有利地形，军委分会决定撤出虎头山。虎头山一战给敌人以沉重打击，但红军的损失和伤亡也不小，尤其是担任主攻的红六军团伤亡更大。

撤出虎头山后，红二军团准备向东南进占盘县县城，红六军团则向南，经平彝（今富源）进盘县亦资孔地区。3月28日，红二军团第四师先头部队首先攻占盘县县城。国民党地方武装见红军强大，仓皇往沙沟方向逃窜。红军占领盘县后，释放了牢中的“人犯”，还每人发放3元钱作为回

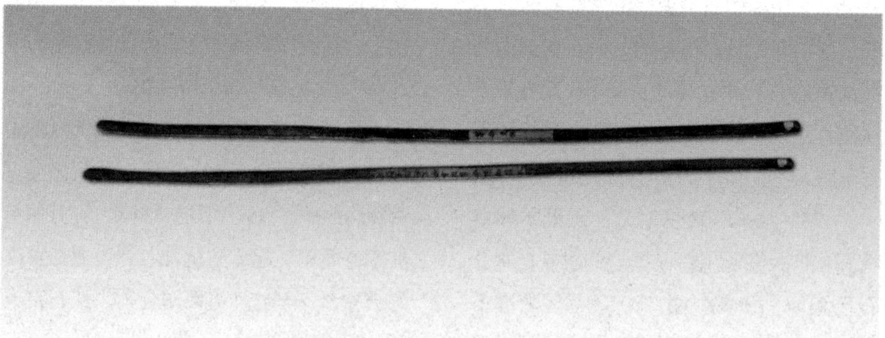

盘县群众用桥栏杆做成的担架

家的路费。当晚，红二军团驻扎在盘县，红六军团进驻富源。

红二、六军团攻克盘县后，除修整外，还采用多种形式宣传党的政策和主张。红军无论到哪里，背包顾不得放下就开始写刷标语，组织宣传演讲。他们还用唱歌、表演等文艺形式，将盘县内地主、恶霸欺压百姓的行为编成了活报剧表演。当时群众中就流传着这样的红军歌谣：武营门，人欢腾，红军哥哥进了城，打开仓库分谷米，为的打富来济贫。

虽然红军在盘县停留的时间不长，但当地贫苦百姓与红军的情谊却很深。他们冒着“通匪”的罪名和杀头的危险替红军带路，帮红军做活，为红军掩护和医治伤员，还送自己的子弟参加红军。红六军团有个战士在平关小八沟战斗中被滇军子弹打穿左肩，伤势严重，掉了队。当地群众发现后，把他背到路旁朱家庙养伤，每天下地干活时给他送水送饭。小街上的草药医生张文辉给他找来药，一个姓刘的木匠每六天给他敷药一次，一直坚持了两个多月。

3月30日，驻扎在盘县县城的红二军团打电报给当时驻扎在盘县亦资孔地区的红六军团，说明了红军总部要求红二、六军团会合红四方面军北上的意图，随即红六军团首长萧克、王震、张子意从亦资孔动身，走了一天的路，来到盘县县城。30日晚，红二、六军团负责人贺龙、任弼时、关向应、萧克、王震、张子意、李达等在盘县九间楼召开了军委分会会议。会议传达了中共中央《关于目前形势和党的策略路线决议大纲》，分析了全国形势，还着重讨论了红军总部关于会合北上的电报指示。任弼时认为，红一方面军已经到了陕北，红二十五军也到了陕北，红四方面军在四川，现在总部又来电报要我们汇合起来一起北上，全国革命大势转到西北，如果继续留下来，将面临孤军在江南、没有友军策应的局面，将有利于敌人集中优势兵力“围剿”，还是北渡为妥。会议还进一步分析了红军当前面临的形势，认为目前这一带地势和粮食条件虽有利于红军活动，具有在这一带建立新的根据地的可能，但是这种可能只是局限于云南、贵州两省个别地区，最终能否保证根据地的建立、巩固和发展，还存在很多变数。因此，尽管目前有条件在南北盘江之间建立根据地，但为了顾全大局，应放弃在南北盘江之间建立根据地的战略设想，执行红军总部的指示，渡过金沙江，同红四方面军会合，北上抗日。

根据“盘县会议”决策，31日，红六军团为左翼，开始撤离亦资孔到盘县乐民宿营，红二军团仍在盘县县城休整准备。4月1日，红六军团经水洞坪进入云南富源清水塘。同时，红二军团为右翼，开始撤离盘县县城，经两河到红果纸厂宿营，并于2日进入云南富源梨树坪。

62

支持红军 情暖民心
红军送给仁怀县长岗乡农民李德云的草鞋

项朝晖

这是红军长征途经贵州时，送给帮助红军挑担的李德云的草鞋。草鞋底长27厘米，有破损，1952年由贵州省仁怀县长岗乡农民李德云捐赠，1959年4月由遵义会议纪念馆调拨入中央革命博物馆筹备处(现中国国家博物馆)。

1935年3月，红军二渡赤水进入遵义后，大规模地向黔西北进行战略转移，经遵义鸭溪、枫香进入仁怀。3月6日，红军从遵义转移到仁怀的长干山(即长岗)。

红军进驻长干山期间，国民党加强了对红军的围攻，敌机曾连续3天共用18架飞机轰炸长干山，投下炸弹20余枚，炸死炸伤群众10余人，炸毁民房一间，连财神庙也炸去一角。3月14日，军委总部进驻长干山。毛泽东住在中街左侧李少怀家时，敌机曾投下一枚炸弹于后院，所幸炸弹没有爆炸。虽然部队也遭受了不小伤亡，但是红军仍及时、尽力地抢救和安抚当地群众。在一次轰炸中，一个叫张芝莲的母亲带着女儿吓得在街上乱跑，一位红军战士冒着生命危险，把她们推进一家房内才幸免于难。在驻扎长干山的4天中，红军战士粘贴标语，散发传单，宣传讲演，发动群众，打击土豪劣绅，将地主的粮食分给贫苦农民。红军纪律严明，深受感动的当地群众自愿给红军担水煮饭，报信带路。

长干山附近有仡佬族、苗族聚居的村寨。当年红军路过这些村寨时，为尊重少数民族的风俗，就坐在屋檐下或田坎上露宿。仡佬族的村民们看到这一切，深受感动，忙把自己的住房腾出来让红军住，他们自己宁愿睡到牛栏上的谷草堆里；一些住房狭窄的苗族、仡佬族青壮年，把自家喂牛的包谷杆扛到田间去，送给红军做铺垫。敌机前来轰炸时，仡佬族青年朱新戌赶紧把红军拖进自家屋内躲避。看到苗族、仡佬族许多人家缺少粮食，靠野菜度日，红军主动从干粮袋里倒出自带的粮食煮成稀饭，请苗族、仡佬族群众一起吃。离开时，红军还留下一部分粮食分给困难村民；而村民们也把开水抬到路边，一碗又一碗地捧给红军喝。仡佬族铁匠商显贵，还主动冒着大雪给红军带路，临别时红军送给他一块红毛毡，他一直珍藏着。

中国国家博物馆收藏的这双红军送给长岗乡农民李德云的草鞋也承载着一段感人的故事。1935年3月，红军向西进军至仁怀县的长岗乡时，当地农民李德云看见

红军送给仁怀县长岗乡农民李德云的草鞋

一位红军战士挑着一担东西吃力地走在路上，他便主动上前想要接过担子来挑，却被拒绝了。那位战士对他说："我们红军有纪律，不拉夫，东西必须自己挑。"李德云听后很感动，对那位战士说："你们又要打仗，又要挑担子走路，很辛苦。我来帮你挑一段路吧，你可以稍稍休息一下。"话音刚落，就不由分说地抢过战士肩上的扁担，挑起来飞快地往前走去。那位红军战士在后面边追边喊："老乡，我让你挑，你慢些走。"走在旁边的一位红军看着他们争着挑担子的情景，又看到李德云是光着脚挑着担子走路，马上脱下自己穿的草鞋，对李德云说："老乡，你穿上这双草鞋好走路。"李德云怕不穿鞋就不让他挑担子，便接过来穿上了。到了红军的宿营地，李德云放下担子，脱下草鞋，要还给那位红军。那位红军却笑着说："老乡，累你半天了，这草鞋就送给你了，你穿回去吧。"他还补充说："你不用担心，咱们红军个个都会打草鞋。"李德云回到家后，怕反动保甲长见到草鞋，发现他和红军有关系，便把草鞋藏到床底下，直到解放后才拿出来捐赠给国家。

李德云的故事只是红军在长征中与当地群众鱼水深情的一个小片段，当年红军三渡赤水，经过仁怀县境内时，还留下了许多军民情深的感人故事。比如1935年3月16日，红军进入仁怀县城时，仁怀的劳苦群众派出50多个代表，抬了三只肥猪，一大坛茅台酒，送到红军总政治部慰劳红军。代表们说："红军在遵义桐梓的一切事情，我们都很清楚，红军是保护干人的军队，不派捐，不杀人放火，公买公卖，打土豪分田地，改善干人的生活，不论王家烈、周浑元怎样欺骗，我们还是全城开市，并且希望红军留在仁怀，解放仁怀的工农干人。"

当红军到达距仁怀县城13公里的茅台镇，等待架设浮桥渡河时，当地群众听说红军要过河，都主动卸掉自家门板，或拿出备用的木方，协助红军架设浮桥；船工们主动把盐船送来，帮助探测水的深浅，撑船送红军过河。

至今，在仁怀、赤水等地仍流传着一首山歌，体现了当年红军与群众同生死、共患难的真挚情感：

红军穷人心连心，
鱼水关系怎能分；
红军爱民如亲人，
穷人永远念红军。

63

千针万线寄深情
记录群众做军鞋慰劳红军的登记簿

安莉

中国国家博物馆保存着一本记录着江西兴国人民做军鞋慰劳红军的登记簿。它由江西省博物馆在当地征集，1959年拨交给中央革命博物馆筹备处（现中国国家博物馆）。

1930年至1934年年初，中央革命根据地军民在毛泽东、朱德的领导下，粉碎了蒋介石的国民党军队连续四次的“围剿”，主力红军不断发展壮大，革命根据地得到进一步巩固和扩大。

红军反“围剿”的胜利，与根据地人民群众的密切配合和积极支援是分不开的。在此期间，根据地人民群众积极响应党的号召，以实际行动组织赤卫队、交通队、侦察队、运输队配合红军，并掩护红军主力的转移和集中。妇女们积极组织宣传队、担架队、救护队、向导队、洗衣队、慰劳队等，广泛开展支前工作。

这本登记册所属的兴国县就是当时的支前模范之一。据1932年10月统计，兴国参加担架队5024人，运输队6790人，救护队2519人，向导队1546人，洗衣队3254人，慰劳队2754人。为了捐款支援前线，根据地妇女或变卖首饰，或上山砍柴卖钱。仅1932年5月至10月间，“兴国、公略、万太、宁都等县妇女共计推销公债票19128元”。赣南儿女参加各种支前组织的约有60万人，以妇女居多，其中瑞金有5万人，于都有64300人。从某种程度上来看，没有根据地人民群众积极的支前活动，就没有红军前四次反“围剿”的胜利，就没有长征的胜利。

这本登记册记录了兴国县妇女为红

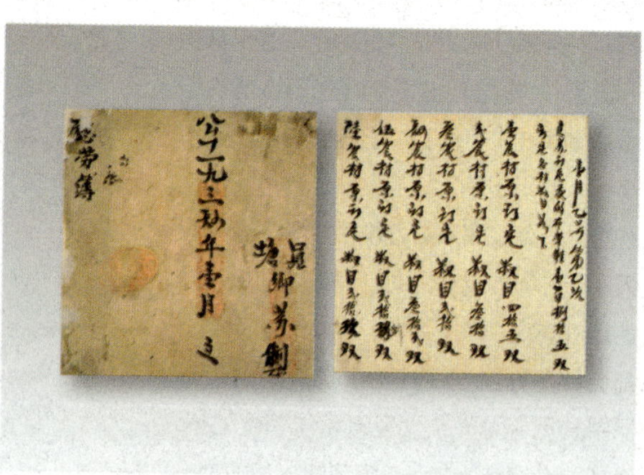

记录群众做军鞋慰劳红军的登记簿

军做军鞋的情况。为红军做军鞋，是根据地妇女的一项重要的支前活动。1932年5月至10月的5个月中，中央苏区各县“妇女慰劳红军及地方武装布草鞋15137双、麻草鞋9904双、鞋子4194双”。1933年，虽然物资十分紧缺，才溪乡8月份仍做了军鞋300多双，9月280双，10月300双，11月630双。

当时，根据地人民的生活十分艰苦，有的妇女找不到布匹，就把自己的衣服大襟扯下来做军鞋。张国焘在给中央政治局的综合报告中写道：“到处都有农妇替红军缝衣、洗衣、做鞋等。昨天军委还接到七里区送来的一百双鞋子”“她们还做千千万万的布鞋或布草鞋送红军，单是九、十两月，就送了一万几千双”。

“打双草鞋送红军，表我乾人一片心。亲人穿起翻山岭，长征北上打敌人。”这是当时根据地百姓慰劳红军将士军鞋的真实写照。根据地百姓，几乎家家户户都会打草鞋。农闲时，乡亲们会聚集在一起打草鞋，大一些的祠堂或坪地，就成了制作“红军草鞋”的简易作坊。

由于冒险主义的错误领导，红军第五次反“围剿”遭到严重的失败。1934年10月，中央红军被迫撤离中央革命根据地，开始了战略转移的二万五千里长征。在出发前，红军在江西于都集结了10天。于都的妇女们赶制了10多万双草鞋。从于都出发时，每位红军将士脚上穿着，行囊中揣着一两双苏区妇女新编的特别加厚的草鞋。

根据地出版的报刊上也有不少对当时红军征集军鞋和妇女们赶制军鞋慰劳红军的报道。1934年9月8日，《红色中华》第231期第二版刊登《中央各机关号召募集廿万双草鞋慰劳红军》，要求在9月15日之前完成10万双，并且给各省分配了任务：江西省8万双、福建省2.5万双、赣南省4万双、粤赣省1万双、闽赣省1万双，其余由瑞金、长胜、太雷、西江完成。文章配发黄亚光的漫画，上半幅是群众踊跃送草鞋，下半幅是一双又大又结实的布草鞋样品，旁边文字注明：“我们要求这样结实长大的布草鞋！”

1934年4月1日，《红星》报第35期第三版刊载《多谢姐妹一片心，十万草鞋送红军》的文章，介绍在三八妇女节苏区妇女集中了10多万双草鞋慰劳红军，其中粤赣省15349双，福建省29600双，江西省61649双，三省合计106598双。文章配发漫画《十多万双草鞋慰劳红军》，画面中有一位手执慰劳红军旗帜的短发青年妇女，正把一双写着“十多万双”字样的布草鞋高高举过头顶。

中国国家博物馆收藏的这本慰劳红军登记簿的封皮上用毛笔写有“慰劳簿　公元一九三四年壹月立，员塘乡苏制”字样，并盖有江西省兴国县文溪区员塘乡苏维埃政府印。内文为毛笔，竖写，记录着从1934年1月至8月间，员塘乡政府收到的下辖各村上交的军鞋数量，其中记录有麻制和布制的两种草鞋。经过几十年的风雨岁月，慰劳册上面的毛笔字迹依然清晰。透过这微微泛黄的慰劳簿，我们仍能从中感受到根据地人民对子弟兵的浓浓鱼水情。

5

艰难岁月

64

红军票铭母子情
杨世才长征时留给母亲的川陕苏区布币

何志文

中国国家博物馆收藏着大量的长征文物，这些珍贵的文物中，有一件红四方面军“红小鬼”杨世才长征时留给母亲的川陕苏区布币。

这件川陕苏区布币为长方形，纵15.5厘米，横8.5厘米，布币的上方印着“全世界无产阶级联合起来”“川陕省苏维埃政府工农银行”等字样。布币票面的底纹为两行阴文美术字“增加工农生产”和“发展社会经济”。布币的中间是一个由锤子、镰刀、五角星以及举起的拳头组成的图案。该图案的下方，印着这件布币的币值“叁串”，在布币的最下端，印有“一九三三年”字样。布币背面为两行阳文美术字，左侧是“发展社会经济”，右侧为“增加工农生产”，中间印有一个齿轮，齿轮的中间是阿拉伯数字“3”。

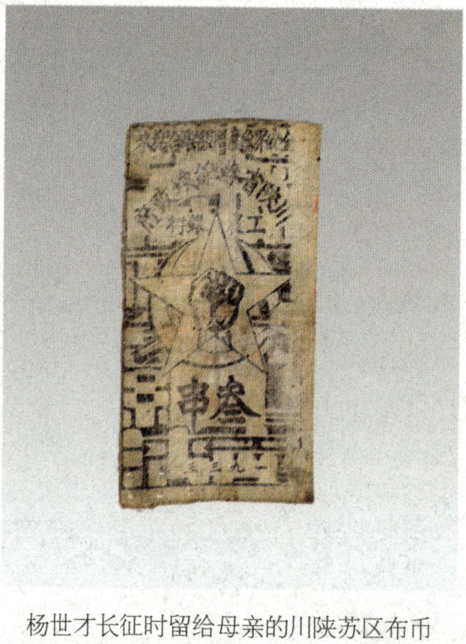

杨世才长征时留给母亲的川陕苏区布币

这种在川陕苏区流通的货币，在当时也叫“红军票”。发行布币的川陕省苏维埃政府工农银行成立于1933年2月，由红四方面军总经理部部长郑义斋兼任行长。石印局起初设立在苦草坝，后移到通江城十字大街。之所以会印制布币，是因为制造纸币所用的道林纸在川陕革命苏区相当缺乏，根本无法从事大规模印刷，而布匹的供给却相对容易。早期的布币厂共有工人16名，5台印刷机，操作时一机两人，一个人搅动，一个人滚墨。

1975年11月，中国革命历史博物馆（现中国国家博物馆）举行“纪念中国工农红军长征胜利40周年展览”时，一名曾参加过红军长征的老红军杨世才将这件珍贵的苏区布币捐赠给了博物馆。关于这件文物，还有一个十分感人的故事。1935年3月至4月间，由张国焘、陈昌浩、徐向前等领导的红四方面军，为了配合中央红军的长征，奉命离开于1932年创建的中华苏维埃共和国的第二大活动地。他们强渡嘉陵江，向川西转移，踏上了艰苦的长征之路。

当时，听说红四方面军要撤离川陕革命根据地，很多群众都来部队看望在红四方面军当红军的亲属，这其中，就有“红小鬼”杨世才的母亲。见到当时只有12岁的杨世才后，她劝儿子跟她回家，但已在红军队伍里锻炼了很长时间的杨世才以要将革命进行到底为由，拒绝了母亲的要求。他坚定地告诉急切地要他回家的母亲说：“我要革命到底，坚决不跟你回去。”看到儿子决心已定，她也就没有勉强。临别时，杨世才把一张在革命根据地使用的三串的布币交给母亲，让她做回家用的路费。杨世才跟着红四方面军开始长征后，母子二人便彻底失去了联系，母亲不知道杨世才的生死，而杨世才也不知道自己的母亲是否还在世。

1950年，四川解放，历经长征路上的劫难并在随后的枪林弹雨中存活下来的杨世才，开始寻找自己苦苦思念的家人，尤其是母亲。但是，母亲和家乡在哪里呢？参加长征时，杨世才只有12岁，他只知道自己的家乡在四川，但他的家乡究竟是四川省的哪个地方，他一点儿都不记得。后来，几经曲折，通过一起参加革命的熟人，他才知道，他的家乡是四川省内江市一个名叫楠木寺的小村子。就这样，离家多年的杨世才找到了自己少时就离开的家乡，并跟家人取得了联系。

1950年12月，杨世才回到了阔别多年的家乡。杨世才的母亲见到儿子后，激动万分，和儿子嘘寒问暖之后，她从家里茅草房的墙缝里取出一个竹筒，里面藏着的，正是杨世才长征出发时留给她的那张三串的苏区布币。原来，杨世才跟随红军队伍离开革命根据地后，念子心切的她没舍得用掉这个布币，而是把它当作儿子参加红军的纪念品，精心地保存了下来。国民党军来了后，作为红军家属的母亲怕受牵连，就把布币放在一个竹筒里，藏在了家里茅草房的墙缝里。十多年来，一想儿子，她就把这个布币拿出来看看，一解对儿子的思念之情，看完之后又藏起来。没想到，十多年后，她终于盼到了儿子回来的那一天。

1975年11月，杨世才参观了“纪念中国工农红军长征胜利40周年展览”后，决定将这件饱含着母子亲情的纪念品捐赠给博物馆。这件长征历史文物看似普通，但它既记录了12岁的“红小鬼”杨世才参加长征的事迹，又是川陕省苏维埃政府工农银行为了稳定经济、发展生产的珍贵的历史见证，因而可以说是一件颇有纪念意义、相当感人的长征历史遗存。

65

苏维埃的首发粮票

红一方面军军委直属纵队张仁长征时保留下来的米票

周彩玲

中国国家博物馆珍藏有红一方面军军委直属纵队的张仁在长征时保留下来的几张米票，有八两的、十一两的和一斤二两的三种。此类米票是1934年3月由中华苏维埃共和国中央政府粮食人民委员部在中央苏区发行的，是中共革命历史上发行最早的米票。1934年10月，张仁跟随红一方面军离开了中央苏区，开始了长征，这些米票跟随着他走过了漫漫的长征路，见证了红军战士经历的那段艰苦卓绝的风雨历程。

1931年11月，第一次全国苏维埃代表大会在江西瑞金召开，中华苏维埃共和国临时中央政府宣告成立。临时政府成立后，对内面临政权建设的一系列问题，需要庞大资金支持；对外面临国民党经济封锁和频繁的军事“围剿”，中央苏区出现严重的财政危机。为解决当时面临的经济困境，中央革命根据地通过发动群众努力生产、发行革命战争公债以及建立粮食调剂局等多种方式，以图解燃眉之急。然而，并不是每项措施都能奏效。以粮食问题为例，中央革命根据地的各区县粮食价格，特别是稻谷的区域价格差别很大。据1933年5月10日《斗争》报统计，长汀县稻谷每担为18.2元，而万太县、公略县仅为6.6元，这给部队调配供需带来了不便。对此，中央苏区建立了粮食调剂局来平衡这种剪刀差，却未能从根本上解决问题。

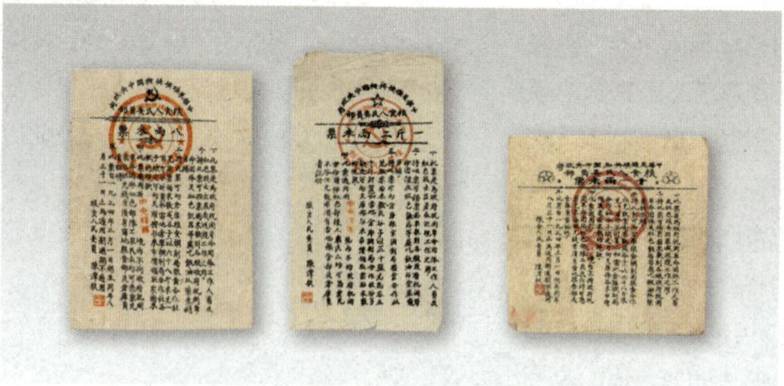

红一方面军军委直属纵队张仁长征时保留下来的米票

1934年2月，中华苏维埃共和国第二次全国代表大会后，临时中央政府下设了粮食人民委员部、人民经济委员会、财政人民委员部等 14 个部级机构。粮食人民委员部作为中央政府的一个部门，成为苏维埃共和国政权的重要组成部分，主要负责中央苏区的粮食保障工作。陈潭秋在中华苏维埃共和国第二次代表大会上，被任命为中央政府人民委员会粮食人民委员，即中共第一位粮食部长。“奉命于危难之时”的陈潭秋，上任伊始便着手印制了通行于中央苏区的粮票。1934 年 3 月，临时中央政府以“中华苏维埃共和国中央政府粮食人民委员部”的名义发行了各种面额的米票，由此开创了人民革命政权发行粮票的先河。

中华苏维埃政府这次首发的米票有八两、九两、十两、十一两、一斤、一斤二两、一斤四两、一斤六两、五斤十两、六斤四两，共 10 种面额。米票用毛边纸石墨印制，票面上有具体的使用规定，一般有 5 条说明，标明米票的用途、使用范围及流通时间等。票面最后都有“粮食人民委员陈潭秋”的署名及印章，也有部分米票加有“副人民委员张鼎丞”的署名与印章，但以陈潭秋个人的居多。从票面看，粮食人民委员部为了防止盗版问题，加盖了多种形式的防伪印章，一是粮食人民委员陈潭秋的印章，二是粮食人民委员部的红色圆形公章，还有 6 位阿拉伯数字编码。

据米票的使用说明可知，中央苏区党政机关、革命团体工作人员及红军战士持此种米票可以到政府机关、革命团体或红色饭店去吃饭，或者可领取与票面面值等值的米或谷子，甚至现款。这种具有灵活性和变通性的经济政策，很大程度上解决了苏区党政机关、革命团体工作人员及红军指战员出差或巡视工作时的定量就餐问题。而这种米票的发行，也促进了中央苏区对粮食的集中统一管理与合理调拨，从而在中央苏区建立了良好的粮食供应和流通渠道，为根据地的经济建设和后勤保障提供了重要条件。

这些中华苏维埃政权的首发米票，作为那个时代特殊的经济产物，因其流通时间短、使用范围小，加之经过 80 多年的历史流转，存世量已不多。据学者研究，1934 年 10 月中央红军长征以后，国民党军队就进入中央苏区“清剿”，对中央苏区红色票证进行了大规模的搜缴销毁，幸免于难的大多数是老百姓塞在墙缝里藏起来的，弥足珍贵。从馆藏的三种面额的米票版式上看，因大部分米票的票面说明为 5 条，4 条说明的比较稀少；又因票面形状大部分为长方形，正方形的比较少见，所以，中国国家博物馆珍藏的十一两方形米票和一斤二两 4 条说明的米票较为珍贵。同时据学者研究，八两米票当时大多已经被注销了，未被注销的已为数不多，馆藏的这枚未被注销的八两米票也是比较稀少的。

值得关注的是，张仁跟随中央红军长征出发时，他珍藏的这些米票大部分早已失去了有效使用期限，但他始终没有丢弃，一直带在身边。相信他是想以此来作为留念，希望有一天红军队伍还会再次打回中央苏区，重整山河。

66

长征途中“万能”宝
红军路过得荣县团结乡时送给老乡的洗脸盆

周彩玲

中国国家博物馆珍藏有红军长征时期使用过的几个搪瓷洗脸盆，其中一个是1936年5月，红二、六军团（后编为红二方面军）由云南北上西康，路过甘孜藏族自治州的得荣县团结乡时，红军战士为感激当地群众的救护，特地赠送给藏族老乡以作纪念的。这个蕴含着红军与藏族群众军民鱼水之情的洗脸盆，同其他普通的洗脸盆一样，在长征途中发挥着多方面的功用，是红军长征途中的“万能”宝。

漫漫征途中，红军战士主要靠夜行军和翻越崎岖险峻的小路，来避开敌人的围追堵截，这对战士们的体力和双脚都是极大的考验。如果能在宿营地用热水泡泡脚，对他们来说不仅是最美的享受，也是“比吃饭还要紧”的头等重要的事。所以，普通的洗脸盆就成为了行军途中的必需品，尤其对于细致讲究的女红军来说，洗脸盆更不可或缺，这在诸多女红军的回忆录中都有提到。一到宿营地，她们总是先找个合适的地方支起锅灶烧上一大锅水（后来由于长途行军精简装备，做饭烧水的炊事用具就干脆用搪瓷洗脸盆代替了），先解解渴，然后把酸痛的双脚泡进洗脸盆里，一边泡脚，一边聊天，这是她们长途行军中最美好的时光。

在那物资极度匮乏的时期，洗脸盆成为红军战士极为重要的生活用品，发挥着多种功能。长征干部休养连的女指导员李坚真回忆说：“那时，休养连的同志随身都带有脸盆，脸盆的用处可大了，除洗脸洗脚外，烧开水喝和煮东西吃都用它。”所以，当山高路远必须轻装简行时，战士们把许多东西都精简了，却唯独这个破旧的脸盆舍不得丢弃。一个洗脸盆，既可以用来烧水、洗脸、洗脚、洗澡，也可以用来做饭、做菜、煮粥；既可以当锅，又可以当锅盖；当然也可以用来盛饭、盛菜。用洗脸盆盛饭盛菜在当时红军的各大部队里都是比较普遍的现象。有一次彭德怀因用洗脸盆盛饭菜招待前来商谈反蒋大计的一位国民党十九路军军官，遭到上级的批评，说他不讲究。彭德怀辩驳说：“用洗脸盆吃饭，是我们红军的光荣传统，他国民党人入乡就要随俗！”

在宿营地，往往每一个脸盆就是一个热闹的中心。战士们围着脸盆坐成一个圆圈，用脸盆把野菜和青稞面粉熬成菜粥，或把青草、树叶、草根熬成稀汤，或将尚未成熟的麦粒炒干，或把羊皮、牛

红军路过得荣县团结乡时送给老乡的洗脸盆

会背着洗脸盆。最让人意想不到的是，当有的女红军要生孩子的时候，洗脸盆又是用来接生的工具，可以给孩子洗澡或洗尿布。在中央红军渡过赤水河向贵州白苗地区疾行时，毛泽东的妻子贺子珍生下一女婴，当时什么东西都没有，就用警卫员吴洁清的一个脸盆盛上水，为孩子洗掉了身上的血污。第二天用这脸盆打饭时，盆沿上还留有鲜红的血迹。

皮等熬成肉汤等等。曾任红二军团六师十八团政治委员的余秋里对用脸盆煮牛皮的事印象极为深刻，他说："把牛皮放在脸盆中煮得又黄又软时，空气里散发出烤肉的香味，让红军战士在最艰难的日子里，打了一次牙祭。"

除了以上常用功用，在行军途中每遇到临时突发情况，洗脸盆也都会发挥意想不到的作用。比如，当遇到恶劣天气，下大雨或冰雹时，洗脸盆就可以用来顶在头上当斗笠，保护身体和脑袋不被大雨淋湿或冰雹砸伤。在漫无边际的水草地，没有一块干燥的地方可以坐下来休息时，把脸盆倒扣在草地上，就可以当凳子，几个人背靠背坐在上面歇歇脚。在冰天雪地的环境中，找不到饮用水，脸盆就可以用来化雪水、化冰块。在红军医院里或行军过程中，紧急情况下，医护人员还用洗脸盆给手术刀等医疗卫生器具加热消毒。所以当时的医护工作者，行军中也往往会背着洗脸盆。

洗脸盆在长征中发挥了如此多的功用，以至被女红军们将其同木棍、牛皮、铁针视为长征中的四大宝，洗脸盆位居之首。有的女红军甚至还专门编了"洗脸盆之歌"，如"红军的脸盆作用大，既炒菜来又做饭，它是长征的宝贝蛋"等。

这个洗脸盆一直珍藏在老乡家中，新中国成立后，由康定军分区征集得到，1962 年年初由军委后勤部后勤学院拨交给中国革命博物馆（现中国国家博物馆）。

67

长征路上的医疗卫生

红四方面军总医院第二分院用的药碾

汪洪斌

这个药碾槽长64厘米，磙径35厘米。药碾的支架为木质，药碾为铁质。在长征途中，红四方面军总医院第二分院用它来自制药品。

长征路上，红军官兵战斗不断，又要以血肉之躯迎战恶劣的自然环境，沿途所遇到的医疗卫生条件十分简陋恶劣，部队医护人员、医疗设备和医药用品奇缺。尽管在长征开始以前，各主力红军在各自的根据地内大力开展了卫生医疗建设，并取得了一定的成绩，但是由于医疗卫生建设还处于初创时期，根据地又处于敌人的封锁、分割下，因而医护人员、医疗设备和药品仍严重缺乏。在长征开始后，医疗卫生问题尤为让人忧虑。

长征初期，中央军委总卫生部把医院各种设备器材、药材都带着上路，并向各军团下发了3个月的药品。但这种搬家式行军严重制约了红军行动的速度，给红军造成了重大损失。1935年2月10日，中共中央在扎西会议上作出了精简缩编的决定，要求对影响部队行军作战的物资和辎重进行清理，凡两人抬不动的大宗物资全部就地寄存或掩埋。总卫生部的“宝贝”X光机，也因为沉重不堪，不适应流动的战争环境而被迫寄放在云南省威信县杨家寨一个叫杨保和的村民家里。负责红军总司令部医疗保健工作的红色医生傅连暲曾对海伦·斯诺（笔名尼姆·威尔斯）说：“要是我们有医药供给，我们能够很容易援救伤者的百分之八十。我们大半的伤者死了，倒不是由于伤势，却是由于缺少滋养的食物和药品。”

在长征途中，红军为了克服药品和设备缺乏造成的医疗困难，采取了一些措施。如精简医疗卫生机构，抽调医务人员到作战部队基层、野战医院去工作，成立野战医院（师）——绷带所（团）——火线抢救小组（连）这样的卫生医疗系统。部队还大力宣传、普及卫生知识，预防疾病，如行军时不喝生水，宿营避开有传染病的村庄和房舍，在雪山上不休息，开展卫生运动等。为了弥补医疗和医药用品的严重不足，部队医护人员自制医疗设备，研制中草药。没有棉布和棉花，医务人员就撕自己的被子和被絮，没有凡士林，就用猪油、牛油配制软膏，没有夹板固定伤员骨折，就临时砍树木、竹片代替。为治疗或预防痢疾和疟疾，在部队中提倡吃大蒜。

红四方面军总医院第二分院用的药碾

为了解决药品严重不足的问题，红军将士根据长时间在野外行军的特点，大力采集中草药。川康地区也盛产名贵药材，像虫草、贝母、红花、天麻等产量都很高。因为西药主要是靠从缴获敌人的战利品中取得，或在行军时向沿途城镇药店购买，得到很不容易。因此，治疗时如能用土办法、中草药治疗，就一定不用西药。在长征途中，部队一方面组织人员进山挖药，一方面向当地农民收购中草药。中医医生在为红军战士治病时，除了给伤病员熬汤药服用外，还将中草药烘烤干舂成药粉，制成药丸服用。

这个药碾比较小巧，是红四方面军总医院第二分院用来自制药品时使用的。红四方面军总医院成立于1932年12月，建立在四川省通江县泥溪场。初建时医护人员只有30余人，全盛时期有4000多人，其中中西医医务人员达1000多人。总医院是红四方面军总政治部的直属单位，是一个集医、政、军、教、研于一体，中西医并重的机构，为红军当时规模最大、机构最健全、功能最完善的后方医院。红一、四方面军于懋功会师后，1935年6月，总医院与红军总卫生部合编为中国工农红军总卫生部。

据文物档案记载，这个药碾是红四方面军总医院第二分院离开四川省炉霍（原属西康省）时留下的。红四方面军于1936年3月进入炉霍，并在这里驻扎了大约半年之久。当时红军总部驻扎炉霍寿灵寺，总医院设在今雅德乡固里。分医院或医疗所设于炉霍县的秋日、苍龙、须须、老河口、棒达（今泥巴）、朱倭、虾拉沱等地。

由于红四方面军即将离开炉霍北上，为进一步精简辎重，就将这个药碾留在了当地鲁罗门因家。鲁罗门因觉得它非常珍贵，将它妥善保存下来，还说：“见到此物，就像看到红军一样。”1958年12月，鲁罗门因将药碾捐献给中国人民解放军庆祝建国十周年活动筹备委员会成都分会，后来入藏博物馆。

68

米面汤水皆关情
长征路上红军炊事员的故事

何志文

20世纪三四十年代，为了宣传红军长征的事迹，扩大共产党人领导的革命队伍的声望，晋察冀军区政治部印刷了一套红军长征故事的系列丛书，这套丛书其中的一本就是图中的这部《红军的炊事员——老路》。实际上，除了晋察冀军区政治部出版的这个单行本，这篇文章还被冀中新华书店1947年9月编印的《长征的回忆》选入。1949年4月，该文又被选入华东新华书店编印的《红军长征故事》，此书出版后曾多次重印，流传范围较广。由此可见，这篇描写炊事员老路在长征途中事迹的文章，是一个很受欢迎的长征故事。

这本巴掌大的小册子很薄，正文部分共有23页，故事的内容有7小节，分别为：(一) 生活、(二) 又出发了、(三) 青稞面、(四) 雪山、(五) 煮羊皮吃、(六) 纪律、(七) 优待俘虏。值得注意的是，第6页有一张插图，画的是一个红军炊事员的形象。

我们知道，长征路上有一些特殊群体，如老人、妇女、红小鬼等，万里长征对他们而言，是一个巨大的挑战。实际上，红军炊事员也是红军长征中一个特殊而又不可或缺的群体，他们在长征路上也留下了许多让人难忘的感人事迹。

根据长征亲历者们的回忆文章，我们可以得知，在漫长的长征路上，红军炊事员们非常辛苦，他们虽然不用打仗，

晋察冀军区政治部出版的《红军炊事员——老路》

但需要在炮火连天中将食物送到前线，为打仗的战士补充能量。行军的时候，他们每天要挑着锅碗瓢盆、粮食和大家一起赶路，中途休息，他们要为战士们烧开水喝，一到宿营地，也没时间休息，他们要马上起锅灶，劈柴火，洗菜做饭。在粮食比较缺乏的地区，他们还要四处购买粮食。在粮食紧缺的时候，他们宁愿自己忍饥挨饿，也要让战士们有一口饭吃。除了烧水做饭，在遇到恶劣的自然环境和气候条件时，比如在翻雪山时，他们要烧大量的姜汤和辣椒水给战士们喝，让他们御寒。过草地时，要为战士们烧开水，泡烫被草地上的烂泥和污水泡烂了的脚……可以说，在长征途中，为了不让战士们忍饥挨饿，炊事员们的牺牲很大，是长征途中减员较多的一个特殊群体，很多炊事员牺牲后连名字都没有留下。流传甚广的长征故事《九个炊事员》，说的就是红军某部几个炊事员为了保证战士有充足的食物给养，累死牺牲的英雄故事。

袁血卒的《红军的炊事员——老路》这部小书，形象地刻画了一个可爱可敬、勇于奉献和牺牲却又不乏幽默感的红军炊事员形象。

在“青稞面”一节，文章描写了红军进入四川藏区后遭遇的困难。当时，粮食极度短缺，因为找不到牛羊肉吃，米面也都基本吃光了，炊事员老路只能给大家做川西藏区的特产——炒青稞面。在藏区人烟稀少的地方，受恶劣的自然条件所限，连这既不好吃又难以消化的青稞面也很难获得，因此每次做饭时，老路总是严格地控制战士们的饭量，每次大家要求他多拿出一点儿粮食给大家吃的时候，他总是说：“再没有了，只有这一点点。”但当大家饿了时，他又能变戏法儿一样地给大家做一点炒青稞面。

由于缺少油水，没有任何调料，炒青稞面不怎么好吃。战士们给他提意见说：“老路，青稞面炒得满好，要是放点儿辣椒、盐……”听到战士们这么说，老路也开始幻想起来：“自流井的盐，多好啊，雪白的，腌菜泡辣椒，炒回锅肉，切成薄薄的片，辣椒丝，这么一炒，真香哪……”听老路这么一说，饥肠辘辘的红军战士们直咽口水。而老路呢，也跟着大家一起咽口水：作为炊事员的老路，跟大家一样，也好久没有吃过荤腥，饿着肚子呢！

根据文物档案，中国国家博物馆馆藏的这本小册子，是王安娜于1986年12月21日捐赠给博物馆的。封皮上面的五星和下面的子弹相互呼应，象征着革命和战斗。受当时印刷条件所限，这本纸质铅印的小册子用纸粗糙，封面设计也比较简单，整本尺寸为纵12.4厘米，横9厘米，是典型的行军口袋书。可见，长征中红军战士的感人事迹和长征精神已成为鼓舞革命将士坚持不懈、勇敢奋斗的精神食粮。

69

翻山越岭浑不怕

红四方面军女战士高秀英爬雪山时穿的防滑钉鞋

周彩玲

长征途中，红军战士主要是靠夜行军和翻山越岭来避开敌人的围追堵截。他们所走的路多为崎岖险峻的山路，有时甚至无路可走。特别是当部队进入川康地区后，翻越人迹罕至、险峻无比的雪山成为他们面临的巨大挑战。山高路滑，穿草鞋或布鞋爬山不仅鞋子会很快烂掉，也存在很大的风险。为了便于爬山，红军战士学习当地的居民，男的一般会穿草鞋套上铁脚码子，女的多会穿一种防滑钉鞋，中国国家博物馆珍藏有红四方面军女战士高秀英在爬雪山时穿过的带脚码子的防滑钉鞋。当年，高秀英就是穿着它跟随红四方面军征服了无数高山险阻。这双防滑钉鞋见证了红军战士征服雪山之巅的英雄壮举。

众所周知，爬雪山、过草地，是红军长征路上最艰险的行军。对红四方面的战士而言，他们走过的道路则更为曲折艰难。1935 年 6 月，红四方面军与中央红军在懋功会师。8 月，两军混编共同北上，红四方面军主力和红军总司令部为左路军。但不久，张国焘率左路军穿过松潘草地到达阿坝后，却拒绝执行中央北上的方针，擅自命令部队重过草地，向南退却到西北的川康边天全、芦山等地。这一时期，他还另立中央，分裂党和红军。南下受挫后，张国焘才不得不接受中共中央的战略方针，再次北上。红四方面军在川康甘

红四方面军女战士高秀英爬雪山时穿的防滑钉鞋

之间曲折反复往返的这一段路程，分布着让红军最为头疼的茫茫水草地和皑皑大雪山。有学者统计，红四方面军战士来回翻过的海拔在4000米以上的雪山加起来就有20多座，他们曾两次翻越夹金山、三次翻越笔梦山、长坂山。原属中央红军的董振堂的第五军和罗炳辉的第九军团（后改为红三十二军），在与红四方面军会师后，被编入张国焘的左路军中跟随红四方面军行动，他们则是三次翻越夹金山。

红四方面军是最早踏入雪山地区的部队，也是在雪线以上区域停留时间最长的。在红四方面军战士翻过的雪山中，海拔最高、自然环境最恶劣、红军牺牲最大的，当属折多山脉的主峰——党岭山了。徐向前在《历史的回顾中》提到："从丹巴至道孚，横亘着大雪山脉中段的折多山，顶天矗立，海拔五千多米。山上积雪终年，空气稀薄，风暴、雪崩不断，在附近老百姓的心目中，就象一道噬人生命的鬼门关。"当地藏民中也流传着一种说法："党岭山，党岭山，上下总有二百三，终年积雪无人烟，十人上山九不还。"极度的寒冷、稀薄的空气，党岭山夺去了无数红军战士的生命。红四方面军妇女独立团2000多名女战士，在过党岭山时就有1000多人牺牲。

过了党岭山后，1936年3月至7月间，红四方面军在张国焘带领下在西康炉霍县停留半年左右。由于缺粮、缺药，加之敌情紧急，有几百名伤病员就留在了炉霍，红四方面军女战士高秀英于此时留在了当地。据炉霍县文史资料记载，20世纪50年代初，炉霍县人民政府成立不久即针对当年长征时留在炉霍的红军人员进行了调查，并召开了留炉红军座谈会等。在调查的留炉红军名单中就有高秀英的名字。1959年，为庆祝建国10周年，中国人民解放军成都军区文化部征集到了高秀英当年爬雪山时穿过的防滑钉鞋。1964年，成都军区文化部将其拨交给了中国革命博物馆（今中国国家博物馆）。

这种在布鞋底上装有铁钉的鞋子，虽然爬山时双脚容易抓地，但走路时间一长，铁钉就会非常硌脚，即使在鞋底上铺上厚厚的一层布、棉花或草，双脚也会很快磨起血泡。所以每到宿营地，战士们的头等事往往就是慢慢脱下鞋子，因为血把脚和鞋子牢牢粘在了一起，一不小心脱鞋时就会带下一层皮。即使这样，也不是每一个女战士都能有自己的防滑钉鞋的，很多战士是穿着草鞋或者用破布裹着脚爬过雪山的。当年的防滑钉鞋，不仅增加了红军战士战胜连当地百姓都望而却步的"神山""鬼门关"的信心和勇气，也见证了80年前那段悲壮无比的英雄史诗。

70

艰难征程 难忘慈母情

红四方面军女战士长征离家时母亲给的包袱皮

周彩玲

80年前，在浩荡的长征队伍中，活跃着一批年轻的红军女战士，她们意志坚定、斗志昂扬。在参加长征的女红军中，红四方面军中的女战士占了绝大多数，有3000人左右，她们大都是来自川北通（江）、南（江）、巴（中）一带的挣扎在生活最底层、苦大仇深的劳动妇女。

在川巴地区，男子大多因吸食鸦片而丧失了劳动能力，有劳动能力的也大都被军阀征兵了，因而妇女挑起了家庭劳动的重担。田野里、山坡上，见到的多半是妇女背着孩子在耕田、挑粪、砍柴的情景，所以这一带地区流传着一句俗语："要吃巴山饭，婆娘打前站"。然而与承担的繁重劳动相比，妇女们的社会和家庭地位却极为低下，她们很多从小就被卖为童养媳，遭受公婆、丈夫的打骂，寻短见的事时有发生。所以，这一带的妇女格外勤劳吃苦，却极为渴望自由解放。

1932年年底到1933年年初，红四方面进入川北，建立了川陕革命根据地。红军的到来，特别是红军宣传的男女平等、穷人翻身解放的观念，深深吸引了她们。女子参军成为当时的热潮，这也成为她们摆脱传统包办婚姻和悲惨处境的最佳选择。这些川北的年轻女子，为自身的解放和自由，辞别父母、离别家乡，义无反顾地踏上了革命的征程。

红四方面军女战士长征离家时母亲给的包袱皮

中国国家博物馆珍藏有一件名叫秀英的红四方面军女战士保存的包袱皮，是1935年参军时母亲送给她的。参军不久，秀英就跟随红四方面军西渡嘉陵江开始了长征。这件用传统民间手工印染的、带有朴素菊花图案的包袱皮，带着母亲的牵挂、祝福与思念，也带着女儿的希望、理想与信念，在漫漫征途中，见证了红四方面军女战士所经历的各种辛酸与磨难。

1935 年 3 月，红四方面军西渡嘉陵江开始长征。1935 年 6 月，经多地转战红四方面军与红一方面军在四川懋功会师。之后，由于其主要领导人张国焘拒绝执行中央北上抗日的正确方针，在川西地区遭到国民党中央军和川军的大举进攻，致使红四方面军将士不得不数次经过环境恶劣的雪山、草地，损失惨重。到 1936 年夏，原本 8 万人的红四方面军已锐减到 4 万人，军中最初跟随出征的女战士也牺牲过半。期间，这位叫秀英的女红军，一直跟随红四方面军东奔西突、转战各地，历尽千辛万苦。然而，苦难对她来说还远未结束，经过会师后的短暂喜悦，秀英又同以王泉媛为团长的 1300 多名妇女组成的抗日先锋团一起，跟随西路军征战河西走廊，这又是一条极其艰苦的征战路。从 1936 年 10 月到 1937 年 5 月，21800 多名西路军战士，在前无接应、后无补给、孤军深入、敌众我寡等种种不利的情形下，遭到马步芳、马步青的马家军骑兵的频繁围追“兜剿”，最终兵败祁连山下。短短几个月的时间，两万多名西路军战士几乎全军覆没，在狭长的河西走廊上演了一场极其惨烈的慷慨悲歌。

西路军女战士大部分壮烈牺牲，小部分在掩护主力部队转移时，在弹尽粮绝之后，分散山中打游击，终被马家军俘获。这位叫秀英的女红军当时被分配在西路军三十军的医院做护士工作，在甘肃甘州（今张掖市）护送伤员时被俘。和大多数被俘的女红军一样，秀英此后便流落在青海、西宁、兰州等地，过着最底层百姓的穷困生活，再也没有回到她离别时的故乡。然而，参军前母亲送给她的这块包袱皮，经过这么多血雨腥风和历史沧桑，她依然珍藏在身边。每当看到这块包袱皮，就如同看到了母亲，感受到了母亲的温暖和殷切的期待，从而增加了自己活下去的勇气。这种力量支撑着她勇敢地走过了漫漫长征路，也使她熬过了西路军被俘女红军的苦难经历。

20 世纪 50 年代至 60 年代初，秀英还在兰州被服厂工作时，将自己珍藏多年的包袱皮捐赠给了国家。1962 年军委总后勤部后勤学院将其拨交到中国革命博物馆（现中国国家博物馆）。经过几十年的岁月流转，这块包袱皮虽然已变得陈旧，四个角经过长期的使用拉拽，已明显拉长，而且布面有不规则的小洞、边角也有棉线脱落，但整块布基本完好。这件包袱皮已成为见证红四方面军，尤其是女红军艰难历程的珍贵革命文物。

71

艰苦岁月的见证

红四方面军战士周广才在长征过草地时吃剩下的皮带

安莉

在中国国家博物馆“复兴之路”基本陈列中，展示着一件红军长征过草地时吃剩下的半截牛皮带。这半截牛皮带的保存者周广才，当时是红四方面军三十一军九十三师二七四团的战士。

1936年7月，红四方面军与红二、六军团在四川甘孜会师。根据中共中央指示，7月上旬，两只队伍分别由贺龙、任弼时和朱德、张国焘等率领，开始穿越茫茫数百里的草地。这时正值草地雨季，本已滞水泥泞的沼泽，更变成漫漫泽国。夏季草地的特点是积水泛滥，淤泥沼泽隐藏在草地之中，散发着腐臭气味。

这是红四方面军第三次过草地，虽然准备比较充分，但红军官兵面临更加严峻的考验。一是因为过草地走的是草地的纵深地带，时间长，距离远。二是因为进入草地前，红一方面军已在当地筹过粮，筹粮更加困难，携带粮食更少。尽管大家都很节省粮食，所带的食物仍维持不了几天。有的战士还没有走过一半路程，就没有吃的了。饥饿和疾病威胁着每一个人的生命。

红四方面军战士周广才在长征过草地时吃剩下的皮带

为了能够走出草地，红军官兵们想尽各种办法，从草地和自己身上携带的物品中寻找可以充饥的东西。可以说，只要能吃的东西都吃过。战马吃没了，就找野菜、草根、树皮吃，还有身上的皮带、皮包、皮毛坎肩、马鞍子、皮鼓，甚至是草鞋上的皮襻儿，都拿来煮着吃。有的战士饿得没有办法，就从人畜的粪便中寻找没有消化的青稞麦，一粒一粒挑出来，洗了再用茶缸煮着吃。

周广才所在的班也遭遇了饥饿的威胁。班里原有14人，到过草地时已减员至7人，进入草地没几天，他们7人背的干粮就吃完了。战士们就在草地中寻找野菜、草根充饥。到后来，可吃的野菜也很难找到，他们只好从自己身上搜罗可吃的东西。先是将几个人的皮枪带吃光了，接着把钉在鞋底上的皮掌也吃光了。这时候，大家想到了自己的皮带。当其他6位战士的皮带吃完后，大家对年仅14岁的周广才说："该吃你的皮带了。"周广才的皮带是1934年红军在任合场战斗中缴获敌人的战利品，是他的心爱之物。周广才含泪将自己的皮带交给战友。皮带下锅前，周广才痛哭了一场。当皮带被吃完第一眼前面那一段时，周广才实在忍不住了，恳求战友们："咱们饿着，也别吃了，把它留下来吧！"就这样，大家忍着饥饿，把他们身上这唯一可吃的东西留了下来。

在不久以后的战斗中，那6位战友相继牺牲，只有周广才随部队到达延安。为了缅怀牺牲了的战友，纪念长征途中这段艰苦岁月，周广才在皮带的背面烫上了"长征记"三个字。此后，他怕皮带断裂，用红绸子包裹起来，一直珍藏着。

其实，在很多老红军的回忆中，都有像周广才一样吃皮带的记述。据一些老红军回忆，皮带的吃法大致就是用水煮或者用火烤。老红军郭才高记得，要先用刀将皮带切成一条一条，然后要煮到最表面一层软了，小心刮去，里面才是可以吃的牛皮。老红军李文模回忆，皮带烤到有些变色、变软，就能吃了，但烤的时间不能太长，那样烤焦了就浪费了。烤了之后撕咬成一小块嚼；嚼几下，喝口水，嚼一天才舍得囫囵咽下。他说他一根皮带吃了一个月。

很多年以后，许多老红军还记得当时广为传唱的《牛皮腰带歌》：牛皮腰带三尺长，草地荒原好干粮。开水煮来别有味，野火烧熟分外香。一段用来煮野菜，一段用来熬鲜汤。有汤有菜花样多，留下一段战友尝。

周广才吃皮带的故事也被写进了红军战士的回忆录中。时任周广才所在三十一军第九十三师特务营政委的陈金钰，在其回忆录《九旬红军老战士陈金钰》一书中对这件事有这样的记载："有一个班七个同志在吃完鞋底皮后，接着就煮吃皮带，当吃到第七根皮带时，战士张国才想到长征即将胜利结束，提议大家忍饥挨饿把全班最后一根皮带保存下来，带着它去见党中央、毛主席。"可能由于口音的缘故，周广才被讹传成了张国才。

1975年11月，中国革命历史博物馆（现中国国家博物馆）举办"纪念中国工农红军长征胜利40周年展览"。筹展期间，有48位老红军或他们的家人向博物馆捐赠有关长征的文物和图片。此时，周广才也将自己珍藏了几十年的半截皮带捐赠给博物馆，并亲笔写下了说明："一九三四年在四川任合场战斗中缴获敌人的战利品，在长征过草地时断了粮食，最后将皮带吃掉了一节。"

72

野菜充饥志更坚

红四方面军战士刘毅途经葛曲河畔时采集的野菜

安莉

中国国家博物馆收藏有红四方面军战士刘毅在长征途中，途经葛曲河畔时采集的野菜。这两株珍贵的野菜采集于1936年7月，80年后的今天，这开着黄花的野菜，使我们形象地了解到红四方面军长征过草地时因食物匮乏以野菜充饥的情况，仿佛亲身感受到红军长征的艰苦岁月。

在红军长征经过草地的征程中，食物的匮乏是每支部队每个红军官兵都遇到的问题。在食物极度缺乏的情况下，草地中的野菜、草根、树皮等也成为红军战士充饥的东西。对于吃野菜的情况，许多有关长征过草地的回忆录或回忆文章中都有所记载。李湘涛在《筹粮过草地》一文中写道："来到毛儿盖，没有吃的，就到山上去采蘑菇、挖野菜充饥。"老红军文炳清回忆："我们在草地上行军70多天，一路上都吃野菜。起初，每人每天还能吃四两肉松，或几两粮食。最末一个星期，肉松、干粮、盐巴都没有了，全靠吃野菜度日。"

到最后，野菜也变得非常珍贵了。率红二方面军长征的贺龙总指挥回忆，红二方面军走在最后头，吃的野菜、野草最多，有30多种，能记起的有车前草、冬寒菜、人参果、脚鸡苔、黄花菜、水芹菜等16种。还有人回忆，好点的野菜，比如灰灰菜、牛耳朵大黄已被先头部队吃尽，走在后面的二七九团只能吃茅草根、芦苇根等不好消化的，吃后屙不出大便，大家互相用树枝掏。于东在《草地上的最后脚印》一文中写道：许多叫不出名字的野菜，大家只好根据其特征临时取名，有的则是看谁先发现或采得多，就以谁的名字命名，如"小李菜""大赵菜"。

草地中遍地是草丛，有的还开着美丽的花朵，但不是所有的野草都能吃。有的野草有毒，吃了轻则呕吐泻肚，重则中毒死亡。因此在出发前，部队发出"尝百草"的号召，让战士们向当地藏民请教，学着辨认无毒可食的野菜，以供过草地时采用。有的部队提出党员先品尝，明确一个党小组品尝一种野菜，试吃后作为标本下发部队。王愿坚在短篇小说《草》中，讲述了这样一个故事：红军长征经过草地，严重缺少食物。一个班的战士误食了一种有毒的野蒜苗，面临生命危险。

红四方面军战士刘毅途经葛曲河畔时采集的野菜

班长杨光前往总部报告时遇到几个抬着担架的卫生员，他们正用担架抬着病重的周恩来副主席去卫生部救治。周副主席在了解情况后，立刻决定让卫生员先抢救中毒的战士，并且亲尝毒草用以记录毒草的性状，防止其他人再次误食。

尽管如此，在长征途中，战士们因饥不择食，以至于见到野草就采来吃，误食有毒的野草而死亡的红军战士不计其数。毛泽东在著名的《为人民服务》一文中赞扬的张思德，就因为尝了一种长得像小萝卜的野菜中毒，昏迷半天才醒过来。但许多红军战士因为吃野菜中毒，没能再醒来。

这两株野菜是红四方面军三十一军九十三师二七四团团干事刘毅长征途中在葛曲河畔采集并保存下来的。这种开着黄花的小草，战士们给它取名叫“黄花草”，它是红军过草地时吃的野菜中主要的一种。这种“黄花草”原来是有毒的，但经过反复烧煮后毒性可以减弱，食后胃胀，拉绿水、草根，混身无力，手脚发肿，但没有生命危险。因此，“黄花草”成了战士们的充饥之物。1936 年 7 月 1 日，刘毅随部队到达葛曲河畔。那天是中国共产党成立 15 周年纪念日，开完庆祝会后，刘毅和几个战友一起采了黄花草充饥，并特意留下一些放在随身携带的小盒中保存，带出草地。

西安事变后，刘毅到陕西三原中学做宣传工作时，手捧这盒黄花草向师生们讲述了红军长征中的故事，并让大家品尝，亲身感受红军长征中的艰苦生活。最后留下了两株夹在日记本中，并给它取名“长征草”。1975 年 11 月，刘毅参观了中国革命历史博物馆（现中国国家博物馆）举办的“纪念中国工农红军长征胜利 40 周年展览”后，百感交集。为了永远激励后人继承和发扬革命先辈们艰苦奋斗的革命精神，缅怀红军的长征精神，刘毅将他保存了 40 年的不平凡的“长征草”捐献给了博物馆。

73

长征路上的“宝贝”

红六军团熊兴瑞与刘林标长征途中煮食物用的铜提盒

安莉

在长征路上过雪山、草地那段艰难的路途中，不论是粮食、皮带，还是野菜、树皮等，都需要用炊具来煮食。加之在天寒地冻、潮湿泥泞的恶劣环境下，能够吃上一口热汤热饭，对于红军官兵来说非常重要。因此，能煮食的炊具就成为长征路上的“宝贝”。中国国家博物馆至今还珍藏着一些红军在长征路上用过的炊具：行军锅、脸盆、铜提盒等。它们在长征过草地时发挥了重要的作用，是战士们珍视的“宝贝”和永远的回忆。

红六军团熊兴瑞与刘林标长征途中煮食物用的铜提盒

1934年10月，中央红军开始长征，实行战略转移。在指挥中央红军实行战略转移和突围的时候，中共中央的领导者犯了退却中的逃跑主义错误。战略转移变成大搬家式的行动，红军将原在根据地使用的物品都带在身上，既包括许多笨重的印刷机器、军工机器等物资，又有一些“坛坛罐罐”，形成一支很庞大、累赘的队伍，造成部队行动迟缓，严重地影响了红军的机动能力，极大地削弱了红军的战斗力，致使红军在渡湘江等战斗中付出了惨痛的代价。

因此，在后来不断的行军转移中，部队逐渐将一些负重抛掉，留下武器和食物等必备的物资，对那些生活用品等能减则减。为了能够保护住珍贵的炊具，让在恶劣的自然环境中艰难生存的红军将士们能够吃到一口热汤热水，许多炊事班的战友们恪尽职守，有的为此付出了生命的代价。红三军某连的炊事班共有9人，进入草地后，为使全连同志有热水饮用、能烫脚，炊事员轮流挑着那口沉重的铜锅。一个炊事员倒下了，第二个炊事员含泪挑起铜锅，继续走下去。清晨，炊事班长老钱一大早起来为战士们烧开水，却倒在了铜锅旁。这样，一个接一个地倒下，最后，这口铜锅挑在了司务长的肩上，炊事班的同志全部牺牲了。

经过长途艰难的行军，到了过草地时，红军将士们不仅食物缺乏，就是煮食物的器具也成了稀少的“宝贝”。因此，为了能煮野菜吃，脸盆、饭盒等容器都拿来当锅用。

在中国国家博物馆收藏的众多当年红军战士用来煮水和食物用的器具中，最为典型的是这件红二方面军第六军团十八师七一八团三营营长刘林标和号目（相当于司号员的班长）熊兴瑞用来煮食物的铜提盒。捐赠者熊兴瑞，土家族，贵州德江县人。1931年，年仅14岁的熊兴瑞随舅父李云武在湖南茶陵参加红军，在王震的部队里担任司号员。

1934年8月7日，任弼时、萧克、王震率领的红六军团，按照中央指示，作为长征先遣队，从湘赣苏区出发，前往黔东北与贺龙率领的红二军团会师，拉开了长征的序幕。他们转战数千里，历时50多天，突破了湘、桂、黔三省敌军的重重包围封锁，历尽千辛万苦，于10月24日在贵州省印江县木黄镇与贺龙的红二军团会师。11月，红二、六军团从湖南桑植出发，转战湖南、贵州、云南三省，击溃国民党军的拦截，渡过金沙江，经西康、四川，于1936年7月到达甘孜，与张国焘率领的南下受挫的红四方面军会师。红二、六军团合组为红二方面军。7月，根据中央指示，红二、四方面军共同北上。

这次北上首先要跨过的是茫茫几百里的水草地。红二方面军红六军团十八师七一八团三营号目熊兴瑞，用自己弱小的身躯，背着他心爱的“铜提盒”踏上了这段艰难的征程。老红军贾若瑜在《忆长征过草地》一文中记述：“为了节约用粮，在草地第一次决定取消由炊事员统一做饭的制度，改成三四人一组，用各自的洗脸盆烧饭。”据熊兴瑞介绍，在过草地期间，他和营长刘林标用这个铜提盒当锅，煮草根，熬树皮，做饭煮水，大约用过60余次，最终两人胜利穿越草地，到达延安。他十分珍惜这个“宝贝”，总是把它擦得干干净净，并经常将它拿出来，教育孩子们：“这是爸爸过草地时烧饭用的锅。如果没有它，现在也就没有了我。”当工作人员要拿走铜提盒时，他难以割舍，满含热泪地说：“这锅与我分离，心情一时难以转变，故流出热泪。”后经党小组同志再三说明：陈列到北京的革命博物馆的意义重大。他才将这件珍藏了几十年的“宝贝”献出。

74

草地宿营的艰难见证
红军长征途中用被单缝制的帐篷

丁纯怡

中国国家博物馆的藏品中有这样一件帐篷，长263厘米，宽200厘米，布面为蓝色花鸟图案，质地厚实，四周都缝上了绳子。这是因为1935年红军在长征途中将两床被单缝在一起当作了帐篷使用。由于被单面积不大，使用时，只能在中间用一根长棍撑开，前后各竖立一根短棍作支撑，因此前后并不能遮风挡雨。不过，即使是这样一个简陋的帐篷，在红军战士看来也是弥足珍贵的。

人们在形容红军长征的艰难时常用“爬雪山，过草地”这样的词语来描绘。然而，红军过草地比爬雪山更为艰难，牺牲的人数也多。有这样一首描绘草地自然环境恶劣的歌谣：“川康青边大草原，千里茫茫无人烟。风霜雨雪日夜下，沼泽泥

1935年红军在长征途中用被单缝制的帐篷

黄镇绘《西行漫画》中收录的《草地宿营》

泞漫无边。天上没有鸟儿过，地上不见虫儿现。”

红军过草地的艰难在黄镇创作的《西行漫画》作品中得到生动的体现。黄镇1934年10月参加了长征，曾在红五军团宣传部工作。他在长征途中创作了500余幅长征图画，在《西行漫画》中仅留下25幅，这其中就有3幅是关于草地场景的。其中一幅名为《草地宿营》的作品，更是画出了当时宿营草地时的艰难，也记录了红军在草地宿营时自己搭建临时帐篷的场面。

红军长征途中的宿营，条件最艰苦的阶段是过草地。在红军的回忆中，提及自己搭建临时帐篷的记录比较集中地出现在过草地的时候。走进草地的第一天，宿营地还能找到一些小树，被雨淋湿的上衣和在水草中行进时被溅湿的裤腿，可用柴火烤干。很多人随身带着一根棍子，“用棍子往地上一插，靠小树搭块油布遮雨，大家背靠背挤在一起宿营”。夜晚的寒冷，尤其令人难耐，就是在帐篷里，如果遇上瓢泼暴雨，帐篷也挡不住，外面哗哗地下着雨，帐篷里也嘀嘀嗒嗒地漏着水，大家挤在帐篷里，撑开雨伞怕把弹药和干粮弄湿了。最糟糕的是，晚间有时找不到一块干燥地面，没有可宿营的地方，没有树木，没有帐篷，许多人只好坐在背包上背靠背依偎着取暖。天亮时，有些战士怀抱枪支，因冻饿已长眠不醒。

即使红军在长征途中的宿营条件如此艰苦，红军还是严格执行三大纪律八项注意，从不扰民，获得了沿途老百姓的支持与欢迎。他们在行进中开展了评比模范的活动，例如在群众家借宿后，将能否“完全做到上门板、捆禾草，把地上打扫干净；保持厕所清洁，不随便屙屎，宿营时掘厕所”作为评判标准。红军还要求战士们进出要宣传，“进入宿营地时，要向群众做宣传，出发时要向群众告别”。1935年1月5日，兵临遵义城外的红一军团专门制定了《关于进入城镇执行政策的规定》，特别要求“城市部队不准驻商店，其余部队集结在城郊宿营”。

红军长征途经少数民族地区时，也不断加大纪律建设力度，模范地执行党中央的民族政策，赢得了少数民族同胞的支持。当红军到达驻地时，即使房中无人，红军战士也不住民房，而是把被单撑起来当帐篷，露宿在树底下或房檐下。

中国国家博物馆珍藏的这顶帐篷，是红军1935年8月经过川西北黑水二古鲁沟时，将其遗留在纳窝河坝里，后被羌族老乡俄姆头拾得。俄姆头发现帐篷是红军的东西，就将它保存下来，一直舍不得使用。1959年9月，俄姆头将这件珍贵的红军帐篷捐赠给成都军区文化部。1964年6月成都军区文化部将其拨交给中国革命博物馆（现中国国家博物馆）。

6

长征记录

75

艰苦征程的原始记忆

张子意写的长征日记

汪洪斌

这本是红二方面军第六军团政治部主任张子意在长征途中写的日记。它纵13.1厘米，横8.3厘米，纸张残破，页面上还有很多的水渍，纸上的钢笔字迹有些已经模糊不清，一看就知道经历了无数的风雨。由于历经征战，日记仅保存了1936年7月10日至12月5日期间的断简残篇，记载了红二方面军与红四方面军在甘孜会师之后共同北上与红一方面军会师的艰苦历程。

日记的主人张子意是湖南省醴陵市人，曾任中共湘赣省委组织部长和宣传部长、湘赣军区政治部主任、红六军团政治部主任、中共湘鄂川黔省委副书记。长征中，他先后担任过红二军团和红二方面军政治部主任。1935年11月，他跟随红二、六军团共17000余人，由湖南省桑植县地区开始战略转移，从此踏上了艰苦卓绝的征途。甘孜会师后，1936年7月5日，红二、六军团奉命与红三十二军一起合编为红二方面军。

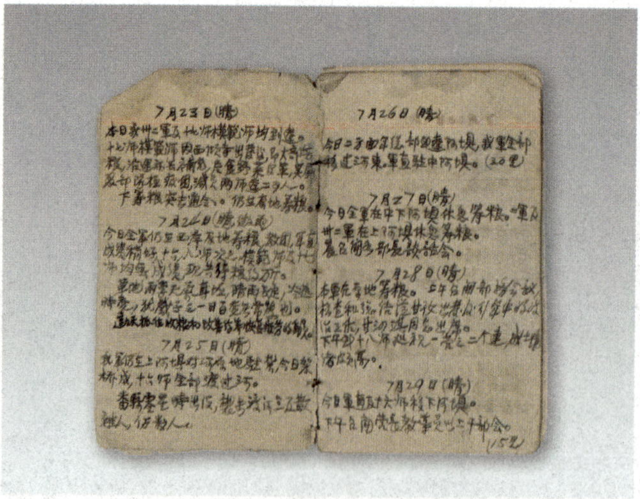
7月23日(晴)
7月24日
7月25日(晴)
7月26日(晴)
7月27日(晴)
7月28日(晴)
7月29日(晴)

张子意写的长征日记

日记开始记录的时间是1936年7月10日。第二天，红二方面军就分为两个梯队，随红四方面军左纵队继续北上，穿越被称为“死亡陷阱”的茫茫水草地。红二方面军第六军团穿越草地的这段刻骨铭心的伤痛记忆，就驻留在张子意的日记里。

张子意在多篇日记里记录了红六军团在过草地期间遇到的食难、宿难、行难问题。他在1936年7月14日、15日的日记中写道："我军在绒玉休息筹粮。十四日我模范师及十八师均到达绒玉。筹粮无成绩。"7月21日的日记写道："连日天雨，粮缺，帐棚（篷）少，掉队死亡现象极严重。"7月23日的日记写道："十七师、模范师因西倾寺出发后，即大部无粮，沿途亦无补充，尽食野菜、皮革、臭尸，致部队极疲困，减员两师达二百人。"7月30日的日记写道："今日全军由下阿坝出发，向葛曲河前进，途遇大风雨雪雹，经郎垭到达离热诺二十余里地露营"。对草地上的恶劣自然环境，张子意在7月24日的日记中感慨："草地雨季天气真坏，晴雨无定，冷热时变，犹戏子之一日百变无常态也。"

张子意所部的第六军团在北上途中，除了遇到极端恶劣的自然环境外，还遭遇过少数民族骑兵骚扰、国民党飞机轰炸等种种危险。譬如张子意在1936年8月11日的日记中写道："本日前进，因俄界公坝去约十里处之隘路有'番骑'放枪为害，白昼不能安全通过，故即在俄界宿营休息。（十五里）"。

最终，红六军团官兵顶风雨、冒寒冷，忍饥挨饿，历尽千辛万苦，终于在死神的威胁下夺路而出。他们走出了人迹罕至的草地，击溃了国民党军的堵截，于1936年10月同红一方面军会师。在11月19日的日记里，即红二、六军团开始长征的周年纪念日，张子意列出八个标题，以提纲的形式总结红二、六军团长征的胜利。（一）突击湘中，全国震动。（二）横扫黔省，所向无敌。（三）威震云南，龙云丧胆。（四）追剿之敌，叫苦连天。（五）克服天险金江。（六）战胜雪山草地。（七）远出陕甘，全国红军会合。（八）长征胜利，英雄万古流芳。

像张子意这样的长征日记，在红军长征将士中还有不少。他们在万里转战、炮火连天、风餐露宿的艰辛跋涉中，仍坚持写日记，不能不令人肃然起敬。尽管因长期流动作战的特殊条件，大多数日记写得比较简略，但是从中我们可以了解到不少红军长征期间有关政治、军事、经济、文化、民族、社会、个人等方面的内容。由于日记不同于其他政策文件，更直白、更具体、更能反映记录者的真实感受，能够清楚地告诉我们红军战士脚下的长征路是如何走过来的。

1975年12月，张子意将这本珍贵的日记捐赠给中国革命历史博物馆（现中国国家博物馆），反映了一位老红军战士对党对事业的忠诚。他在附的一份说明中说："这是一个红军政工干部的长征日记片断。因为经历了长期的战争岁月，这本日记只剩下断简残篇。日记写得异常简单，有时每日仅记一两句话，显得只有骨头没有肉。但是在四十年后的今天看来，这一化石般的片断，也不是完全没有意义的。在一九五六年回忆长征时我曾写道：我们是踏着同志们的血迹前进的，我们是跨过同志们的尸体前进的；我们也时刻准备着：让同志们踏着自己的血迹前进，让同志们踏着自己的尸体前进。"

76

红军家书抵万金

红四方面军第九军熊启文写给父母及幺叔的信

汪洪斌

“烽火连三月，家书抵万金。”这封珍贵的家书就是红四方面军第九军战士熊启文在红四方面军第九军第二十五师第七十五团医务所里写给父母及幺叔的。它纵32厘米，横37.5厘米，纸张已变黄，内绘淡绿色和红色的花草纹样，全文约280个字，写满了整张信纸。

熊启文的这封家书写于1935年3月19日。信中字迹工整，语言流畅，措辞得体，可见作者的文化水平较高。从字里行间，我们可以得到这样一些信息：“自前年骨肉相离，联今两载有余。”可见为了革命工作，熊启文已经离家两年多。也就是说，他亲历了成立于1933年2月中旬的川陕省苏维埃政府的发展与变迁的过程。

在信中，熊启文作为晚辈，表达了对家人的挂念之情。他说：“查不知故乡之事，亦不知大人玉体安否？而合宅人等可好否”“实为男终日挂念”。熊启文也在信中告知了自己的身体、工作近况，“自参加红军以来，身体强健，日居快乐，并无疾病疮毒之忧”。不过，作为一名红军战士，他当以革命事业为重，告诉老父亲：“男们转眼一下将残敌消灭尽了，自有回家看望之日。家中如有困难之事可向苏维埃接洽代耕等……总之家中之事望祈幺叔合同助理一下”。这些话语中，虽然表现了对家人的不舍和担心，但又充满了对革命必胜的信心，以及牺牲小家为革命事业奋斗到底的决心。

实际上，在熊启文写这封信的时候，川陕苏区的情况并不乐观。1933年11月，就任四川“剿共”总司令的刘湘集中110多个团约20万人的兵力，加上空军两队18架飞机，分六路围攻川陕革命根据地。面对川军的大举进攻，西北革命军事委员会和红四方面军总指挥部采取收紧阵地、诱敌深入的作战方针，分东、西两线进行反围攻，至1934年9月中旬取得胜利，基本恢复了战前苏区范围，并扩大了部分新区。但是在经过这历时10个月的反“六路围攻”战役之后，川陕革命根据地早已陷入物资短缺、补给困难的境地。徐向前回忆当时的情况说：“十个月的反六路围攻，固然以我军的胜利和敌人的失败而告终，但川陕根据地的元气，却受到了严重损伤。我们的面前，废墟一片，

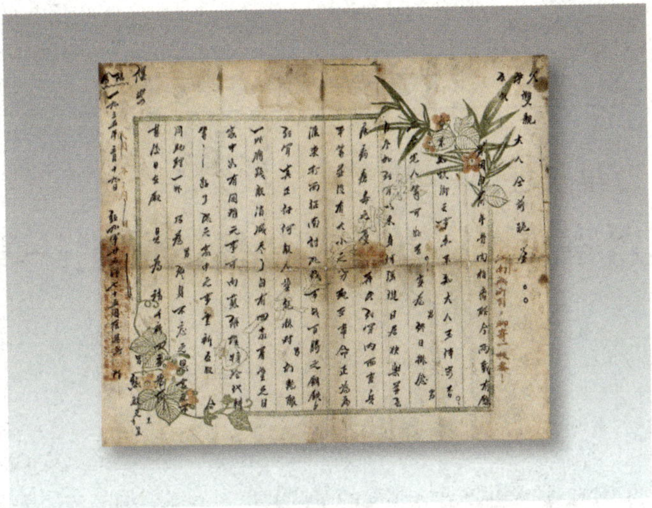

红四方面军第九军熊启文写给父母及幺叔的信

困难重重。战役结束后，我从前线回到后方。沿途所见，皆为战争破坏带来的灾难景象。良田久荒，十室半毁，新塚满目，哀鸿遍野，令人惊心惨目。”

虽然川陕苏区面临着这样的困难，熊启文家书的字里行间却洋溢着革命乐观主义精神，对革命充满必胜的信念。他说：“现在革命正为高涨，东打西征，南讨北伐，百战百胜之钢铁。红军真正任何敌人莫能抵对。”

在信中，熊启文也有对红军官兵平等新气象的描述，“在红军内面，官兵平等并没有大小之分”。回望人民军队成长史，一条最基本的经验，就是坚持官兵一致。官兵之间心心相印，部队就拖不垮、打不散，一路走过千山万水，从一个胜利走向又一个胜利!

红军长征期间留下来的家书极为少见。究其原因，主要是红军撤离后，他们的家乡很快变成了国民党控制的白区，在白色恐怖的气氛下，大家不敢或最好不要跟家里通邮联系。即使有的红军将士给家里寄出了家书，家里人收到之后，也不敢保存下来或者没法保存下来。其次，部队常常处于行踪不定的情况下，东征西伐，北攻南打，通讯地址不固定，甚至有时死伤众多，许多红军将士没有来得及给家里写信就牺牲了。还有一种可能是，不少红军将士来自贫穷劳苦大众家庭，没有上过学，识字不多，根本也就没法流传下他们的墨迹。

红军家书也是家国情怀的生动教科书，不仅展现了家书作者丰富的内心世界，而且反映了他们对理想信念的执着追求。阅读红军家书，如同一次次与心系国家民族前途、命运的革命先辈温馨谈话，使自己的内心世界得到洗礼，使自己的灵魂得到滋养。

熊启文的家书，让我们看到了一位普通红军战士的家国情怀，体会到了他面对艰难困苦仍保持积极乐观的革命精神。1952 年 6 月 18 日，熊启文的这封家书由中央人民政府内务部拨交给中央革命博物馆筹备处（现中国国家博物馆）收藏。

77

万里长征第一山
晋察冀军区政治部出版的陆定一著《老山界》

何志文

20世纪40年代，为了宣传红军长征的事迹，扩大共产党人领导的军队的声望，晋察冀军区政治部印刷了一套介绍红军长征故事的小册子，这套小册子的其中一本，就是这部《老山界》。从严格意义上而言，这本小册子并不是长征文物，但因它是由参加了长征的陆定一在长征胜利后不久所写的回忆文章，也是较早宣传红军长征的印刷品，因此仍不失为一件记录长征历史、承载长征精神的珍贵文物。

这本纸质铅印的小册子是王安娜于1986年12月21日捐赠给中国革命博物馆（现中国国家博物馆）收藏的。它纵12.4厘米，横9厘米。从外观来看，由晋察冀军区政治部印制的这个小册子所用的纸张较为粗糙，但由于保存得较好，因此书页表面的字迹还很清晰。可以看出，根据当时的印刷习惯，书页上的书名和作者以及发行单位等文字，都是从右到左印刷的。小册子的封面设计比较简单，上面的五星和下面的子弹相互呼应，象征着革命和战斗。中间从上到下依次是红色的书名和作者名，其中作者“定一”，即是陆定一。

我们知道，陆定一在中央苏区时曾任苏区共青团宣传部长，长征时任《红星报》主编、总政宣传部部长、陕甘支队政治部宣传部长等职，对长征的政治宣传工作做出了巨大贡献，《老山界》这篇文章，就是他在长征结束后于1936年响应党中央的号召撰写的。这篇描写长征经历的文章，曾被多本讲述红军长征故事的图书选入，后来，它又被晋察冀军区政治部印成了小册子。

陆定一的《老山界》一文，生动形象地描述了红军翻越长征途中遇到的第一座大山——老山界的过程。

1934年12月初，中央红军以惨重的代价渡过湘江后，突围来到被当地人称为老山界的瑶山脚下。12月4日，中央红军开始陆续翻越山陡路滑的老山界。与军委第二纵队一起行动的陆定一，详细而生动地描写了他们翻越老山界的情形。

由于几万人一起陆续从羊肠小道翻越陡峭难走的高山，再加上还带着大批武器辎重，队伍的行军速度很慢。天色渐暗，夜幕降临，像蜗牛一样往前爬的队伍走走停停，半天也没走出多远。陆定一在路边找到一户瑶族人家进去歇脚。攀谈过程中，瑶民拿出家里仅有的米在极其简陋的灶上给陆定一他们熬粥，让陆定一

晋察冀军区政治部出版的陆定一著《老山界》

难以忘怀："粥，吃起来十分鲜甜，因为确是饿了。我们也拿碗盛给瑶民母女吃。"

吃完热粥，给瑶民一些粮食后，陆定一继续随部队在夜间行进。由于山路陡峭，一不小心就会掉下山崖，于是，用竹子做成的火把成了照亮前进道路的最佳工具。浩浩荡荡的红军点燃的无数只火把，与漫天的繁星交相辉映，形成一道令人惊喜的奇观，让陆定一不由得赞叹起来："满天是星光，火把也亮起来了，从山脚向上望，只见火把排成许多之字形，一直到天上与星光连接起来，分不出是火把的火光还是星光。这真是我平生未见的奇观！"

前进的道路却越来越艰难，因为山势陡峭，马匹难以通过，整个部队不得不再一次停下来，就地宿营。在崎岖不平的山路上睡觉，自然难以安眠。陆定一在文中写道："半夜里，忽然醒来，才觉得寒气凛冽，砭人肌骨，浑身打着战。把毯子卷得更紧些，把身子蜷曲起来，还是睡不着。天上闪烁的星光，好像黑色幕上缀的宝石，它与我是这样的接近啊！黑的山峰，像巨人一样，矗立在面前，在四围，把这个山谷包围得像一口井。"

陆定一还写了下山的情形："下山十五里，也是很倾斜的。我们一口气儿跑下去，跑得真快。"在这段描写中我们还注意到一个细节，那就是："在每条溪流的旁边，有很多战士们用脸盆、饭盒子、茶缸煮粥吃。"陆定一说："这回翻山使部队开始养成一种新的习惯：那就是用脸盆、饭盒子、茶缸煮饭吃，煮东西吃。这种习惯一直保持了很久。"这就为我们解释了长征中战士的脸盆多重功用的由来。

凭着顽强的毅力和大无畏的精神，带着大批辎重的军委第二纵队终于征服了老山界。陆定一在文中自豪地说："不可逾越的老山界，被我们这样笨重的队伍所战胜了。""老山界是我们长征中所过的第一个难走的山……但是当我们走过了金沙江、大渡河、雪山草地之后，老山界的困难，比起这些地方来，已是微乎其微，不足道的了。"

78

学习战术　普及政策
红二方面军翻印的《红色战士读本》

汪洪斌

这本《红色战士读本》是1936年红二方面军第六军团政治部驻扎甘孜时，在物资极端匮乏的条件下用土办法印制、供红军将士学习的教材。读本尺寸为纵13.7厘米，横10厘米，60余页，极便于随身携带。因为买不到纸张，只好印在旧的藏文书背面。由于藏文书纸张既薄，且印有红色的藏文，于是在印刷战士读本时用了对比度较好的绿色油墨，但字迹仍显得不够清晰。

1936年6月底7月初，红二、六军团陆续齐集甘孜与红四方面军会师，进行了短暂的休整，之后，与红三十二军合编组成红二方面军。同期，为准备继续北上与党中央和红一方面军会合，红二方面军作了深入的思想动员，也开展了战略和战术方面的宣讲和学习工作，其中就包括《红色战士读本》的内容学习。《红色战士读本》为合订本，包括《对骑兵的战斗》和《番民的情况和党对番民的政策》两册。

《对骑兵的战斗》分为“骑兵有什么用处”“骑兵的战术”“骑兵有怎样的缺点”“步兵对付骑兵之四大原则”“行军时对骑兵的警戒配备”“驻止时间对骑兵的警戒配备”“对骑兵之战斗”“对敌骑兵的进攻”“缺乏武器之部队的防卫敌骑手段”“对付敌骑兵之政治工作”等10课，深入浅出地讲述了骑兵的作用、战术及其优缺点，指出了在各种不同情况下对付敌方骑兵的办法。在第一课“骑兵有什么用处”指出，“骑兵的主要任务是在作战地区担任长距离或短距离的警戒侦察和对敌人的骑兵作战”“骑兵的特性是运动迅速，除担任战役原勤务以外，还配合步兵或其他兵种，向敌人的步兵、炮兵以及辎重部分实行突然的袭击。特别是在比较平坦的地区上，骑兵可以发挥很大的价值”。第八课“对敌骑兵的进攻”强调，“对（敌）骑兵不但要消极的防御，而且要积极的进攻。这就首先要侦察敌情，大大利用夜间的活动，向敌人骑兵的驻营地点施行袭击。这时候主要的、首先要损害敌人的马匹，使敌人失其保护，以便取的（得）消灭敌人。当敌人骑兵部队行军时，可利用随路袭击之”。

为了更好地对付盘踞在青海、甘肃的西北军阀马步芳部和马步青部的以骑兵为主的马家军，奉朱德的指示来到红二方面军指导工作的刘伯承，也给红二方面军全体指战员作了关于运用骑兵防卫和进

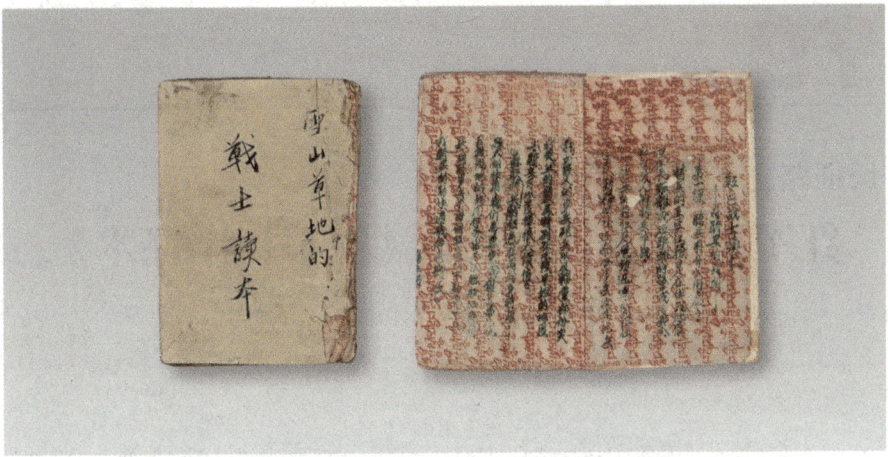

红二方面军翻印的《红色战士读本》

攻作战的战术报告会，并要求在部队中开设几次战术课，进行实际的演习。正因为红二方面军广大指战员有了对付敌人骑兵的精神准备和战术训练，所以在遭遇敌人骑兵的几次袭击中都没有太大损失。

另一册《番民的情况和党对番民的政策》，以“番民住在那（哪）些地区？”“番民靠什么生活？”“那（哪）些是番民的敌人？”“番民中有那些阶级”“番民的习惯和风俗”“我们对番民应当怎样”“波（博）巴人民共和国”和“共产党对番民政策”之一“土地问题”、之二“保护宗教提倡番文”、之三“武装番民”、之四“经济政策”、之五“番民中的政党问题”，合计12课，简明扼要地介绍了番民的政治、经济、文化现状，人民生活贫困的原因以及藏族的宗教信仰、风俗习惯等，还阐述了中国共产党对藏民的政策。

在红军途经的十多个少数民族地区中，在藏区停留时间最长，驻扎的地区最广，其中在川康藏区就停留达一年以上。当时，由于国民党军对红军的诬蔑，一些不明真相的藏民，将粮食和牛羊藏起来，人跑到山上躲起来，甚至组织武装袭击红军。正因为红军将士有了《番民的情况和党对番民的政策》这样的战士读本，较好了解和认知了藏族同胞的风俗和习惯，并认真贯彻执行党的民族政策，进入藏区后帮助困难藏族同胞，尊重藏族人民的宗教信仰、风俗习惯和使用自己民族文字的自由，保护他们的根本利益，才得以顺利通过藏族集聚区。

这本《红色战士读本》的最初主人是在红二方面军红军大学工作的周三秀。他得到《对骑兵的战斗》和《番民的情况和党对番民的政策》这两册读本后，就像珍爱自己的生命一样保存着它们，并在合订本的封面题写了“雪山草地的战士读本”。1937年6月，周三秀将它送给了同在红二方面军教导团工作的张堃生留作纪念。抗日战争中，周三秀在晋西北不幸牺牲，张堃生便将此书作为对战友的最好纪念物珍藏起来，直至捐赠给博物馆。

79

长征路上的读书声

红军总政治部编印的《红军识字课本》

汪洪斌

这本《红军识字课本》（第一册），是1934年3月由中国工农红军总政治部编印的，纵14厘米，横10.7厘米。

1944年10月30日，在延安窑洞的一场演讲中，毛泽东提出了建设有文化的军队的著名论断。他说：“没有文化的军队是愚蠢的军队，而愚蠢的军队是不能战胜敌人的。”可见，文化对于一支军队发展壮大有多么重要。即使红军长征路上，红军将士在战事频仍、艰险异常的情况下，依然努力寻找、创造一切机会和条件来开展生动活泼的文化宣传和教育普及工作，帮助提高军队的政治觉悟、军事素质和文化水平。

他们在罕见的困难条件下，边行军，边作战，边学习，边宣传，武装了自己，动员了群众。许多红军将士，就是靠这样的随军学习从一个贫苦人家的大字不识一个的孩子，成长为能文能武的党政干部。2006年，老红军夏精才回忆，他就是通过学习连队文书或指导员写的“后背书”而脱离文盲的。“后背书”就是把字写好，贴在队伍前面战士的背上，后面的人就通过看前面人的背，在行军途中完成读书识字。夏精才说：“我最早学会的，就是‘红’‘军’‘我’‘蒋介石’等字”，“走得太累，宿营大家都是倒地就睡。而行军时，由于太枯燥，学几个字，反而能减少困意”。就这样，在艰难的长征中，夏精才同时完成了另一个“长征”——他认了

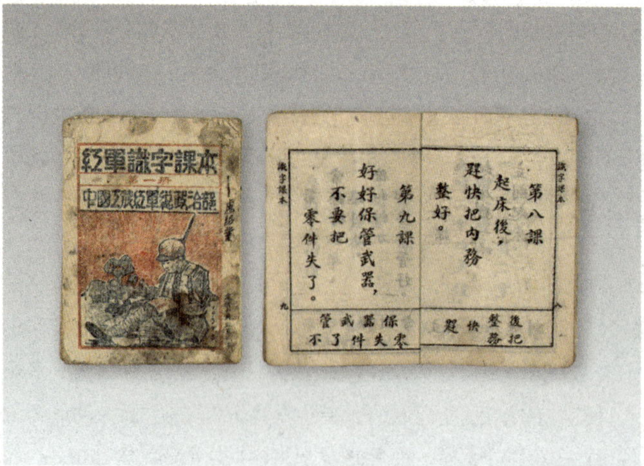

红军总政治部编印的《红军识字课本》

不少字，基本上脱离文盲。

在长征途中，刘伯承为督促周围战士加强学习，常说："小鬼，你是穷人出身，过去无法读书，红军部队就是你的家，你今后应该好好学习，才能更好地为人民服务。"每天行军前，他都要在勤务员手掌上写几个字，让其熟记于心，到宿营地后还要进行"考试"，检查学习效果。在这种精神的感召下，很多红军战士在行军途中也养成了勤于学习的习惯。

为使更多的人学习文化，红军各部队也尽其所能地创造条件，为大家读书识字提供方便。通常情况下，如果红军在一个地方驻扎时间较长，往往会设置一个供学习的"列宁室"。利用操练间隙，许多红军战士会在这里坚持上课和读书识字。为帮助战士们学习文化，红军还创造出很多学习方法。有的文化宣传员也会在前边战士的背包上挂一块小木板，上面写上几个字，供后面的战士学习；有的文艺工作人员甚至创作了顺口溜和快板诗来指导学习。日积月累，红军将士慢慢地认识和掌握了不少的字。有这样一段说唱真实反映了红军将士在长征路上的读书生活："天当教室地当纸，树枝石头当笔用，每天学习二三字，一年学会八九百，学好文化好当家。"

这本识字课本封面印有书名、编辑出版者、编印日期和定价。书的"定价一角，红军减半"，正文合计 47 页，49 课。每课上半部为简单的句子，下半部为生字或词汇表。第八课的上半部和下半部分别是："第八课　起床后，赶快把内务整好"。"后　把　整　务　赶快"。第九课的上半部为："第九课　好好保管武器，不要把零件失了。"《红军识字课本》，内容包括生活知识、军事知识、革命纪律、方针政策等。每篇课文只有一两句话，短小精练，语意晓畅明白。我们从中可以看出，他们还通过识字认字，将日常生活和培养军风军纪紧密结合起来了，譬如第十七课和第十八课的学习内容是："行军，走路，过岭，过山，要带水壶，要带午餐""包袱不要大，衣服宜少带，走路才轻快"。可以说，这既是一本不识字者学习的启蒙读本，更是一本对初参加红军的战士进行思想教育、军事教育的好读物。

红军将士英勇无畏的长征之路，同样是一场文化和智慧写就的精神远征。在敌人围追堵截、部队爬雪山过草地的艰苦战争环境下，红军将士依然坚持学习文化。多少年后，许多老红军在回忆长征，感慨跋涉艰辛、战斗残酷的同时，也为能在征途中学习知识、增加历练深感欣慰。

1975 年 11 月，在长征中历任红八军团野战医院政委、红一军团政治部巡视团巡视员、红一军团二师政治部巡视团主任、红一军团炮兵连指导员的翁祥初参观了中国革命历史博物馆（现中国国家博物馆）举办的"纪念中国工农红军长征胜利 40 周年展览"后，将他精心保存的《红军识字课本》捐赠给博物馆。

80

大渡河的战斗报道

红一方面军“坚”政治部出版的《战士》报第 184 期

汪洪斌

中国国家博物馆收藏有 1935 年 5 月 26 日，红一军团“坚”政治部出版的《战士》报第 184 期。该报 4 开 2 版，纵 23 厘米，横 32.5 厘米。“坚”是中央红军第一军团的代号。在这期《战士》报上，共有两篇文章报道了红一方面军强渡大渡河的情况。一篇是《向“牲部”全体指战员致敬礼》，一篇是《渡河前的胜利——“冲”部永远是模范》。其中，“牲”是红一军团第一师第一团的代号，“冲”是红一军团第一师第五团的代号。这两篇 81 年前的报道向我们描述了中国工农红军在长征中抢渡大渡河的真实场景，让我们看到了红军将士的英勇无畏和沉着果敢。

大渡河是岷江的一大支流，河宽 300 米，水深流急，两岸是险峻的群山，地势险要，大部队通过极其困难。1935 年 5 月上旬，红一方面军长征从云南省皎平渡巧渡金沙江后，沿会理至西昌大道继续北上，准备渡过大渡河进入川西北。蒋介石急令第二路军前线总指挥薛岳率主力北渡金沙江向四川省西昌进击；令川军第二十四军主力在泸定至富林（今汉源）沿大渡河左岸筑堡阻击；以第二十军主力及第二十一军一部向雅安、富林地区推进，加强大渡河以北的防御力量。他企图凭借大渡河天险南攻北堵，围歼红军队伍于大渡河以南地区。

《渡河前的胜利——“冲”部永远是模范》报道指出，“红一军团第一师第五团占领越秀县城后，发动了汉夷群众，在打刘家去的口号下，提高了群众斗争的热情，武装了群众”，“打破记录空前未有的强行军一天走一百六十里路，追击敌人”，很迅速地向大渡河前进，为大部队渡河作出了重要贡献。

1935 年 5 月 24 日晚，中央红军先头部队第一师第一团，赶到大渡河右岸的安顺场。这个地方由川军的两个连驻守，渡口有川军第二十四军第五旅第七团的 1 个营筑堡防守。当晚，红一团由团政治委员黎林率第二营到渡口下游佯攻，团长杨得志率第一营冒雨分三路隐蔽接近安顺场，突然发起攻击，经 20 多分钟战斗，击溃川军的两个连，占领安顺场，并在渡口附近找到 1 只木船。

5 月 25 日晨，中央红军先遣队司令员刘伯承、政治委员聂荣臻亲临前沿阵地，

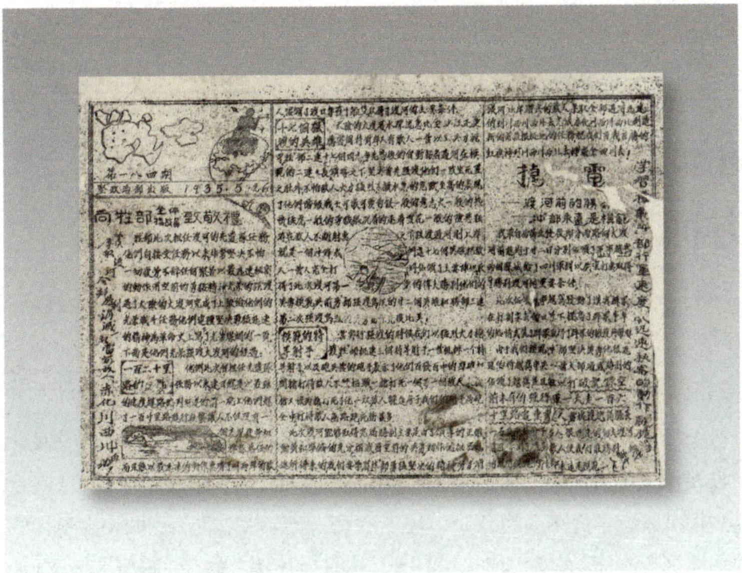

红一方面军“坚”政治部出版的《战士》报第184期

随即渡河战斗打响。《向“牲部”全体指战员致敬礼》记述了红一军团第一师第一团的渡河战斗情况。负责渡河的红一团第一营营长孙继先从第二连挑选了17名勇士组成渡河突击队，连长熊尚林任队长。7时强渡开始，岸上轻重武器同时开火，掩护突击队渡河，射手都“表示了他们百发百中的准确”。突击队冒着川军的密集枪弹和炮火，在激流中前进，并迅速登岸，还在右岸火力的支援下奋勇冲杀，击退川军的反扑，控制了渡口。

这篇通讯中，描述了红军将士勇猛奔袭、奋勇强渡的英雄气概和协同作战火力掩护的情景：“天险的大渡河，水深流急，比金沙江还更厉害，同时对岸又有敌人一营以上兵力扼守，‘牲’部二连十七个同志争先恐后的自动报名过河，在模范的二连连长领导之下，坚决首先强渡，他们一致生死置之肚（度），不怕敌人火力猛烈，不顾水急的危险，至高的表现了他们阶级战士可敬可爱的铁一般的意志，火一般的热情，猛虎一般的勇猛，很沉着的逐着雪花一般的险恶狂涛，在敌人的不断射击之下强渡过河，刚上岸就是一个冲锋，我们这十七个英雄，把敌人一营人完全打坍，占领了主要阵地，取得了此次渡河第一步的伟大胜利。他们的英勇模范，与前‘勇’部（红一军团第二师第四团的代号）强渡乌江的廿二个英雄和‘胜’部（红一军团第一师第三团的代号）三连第二次强渡乌江的英勇动作先后比（媲）美。”

红军强渡大渡河，见证了蒋介石“预言”的破灭，也给沿路群众极大鼓舞，对红一方面军实现北上抗日战略转移意义重大。当时，不少当地人感叹，“红军是有神仙相助的”。

这张在渡河第二天出版的《战士》报，及时报道了战斗情况，不但鼓舞了战士们的士气，宣传了红军战士不怕牺牲的英雄精神，也使得很多当地青年因为看到报道消息而参加红军，走上了革命道路。

81

长征豪情小报传

红四方面军红九军编印的《不胜不休》小报

何志文

长征路上，有一批红色报纸在宣传党和红军的政策、鼓舞士气等方面，发挥了重要的作用。这些报纸既有中央苏区的机关报，也有中央军委总政治部和各军团政治部所办的机关报，其中较有代表性的报纸有《红色中华》《红星》《战士》和《不胜不休》等。这些报纸为长征中的红军战士指明了前进的方向，因而被称为长征途中的“红色号角”。在这里，我们介绍一下中国国家博物馆馆藏的《不胜不休》小报第十期。

根据档案记载，这张报纸是中央革命博物馆筹备处（现中国国家博物馆）向全国广泛征集革命文物时，由四川大学博物馆于1953年所拨交的。该报纸为纸质，油印，纵38厘米，横57厘米。由于保存得较好，虽然用纸较为粗糙，且离其发行的时间已有80年之久，但这张小报上的内容还可以清楚地解读。

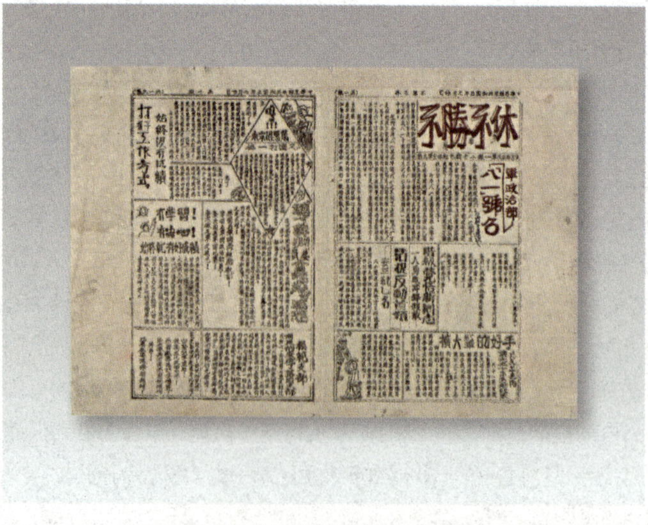
不勝不休
軍政治部

红四方面军红九军编印的《不胜不休》小报

这张小报是中国工农红军三大主力部队之一的红四方面军下辖的红九军所编印的。1935年3月底，为策应中央红军长征，中国工农红军第四方面军离开川陕革命根据地，强渡嘉陵江，踏上了漫漫长征路。长征途中，红四方面军非常重视政治宣传和思想教育工作，克服重重困难出版了多种小报，以刊登时事报道，发表重要消息，宣传党和红军的各项政策等。其中，第九军政治部出版的机关报

《不胜不休》，就是红四方面军编印的重要报纸之一。

小报的名称《不胜不休》，还有一段来历。1934 年 11 月初，红四方面军在川陕苏区通江毛浴镇召开政治工作会议，确定以“智勇坚定、排难创新、团结奋斗、不胜不休”16 字为红四方面军训词。为使广大指战员深刻理解这段训词，红四方面军专门印发了一个说明。其中“不胜不休”指的是不消灭刘湘等军阀，不赤化全四川，不实现苏维埃新中国，不打倒帝国主义，就誓不罢休的意思。小报取“不胜不休”四个字作为报名，反映了红四方面军的红军将士要将革命进行到底的坚定信念。

这张小报发行时间是“中华苏维埃共和国五年七月廿二日”（即 1935 年 7 月 20 日），单面印刷，报头是“不胜不休第拾期”，其中“第拾期”三个字比较小。报头下面署有“红九军全体红色战士小报——军政治部出版”字样，表明这份报纸的编印发行者是红九军政治部。

这一期的《不胜不休》小报共登载了《军政治部“八一”号召》《阶级觉悟新同志　一人勇敢冲锋杀敌　活捉反动首领——安三老爷乙名》《扩大红军的好手　几天工夫内扩大五十多名新红军》《打摆子工作方式始终没有成绩》等 8 篇文章，有宣传党和红军方针政策的，有赞扬扩红工作取得成绩的，也有批评工作方式不对的，可以说比较全面地反映了长征途中红九军将士们学习生活和战斗的情况。

从报纸登载的内容可以看出，自 1935 年 6 月红一方面军和红四方面军在四川懋功地区会师后，红军面临的最大威胁，是集结在松潘地区的国民党胡宗南部队，如在《军政治部“八一”号召》一文中，提出了“消灭胡宗南！活捉胡宗南！缴光胡宗南自动步枪赤化川陕甘！誓死消灭蒋介石，驱逐帝国主义出中国！”等口号。另一篇文章《哼！万恶胡宗南又遭打一棒》里报道了红军北路军一部在猫儿盖（毛儿盖）消灭了胡宗南的一营队伍，缴获了大批武器装备的战斗情况，同时还号召大家起来竞赛消灭敌人。

除了打击胡宗南部队，红军的另一大任务就是扩红。这期《不胜不休》上有两篇文章提到了扩红工作。《扩大红军的好手　几天工夫内扩大五十多名新红军》一文，赞扬八十一团采取灵活方式方法，到农村到深山中积极宣传，取得了扩大红军 50 多名的好成绩。而在《打摆子工作方式始终没有成绩》一文中，则指出“七六团政治工作始终做得没有成绩，特别是扩大红军工作最落后”，扩充的两个红军“一个是小娃，一个是阶级异己分子”，批评了他们“一冷一热的扩大红军工作方式”。

此外，我们从报纸中可以看出，即使在艰苦的长征路上，红九军也非常重视提高战士们的文化政治水平，《有学习！有决心！始终就有好成绩》一文号召大家加紧识字运动，要“学习教导队识字模范”“坚决要与不爱学习的倾向斗争”。

82

黄镇画笔绘长征

1938年上海风雨书屋藏版的《西行漫画》

汪洪斌

这本《西行漫画》是1938年上海风雨书屋出版的，32开，铜版纸，封面选用了“第五军团长董振堂同志”画像，左侧印有书名，共收录了25幅长征绘画作品。出版时作者写的是萧华，但后来经证实画作的实际作者为黄镇。

黄镇1909年出生于安徽省桐城市，曾用名黄士元。1925年入上海美术专科学校和上海新华艺术大学学习，毕业后任浮山公学（今浮山中学）美术教员，后因支持进步学生运动而被解职，经友人介绍至冯玉祥部队当文书。1931年参加宁都起义，随着第二十六路军加入中国工农红军。1932年加入中国共产党。1934年参加红一方面军长征，曾任红五军团政治部宣传科长、中央革命军事委员会总政治部直属队宣传科长。

在长征途中，黄镇经常被众多难忘场面、动人事迹、英雄壮举所触动，便拿起笔、墨，一路走，一路画。尽管当时作画的条件非常差，一块完整的较好的纸张都不容易找到，但仍然阻止不了他的创作激情。黄镇后来回忆自己在长征途中画画的情景时说：“那时铅笔很难找到，墨也得来不易，我们就把锅灰刮下来，烟筒里的灰捅下来做成墨。……我身上总还要存几枝（支）笔，铅笔、毛笔都有，用来画速写，画漫画。这些笔，有的是从小商那里买来的，有的是从地主老财家拿的，也有是战友送的。每到一处，我总忘不了寻找笔墨。我画画的纸也是五花八门，是些红红绿绿、大大小小不等的杂色纸。这些纸有的是同志们的赠予，有的是从打土豪中得来，有的是从敌军中缴获，还有老百姓祭神祭祖的黄表纸、写春联的大红纸”。

据黄镇回忆，红军长征二万五千里，他整整画了一路，大概有四五百张之多。但是大多数作品都在战火纷飞的岁月里丢失了，仅有《西行漫画》中的25幅画作因为被人摄成照片流传下来。

黄镇在漫漫途程中，看到什么就画什么，真实地反映了长征中的战斗和生活场景。他画了林伯渠老人的马灯一直在长征路上闪亮；画了红军经过川滇边界的时候，一个干人家里十五六岁女孩赤身裸体的悲惨景象；画了他亲临飞夺泸定桥的场面；画了大渡河的汹涌，十三根铁索的险峻和二十二名勇士身上燃起的烈火；他还画了青藏高原上深山老林的夜宿。他

1938年上海风雨书屋藏版的《西行漫画》

说：“那种砭人肌骨的寒冷，战士们深夜的谈话，古老森林里不可捉摸的声音，都使我要画下这种气氛；还有草地宿营的篝火，行军的行列，都会自动走到我的笔下来。”这些画作中虽然反映的是艰难困苦的内容，但画面中却洋溢着一种革命乐观主义的精神和战胜一切困难的大无畏的勇气。

中国国家博物馆藏《西行漫画》是1938年上海风雨书屋藏版的500本精装本之一。解放后出版的《长征画集》则由于未选“草叶代烟（二）”这幅作品，所以只有24幅画作。由于黄镇的25幅作品被人拍成了照片，画作本身并未署名，所以当1938年由萧华派人将他送交给在上海从事救亡文艺活动的阿英（钱杏邨）时，画作的作者就被误认为萧华（直至1961年，才弄清楚作者是黄镇）。10月5日，阿英以登载书讯的方式，遴选7幅首先在《大美画报》第二卷第一期公开发表，并撰写《西行漫画题记》：“虽只足二十五点的漫画，却充分的表白了中华民族性的伟大、坚实，以及作为民族自己的艺术，在斗争与苦难之中在开始生长。”10月15日，上海风雨书屋藏版《西行漫画》正式出版，署名萧华。因为美国记者埃德加·斯诺的《西行漫记》中译本开始发行，书中有关于长征的专章，尤其是考虑到所处环境不宜直接用“二万五千里”“红军长征”一类的字样，该书采用《西行漫画》作为书名。

1958年《西行漫画》再版时，因已知道不是萧华所作，所以没有署作者姓名。1962年人民美术出版社首度署名“黄镇”并配发“作者小传”，书名也由作者本人改定为《长征画集》。

黄镇的这些画作，是伟大长征的片断记录，是真实的革命史料，也是珍贵的艺术品。尽管作品完成颇为仓促，画面略显粗糙，但是仍不乏有打动人心的精神力量充沛于这些简单的勾绘和平实的记述之中。《西行漫画》是迄今发现的唯一一部长征亲历者以绘画形式反映中国工农红军长征史原貌的作品集，是红军长征的重要历史见证。

83

闯走西北　报道长征
《大公报》记者范长江著《中国的西北角》

汪洪斌

《中国的西北角》于1936年由天津大公报馆出版，是一部脍炙人口的西北采访报道通讯集，书中有多篇文章记述了红军和长征的真实情况，对于增进人们对红军的了解、攻破蒋介石的反动宣传起了极为重要的作用。

作者范长江赴西北采访时只有26岁。他为深入了解中央红军（即红一方面军）离开中央苏区转移北上对整个中国局势的影响，契合《大公报》“西北开发”理念，于1935年7月14日从四川省成都市出发，沿着红军长征的部分路线，翻越了“行数步便会喘气不止”、海拔5000多米的皑皑雪山，穿过“人迹罕至”的莽莽森林，通过了“时有土匪杀人越货的”的少数民族地区，历时10个月，对川西北、陕西、甘肃、青海、内蒙等广大地区进行了旅行采访，获得了大量第一手资料，撰写成旅行游记陆续在天津《大公报》上发表。

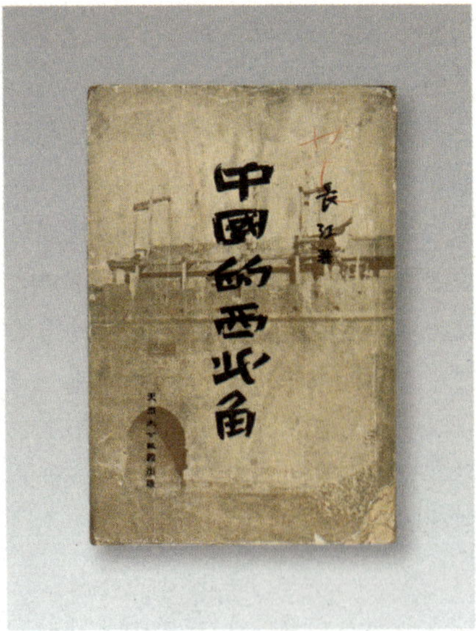

《大公报》记者范长江著《中国的西北角》

1935年9月4日，范长江在甘肃省兰州市赶写了西北之行的第一篇报道——《岷山南北剿匪军事之现势》，于9月13日、14日发表于天津《大公报》。范长江在文中对红军长征的背景、岷山南北的军事地理、红军长征的动向、国民党军队的战略防御部署等进行了客观叙述。他写道：“记者七月十四日由成都出发，经江油、平武、松潘、南坪、西固、岷县、洮州、拉卜楞（夏河）、临夏各地，九月二日到达兰州，历时五十日，所经皆军事要地，特将目前剿匪中心区域——岷山南北之军事现势，择要以告读者”，“他们（指红军）最有利的出路，是北入甘肃。即以甘肃西南境之夏河、洮州、岷县、西固为目标，进入洮河与大夏河流域。此一带有丰富的粮食，充足的壮丁及衣服布匹皮毛等物质，可以大加补充，然后或转陇南出陇东，会合徐海东，更北接通陕北刘志丹，进入宁夏及陇西甘凉肃一带，或即由洮河与大夏河流域过黄河经青海东部，直上甘凉肃。此地北通外蒙，西通新疆，更因雪山之灌溉，农业异常丰美。如得此地为根据，苏俄接济可以源源而来，封锁政策将失其作用。”

继《岷山南北剿匪军事之现势》这篇文章后，范长江在9月18日又写完长篇通讯《成兰纪行》，记述了他从成都到兰州，历时50天、跋涉3000里的见闻，包括关于红四方面军突破嘉陵江后占领中坝、平武及围攻江油县城等情况的内容，“涪江沿河两岸，皆筑有‘自欺欺人’的防御工事。所以徐向前突破嘉陵江后，很容易渡过涪江，进入江油中坝”，“隔江油十余里处东山上，即发现徐向前围江油时所筑之环山大堡寨。要路口层层障碍，随山路之曲折，于射击点上节节作成土垒”。

从9月下旬到12月中旬，他继续写出和公开发表了《徐海东果为肖克第二乎？》《陕北甘东边境上》《毛泽东过甘入陕之经过》《陕北共魁刘志丹的生平》《从瑞金到陕边——一个流浪青年的自述》《松潘战争之前后》等通讯。范长江在这些文章中记述了毛泽东率领红军长征后到达陕北，与刘志丹的会合，以及彭德怀对蒋介石追兵的猛烈反击等事实，从而揭示出红军能在陕北立足的重要原因，并评述：“两种势力无处不在斗争中，不过，对实际问题有解决办法者，终归是最后胜利者”。

在《从瑞金到陕边——一个流浪青年的自述》通讯中，范长江记录了一位红军学校战士讲述的长征途中曲折艰辛历程，叙说了中央红军巧渡金沙江，通过彝族区，强渡大渡河，夺取泸定桥，过雪山草地等经过。他写道：“草地里常常有河，须要徒步涉过，往往有深至二三尺者，水冷如冰，往往有人渡至中流，即因肢体僵直，倒于水中而死。……此时，诚有呼天天不应、扣地地不灵之苦味也。”

范长江借助《大公报》追逐报道长征中的红军，写的通讯真实生动，分析问题鞭辟入里，立场客观，备受读者重视。周恩来都曾称赞说：“我们惊异你对我们行动的研究和分析。”

1936年8月，《大公报》将范长江采写的部分通讯结集成册出版，定名为《中国的西北角》。这部书出版不到一个月就被抢购一空，紧接着于9月、10月、11月发行第二、三、四版，到1937年6月已印到第八版，被认为是和埃德加·斯诺的《西行漫记》一样“震撼全国的杰作”。

中国国家博物馆藏《中国的西北角》，为1937年6月印行的第八版。书前有“岷山原始森林中之记者”照片和“记者所经路线全图”。全书354页，分为5篇，共64小节。封底有天津大公报馆的出版标记，圆形，“大”与“公”字相交相融，隐隐约约，也很有图案感。书的封面为嘉峪关虚影照片和梁津先生题写的“中国的西北角”。

84

党内最早的长征书

廉臣（陈云）著《从东南到西北》

汪洪斌

1936年3月，在中国共产党主办的巴黎《全民月刊》杂志上连载了《随军西行见闻录》，作者署名“廉臣”，并注明“廿四年八月于沪滨”，意即1935年8月写于上海。作者自称是一名国民党军医，被红军俘虏后跟随红军一起长征。文中讲述了许多鲜为人知的中国工农红军长征的情况。1936年7月，《随军西行见闻录》在莫斯科出版了单行本，后于1937年4月被作为附录，收入上海丁丑编译社在北平秘密出版发行的《外国记者西北印象记》一书，并多次以不同的书名再版印行。这本由明月出版社1938年1月出版的《从东南到西北》，即是《随军西行见闻录》的易名版本。

廉臣（陈云）著《从东南到西北》

《随军西行见闻录》文笔优美、情节感人，描述了中央红军自江西省出发历时8个月、途经6省、行程12000里的传奇经历，发表后引起了人们的极大兴趣，在国统区产生了很大的影响。

对作者“廉臣”究竟是谁，往日一直没有明确的答案。直至1985年1月，纪念遵义会议召开50周年时，《红旗》杂志全文刊登了这篇文章，“廉臣”的真实身份才大白于天下，原来“廉臣”即为陈云。1934年10月长征开始后，他随红五军团一起长征。在到达四川省西部的天全县后，1935年6月上旬，陈云作为中央代表，奉命离开长征队伍，转道去上海，去恢复白区党组织以及中共与共产国际的关系。因事关核心机密，知情者极少。7月下旬，中共驻共产国际代表团鉴于上海地下党组织遭到严重破坏的情况，指示陈云及在上海的一些重要领导人前往苏联。陈云于9月下旬到达莫斯科。在莫斯科，陈云向共产国际详细汇报了中国共产党、中央红军主力战略大转移和遵义会议的情况。

在上海寻找地下党关系和等候去苏联的一个多月里，陈云开始撰写《随军西行见闻录》。当时并没有写完，后来在莫斯科完成，全文共约 4.5 万字。

在《随军西行见闻录》中，陈云通过精巧的构思，以一个被红军俘虏的国民党军医之口，运用苏州评弹说书手法，将长征中惊心动魄的故事、红军将士的革命英雄主义情怀描绘得栩栩如生。他写道：“老山界这个山高得非常使人发急，到了一个山顶，见前面只有一个高峰了，不料上了那个高峰，前面还有一个高峰。这样一个又一个地爬着高山，大家不停喘气和汗流浃背”。他还分析，红军之所以能够翻越这样的高山，是因为“赤军上至首领下至兵伕具有刻苦耐劳与其他各种优点，而这些都为国军所不及者”。在叙述中，他也有意对国共两党进行对比，来向世人展示中国共产党和人民军队严守纪律、信仰坚定、不畏艰险的形象。

《随军西行见闻录》最早向世人介绍毛泽东、朱德等中共领导人。书中说：“赤军中最高人物如朱、毛、林、彭及共党中央局等赤区要人，亦曾屡为诊病。这些名闻全国的赤色要人，我初以为凶暴异常，岂知一见之后，大出意外。毛泽东似乎一介书生，常衣灰布学生装，暇时手执唐诗，极善词令。我为之诊病时，招待极谦。朱德则一望而知为武人，年将五十，身衣灰布军装，虽患疟疾，但仍力疾办公，状甚忙碌。我人室为之诊病时，仍在执笔批阅军报。见我到，方搁笔。人亦和气，且言谈间毫无傲慢。”

陈云在文中也介绍了中央红军突破国民党四道封锁线的情况，称红军“一出此四道封锁线，如虎出柙，可以东奔西突矣”，“南京政府蒋委员长几年来碉堡政策与剿共军事，全部付之东流矣”。陈云在文中还分析了红军之所以能突破重围的原因，“不仅在于有军事力量，而且在于深得民心”。他说：“赤军之所以能得民心者，不仅在于乡村农民拥护赤军‘打土豪，分土地’、‘没收土豪劣绅的谷米分给农民’之宣传和行动，而且在于军队有纪律”。“共党分子如此埋头苦干，而返视国民党员，则徒争名利，何曾见一个在东三省日本势力下埋头苦干的人？我深感共党自有其社会上根深蒂固之潜势力，剿共与消灭共党决难成功也。”

陈云是长征的参与者、亲历者和见证者，他所撰写的《随军西行见闻录》比 1937 年 10 月出版的埃德加·斯诺著《西行漫记》英文初版《红星照耀中国》早面世一年多，比 1936 年 11 月瑞士传教士勃沙特著《神灵之手》面世早近半年，可称最早比较全面地把中国工农红军长征的事迹向世界人民宣传的书籍。

由于《随军西行见闻录》具有丰富的史料价值，文字又引人入胜，出版后很受读者欢迎，曾经多次更名再版。如上海生活书店 1938 年 3 月出版《随军西征记》、大文出版社 1939 年 1 月出版《长征两面写》、上海群众图书公司 1949 年 6 月出版《红军长征随军见闻录》，包括这本由上海明月出版社出版的《从东南到西北》，它们都是《随军西行见闻录》的易名版本。它 32 开，62 页，编者为了吸引读者，还自拟了“做了红军的俘虏”等 20 个小标题。

85

国统区宣传红军长征的一篇力作

幽谷（董健吾）著《红军二万五千里西引记》

汪洪斌

1937年7月5日和20日，在上海出版的《逸经》杂志第33期、第34期上连载了一篇《红军二万五千里西引记》的文章，作者署名幽谷。这篇文章从1934年中央苏区第五次反“围剿”写起，叙述红军决定实行战略转移的决策过程，以后按照时间顺序，讲述了红一方面军（即中央红军）长征中经历的主要战斗事件及行军路线，如突破湘江封锁线，十八勇士强渡乌江，红一、红四方面军懋功会师，爬雪山过草地，攻克腊子口，最后以吴起镇红一方面军与陕北红军会师，胜利完成长征而结束。

作者还在文中穿插了不少在行军中发生的感人故事。1935年5月8日，红军由云南省向四川省会理行军途中，爬过一座“火焰山”（今云南省武定县境内之台山）。文章写道：“山上的羊肠小道，千转万曲，已属难行。加以整个山上没有一点水，没有一株树，也没有一点风，在五月热烈的阳光中上坡下坡，其困难远甚于经过北方的沙漠。那时幸有几十个‘老百姓’：将一桶桶水顶在头上，送上山坡，他们靠卖水发了一笔千载难逢的小财。这批爬荒山的行旅，确喝了一笔续命的水。过了这四十余里的山路，已经入夜。下山的时候就与刘元璋的部队作战，占领了通安的街道。”再如7月初，在从卓克基翻雪山向毛儿盖进军途中，红一军团第二师第六团走左路，遇到极彪悍的藏民骑兵横加拦阻，不得不折回右路过一个离芦花80里、马河坝20里的村庄，因粮秣断绝四日陷入绝境，冻饿而死者达三分之一。红军主力得到第六团求援电报后，“立刻筹集大批粮食，猪肉牛羊等，派输送队兼程赴援。该队即由芦花出发，走了一天一夜泥泞崎岖的山路，搜索前进，才找到了待援的孤军。这些僵卧在冰雪地中的红军，

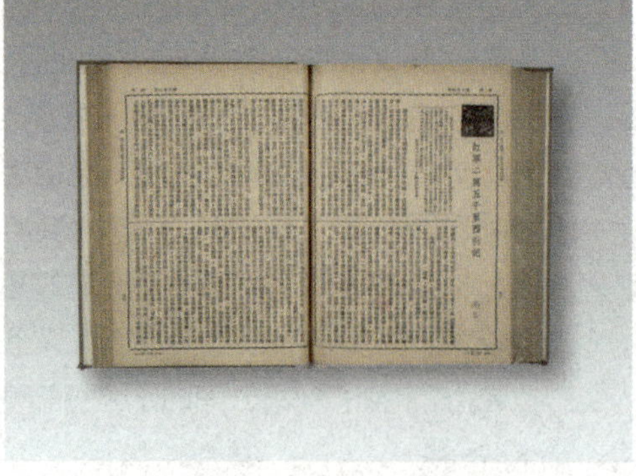

幽谷（董健吾）著《红军二万五千里西引记》

闻救星到，都跳跃起来，欢迎他们的救星，述说他们的经过情形。他们得到了精神上和物质上的兴奋，寒冷不怕了，爬山也有劲了。这班输送队就做了他们的向导，领他们与主力会合，好像领了一群迷失的羊归到羊圈”。

“红军”二字的公开出现，大胆刊出了“毛泽东像”及“二万五千里西引经过路线图”“红军在江西所发建设公债券之一”和“红军第一军团西引中经过地点及里程一览表”，这些信息冲破了国民党当局的新闻封锁，将中国共产党和红军传奇般的英雄事迹传播开来，引起了广大读者和文化界进步人士的关注。半个月后，由开明书店发行，夏丏尊、叶圣陶主编的大型综合性刊物《月报》第1卷第7期（1937年7月15日出版）转载了这篇文章，并改名为《二万五千里西行记》。但这部著作也触怒了国民党当局，他们暴跳如雷，要兴师问罪，追查作者是谁。幸好国民党中宣部部长邵力子与《逸经》杂志社社长简又文关系密切，不愿扩大事态，认定该文意在留存史料，无其他用意，便依例用公函通知：此后发表文章，务望审慎。一场风波，始得平息。

目前已基本确认“幽谷”是“幽国”的谐音，即中共地下党员董健吾的化名。他的公开身份是牧师，曾肩负秘密信使的重任往返肤施（今延安）和西安、上海，也奉命秘密护送美国记者埃德加·斯诺前往陕北苏区。正是由于董健吾的特殊身份，使他有条件听到和收集一些有关红军长征的消息、事迹。1937年年初，他在与潘汉年会见时提出要写一篇红军长征纪实的文章，潘汉年后来给他弄到了一些有关长征的重要资料。经考证，《红军二万五千里西引记》其中许多生动情节直接引用了《红军长征记》（1942年11月在延安排版印刷以前的名称叫《二万五千里》）。如强渡乌江，素材来自刘亚楼的《渡乌江》；红军痛饮茅台酒的趣闻，引自熊伯涛的《茅台酒》；红军在草地断粮，引自舒同的《芦花运粮》等；所附的《红军第一军团西引中经过地点及里程一览表》也与《红军长征记》书稿后的附表一致。应该说，董健吾极有可能就是利用《红军长征记》等资料，约于1937年5月16日前后改编完成“红军二万五千里西引记”，使得红一方面军长征胜利的全过程大白于天下。董健吾在序言中也说：“余既非参与其役，又未列于追剿，何能言之凿凿，一若亲历其境者？盖于双方对峙之营垒中均有余之好友，各以其所知者尽述于余。余乃考其异同，辨其虚实，然后以其可言者言之，以其可记者记之，而成此篇。”

《红军二万五千里西引记》篇幅不长，战斗过程的叙述简要、精练，时间、地点都交代得准确清楚。尽管由于为了能够通过当局的新闻检查，在措辞语气上进行了一番伪装，但是仍旧起到了在国统区宣传红军长征胜利的极不寻常意义。因其发表时间早、传播广泛，隐晦地呈现了《红军长征记》的精彩篇章，为宣扬红军长征的英雄业绩，在国统区人民心中树立中国共产党人的光辉形象起了应有的作用。

86

红星头上戴 执笔记征程
毛泽东接受斯诺采访时戴过的八角帽

谭天

中国人民的朋友埃德加·斯诺，身为作家和新闻记者，于20世纪20年代末至40年代初在中国度过了13年的光阴，此后数十年间又屡次来华。他撰写了大量文章和著作，并且大多以中国共产党和中国革命为题材。可以说，斯诺的一生始终与中国紧密地联系在一起。

斯诺拍摄的毛泽东在陕北照

而他与中国的这种不解之缘，却可以追溯到一顶八角帽。

1936年，美国新闻记者埃德加·斯诺冒着生命危险，突破国民党反动派的重重封锁，秘密地进入了陕北革命根据地，开展采访活动。周恩来亲自为他设计行程，红军还特地赠送给他一套灰色棉布军装和一顶红军八角帽。八角帽又称红军帽，帽瓦前高后低，呈八角形，有帽檐，正前缀有五角星。此后，斯诺就穿着这套红军服装，从同年7月开始，在陕北革命根据地进行了四个月的采访，记满了十多个笔记本，拍摄了数十卷胶片。其中最珍贵的照片之一当属毛泽东在陕北头戴八角帽的照片。

有一天，斯诺采访毛泽东时，看到毛泽东神采奕奕地站在窑洞前，就想为他拍一张照片。当时毛泽东穿着很随意，没有戴帽子。斯诺为了感觉正式些，拍摄一张神气的、“官方的”相片，就请求毛泽东戴上军帽。毛泽东说：“我的军帽多日不戴，不知放到哪里去了。”站在一旁的外国友人马海德顺势摘下了斯诺的八角帽，给毛泽东戴上。于是，斯诺抓住机会迅速按下快门，记录下这一珍贵瞬间。照片上的毛泽东显得年轻、潇洒、沉着而睿智。拍摄完成后，毛泽东又将

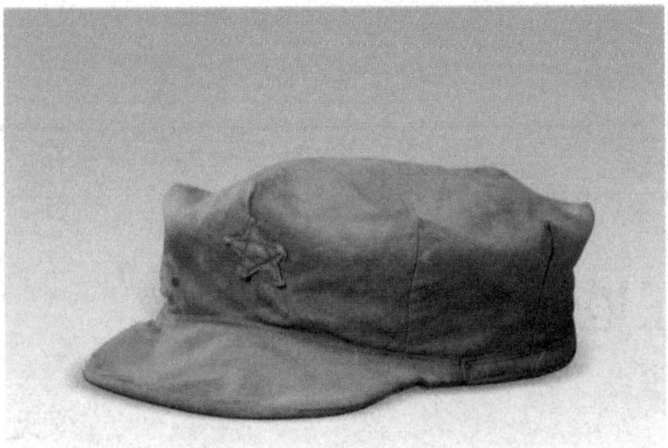

毛泽东在陕北接受斯诺采访时戴过的八角帽

帽子还给了斯诺。据马海德回忆，斯诺是当时唯一能让年轻的主席戴帽子的人。

毛泽东这张侧面戴八角帽的相片，是斯诺当时拍下的最好的照片之一，这是斯诺事先未曾想到的。1936 年 11 月 14 日，这张肖像摄影艺术杰作首次刊登在上海的英文报纸《密勒氏评论报》上，很快流传于海内外。

在随后的几十年里，斯诺一直珍存着他为毛泽东拍摄的这张全副戎装的照片和红军发给他的那顶八角帽。第二次世界大战后，斯诺因为始终同情和支持中国革命，所以在美国受到麦卡锡主义的迫害，美国联邦调查局把他看作危险分子，不允许报刊发表他的文章。1959 年，斯诺不得不举家离开美国，迁居瑞士。安定下来以后，他为那顶珍贵的八角帽特别制作了一个十分精致的帽盒。此帽盒用贵重的红木制成，呈正方形，边长 32 厘米，高 10 厘米。盒内衬有一层紫红色的丝绒，其上有一个钢质帽托。帽盒的盖子分为两层，抽掉外面一层木盖后，里面还有一层玻璃制成的内盖，保护着帽子。隔着内盖可以清楚地看到八角帽。

这个精心制作的盒子寄托了斯诺对陕北采访岁月的回忆和怀念，他对这顶毛泽东曾经带过的八角帽无比珍惜。正如他在结束采访、离开陕北时所表述的那样："我心里很难过。我觉得我不是在回家，而是在离家。"在弥留之际，他在病床上用生命的最后力量，面对中国派遣的以马海德医生为首的医疗小组，深情地说："我热爱中国！"

1972 年 2 月 15 日，斯诺与世长辞。斯诺夫人罗伊斯·惠勒·斯诺与子女认真讨论了这顶八角帽的归属。最后的决定是把它回赠给中国，因为"它在主席头上戴过几分钟，又在埃德加同长征战士在一起的几个月里被他自己用过。……这帽子是他们父亲的一部分，是他经历过的中国革命的一部分。……它属于中国人民……帽子原来的主人会同意我们把它送回新中国"。1975 年，斯诺夫人应邀访问中国，亲手将这顶八角帽交给斯诺的生前好友邓颖超，并通过邓颖超把它赠送给了中国革命历史博物馆，即如今的中国国家博物馆。

斯诺拍摄的这张毛泽东在陕北戴八角帽的照片，让世人第一次目睹了中国工农红军领袖毛泽东的形象，"它在报刊上一发表，就吓坏了蒋介石，轰动了全世界"。八角帽上的红星映衬着毛泽东睿智的脸庞，象征着红军长征已经取得胜利，中国革命还有着更光辉的前景。

87

向世界介绍红色中国
首版《红星照耀中国》

谭天

1935年10月，毛泽东率领的中国工农红军在极端艰险的条件下，克服重重险阻，终于胜利完成了长征。不过，国民党却竭力封锁红军胜利到达陕北的消息，制造谣言，歪曲事实真相，致使国内外很多新闻媒体上都出现了关于中国共产党的各式各样的错误报道。

美国新闻记者埃德加·斯诺决心打破对中国共产党的新闻封锁。1936年7月，他心怀着很多尚未解答的疑惑，到达延安，以公正的态度、求实的精神，了解红军长征、党政机关、经济、文化、教育、宣传、军事训练、武器装备、战术、妇女和少先队等各方面的情况，同共产党领袖、红军指战员、工人、农民和知识分子做了无数次谈话，还参观了红军大学，观看了根据地百姓排演的剧目。

1936年10月，斯诺回到北平的居所，以最快的速度撰写出一篇又一篇关于陕北革命根据地的报道，发送给英国

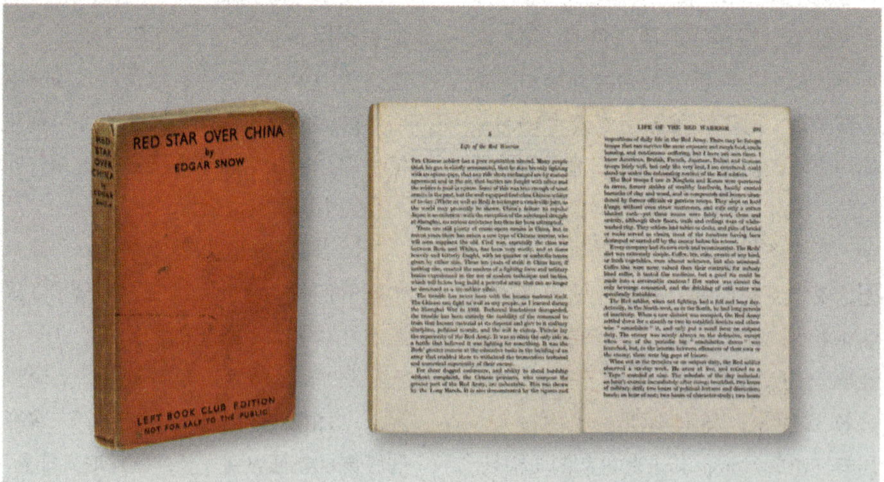

埃德加·斯诺著、首版《红星照耀中国》

的《每日先驱报》和美国的《星期六晚邮报》等数家有影响力的报刊，轰动一时。1937 年卢沟桥事变前夕，他完成了最后一篇报道的写作，将全部报道汇集成册寄给了英国的维克多·戈兰茨。

戈兰茨是社会主义者、群众运动的组织家，也是精明的书商。他创办了以自己名字命名的出版公司，还于左翼思潮和运动活跃的 20 世纪 30 年代成立了左翼读书俱乐部。俱乐部的核心机构是三人选书委员会，负责遴选和审阅书稿，然后交给维克多·戈兰茨公司出版。这些左翼书籍会以相对低廉的价格发售给遍布全英国甚至其他国家的基层学习小组里的会员。

1937 年 10 月，《红星照耀中国》入选俱乐部的“每月一书”，成为最流行的月选书籍之一。在面向俱乐部会员发售的同时，维克多·戈兰茨公司也将此书公开销售。到同年 11 月，此书已经发行了五版，迅速成为世界性的畅销书。

《红星照耀中国》产生了巨大影响。此书第一次将中国陕北革命根据地的真实情况和红军将士的英勇形象展现在世界面前。书中的两个篇章——《一个共产党员的由来》和《长征》，更是让毛泽东的革命经历以及长征的经过和胜利的消息为世人所知，使中国共产党领袖亮相于国际政治舞台，引起了西方的关注，改变了世界对中国革命斗争的看法。特别是《长征》一篇，向世人描述了在遵义会议确立以毛泽东为核心的新的中央正确领导下，红军强渡大渡河、过大草地、胜利会师西北的可歌可泣的壮举。

英文版《红星照耀中国》后来译为了中、法、德、俄、意、希伯来、塞尔维亚等数十种文字出版。中国国家博物馆对这些版本也多有收藏。其中最为珍贵的，当属 1937 年 10 月维克多·戈兰茨公司面向左翼读书俱乐部会员发售的版本。该版采用柔软橘红色封皮，除装帧和纸张材质外，内容与公开销售的版本一模一样，也被称为“左翼读书俱乐部版”，是最早的版本。由于它只对俱乐部会员发售，印刷数量比较少，因而更显珍贵。

中国国家博物馆收藏的这本首版《红星照耀中国》是加拿大文明博物馆前馆长维克多·拉比诺维奇于 1974 年在英格兰生活时发现的，并一直被其收藏在家中。2012 年 4 月 5 日，加拿大驻华大使马大维先生来到中国国家博物馆，转交了拉比诺维奇博士捐赠的这本《红星照耀中国》。此书封皮略有褪色，边缘轻微磨损，书脊折痕较明显，一看便知是被屡次翻阅之故，可见其备受关注的程度。

另外，值得一提的是，在得到斯诺的同意后，漂泊在上海租界内的一批抗日救亡人士，以“复社”的名义，集体翻译，于 1938 年 2 月 10 日出版发行了《红星照耀中国》的中译本。由于当时所处的环境，中译本采用了《西行漫记》这个名字作为掩护。它虽然是依据维克多·戈兰茨公司的英文初版翻译，但是斯诺做了部分修改，使一些细节与初版不同，而且省略了关于共产国际的李德的章节。但无论如何，“《西行漫记》出版，有如黑夜中的一盏明灯，照亮了忧国忧民的爱国志士的心扉”。

88

共筑“伟大的道路”
史沫特莱的《朱德论雪山作战》速记稿

谭天

像白求恩、斯诺和斯特朗一样，美国女记者、作家艾格尼丝·史沫特莱的名字在中国是为大家所熟悉的。从1929年初，作为《法兰克福日报》记者踏上中国国土开始，直到1950年与世长辞，她一直献身于中国人民的革命事业。她在著作里这样写着：“我一直忘掉了我并不是一个中国人。”

中国国家博物馆珍藏着一份史沫特莱记录的《朱德论雪山作战》速记稿。这是她于1937年在延安采访朱德时记录的，并成为她在生命最后几年撰写《伟大的道路——朱德生平和时代》（简称《伟大的道路》）积累的重要素材之一。

1937年年初，史沫特莱来到延安见到了朱德总司令。尽管她早就听说过朱总司令是一位“单纯、亲切、平易近人的人，他努力工作，丝毫没有使自己成为个人英雄的兴趣”，但在亲眼见到朱总司令之后，他的非常感人的个性仍然深深地吸引住她。当她决心为他写传，并要求他介绍他的生平的时候，朱总司令惊讶地问道：“为什么呢？”史沫特莱回答说：“因为你是一个农民。中国人十个有八个是农民。而迄今为止，还没有一个人向全世界谈到自己的经历。如果你把身

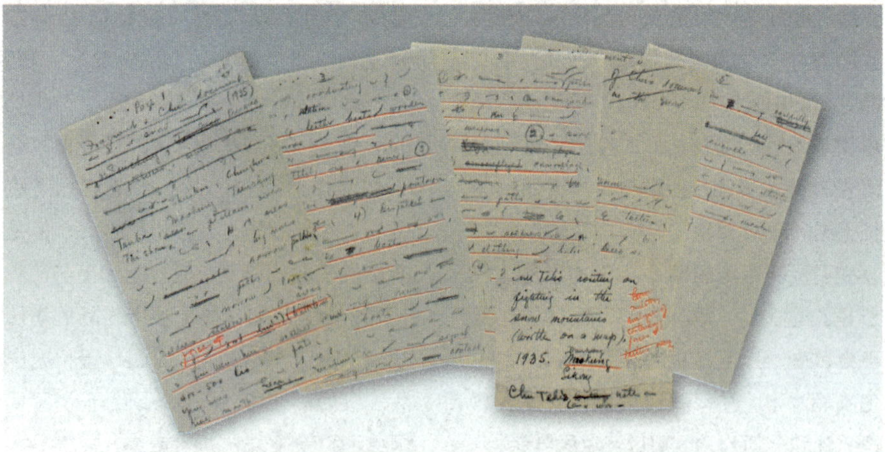

史沫特莱的《朱德论雪山作战》速记稿

世都告诉了我，也就是中国农民第一次开口了。”

自此，史沫特莱开始与朱德进行经常性的谈话，为朱德传记的写作搜集素材。每个星期，他们都抽出两到三个晚上交谈。一般由史沫特莱提问，朱德回答，有时则由着朱德展开思路，尽量发挥；遇见他叙述得不够翔实，或者不情愿深入的话题，史沫特莱便追问下去。谈话之余，史沫特莱还近距离地观察朱德的工作和生活。采访持续了几个月，后由于“七七事变”爆发，朱德率领八路军开赴抗日前线，采访才不得不中止。不久，史沫特莱也来到了山西八路军总部，一边做随军记者，一边继续对朱德的采访。

长期艰苦的军旅生活，使史沫特莱积劳成疾。1940 年春，她不得不离开解放区，辗转到香港做了胆囊手术治疗。1941 年 5 月，她返回美国疗养。随后，她开始了《伟大的道路》一书的写作。1950 年 3 月，身在伦敦的她健康状况恶化，在靠牛奶维持生命的状况下仍在修订《伟大的道路》书稿。同年 5 月 6 日，她在做胃部切除手术后去世。

《伟大的道路》倾注了史沫特莱的全部心血，不仅记录了朱德 60 岁以前所走过的革命道路，同时也生动地展现了中国新民主主义革命历史的一幅壮丽多姿的画卷。通过在延安的采访，史沫特莱对红军长征有了更深刻的把握。在书中，她专门为“长征”单辟一章。与斯诺在《红星照耀中国》中侧重描述长征的所向披靡不同，她则突出了长征的磅礴与悲壮，如红军过雪山时催人泪下的场景和英雄气概。她饱含热情地对长征做了高度的评价：“事实、数字和一路上千山万水的名称，都不足以说明红军长征的历史性意义，它们更不能描绘出几十万参加长征的部队的不屈不挠的奋斗精神，以及他们所遭受的苦难。”

《伟大的道路》和斯诺的《红星照耀中国》一样，被誉为西方向本国介绍中国共产党革命历程的经典之作，同时为世界政治史学者和军事史学者提供了极为珍贵的材料。自从它在 1955 年以日文译本初版问世以来，全世界已经先后出版了德、俄、法、西班牙、孟加拉、丹麦、意大利等八个语种的译本，在各国进步人士中产生了深远的影响。

史沫特莱的遗嘱要求把自己的骨灰埋葬在中国，遗物交给朱德处理。1951 年，她逝世一周年的时候，北京八宝山烈士公墓隆重举行了她骨灰的安葬仪式。朱德在大理石墓碑上亲笔书写金色题字：“中国人民之友美国革命作家史沫特莱女士之墓”。

中国国家博物馆的这份《朱德论雪山作战》速记稿共有 5 张，由于是速记稿，因而文字记录比较简单，还有一些难以辨认的速记符号。根据史沫特莱在速记稿上的说明，记录稿的一些内容来自采访时朱德处的一张 1935 年朱德在指挥雪山作战时使用的军用地图。在地图上，史沫特莱看到了一些朱德思考作战计划时所做的笔记，并将之记录下来。因而，这份记录稿既是朱德军事思想的体现，也成为他们二人共同筑建的“伟大的道路”的永恒纪念。

89

“中国将军”的礼物
海伦·福斯特用罗炳辉赠的玛瑙佩珠镶的戒指

谭天

中国国家博物馆珍藏着一枚戒指，是美国记者、作家海伦·福斯特用罗炳辉赠的玛瑙佩珠镶嵌而成的。玛瑙珠直径1.5厘米，戒指托为银质，直径2厘米，用中文刻有“天、地、人”三个字。

海伦·福斯特是《西行漫记》的作者埃德加·斯诺的第一位夫人。她于1931年8月来到中国，翌年冬天与埃德加·斯诺结婚。斯诺到苏区时，红军第二、第四方面军还没到达，他未能见到朱德、罗炳辉等诸多闻名遐尔的红军将领。妻子海伦告诉他，自己一定要去一趟苏区，要不惜一切代价把遗漏的地方补齐。1937年4月，海伦从北平出发，继斯诺之后再访陕北。她冒着生命危险，冲破国民党当局的严密封锁，终于在4月30日到达彭德怀部队驻守的三原附近的云阳村。随后，她到达了向往的延安。

在这里，一切都让她惊讶不已。她看到了在篮球场边等待参加篮球队的总司令朱德，骑着自行车兜圈子锻炼身体的洛甫（张闻天），一切似乎都与战争无关，那是一个和谐平静的苏区。海伦给毛泽东带来了斯诺为他拍的照片，然后很快就投入采访之中。

在4个多月的时间里，她访问了65位中共军政高级干部，包括毛泽东、周恩来、张闻天等政治领导人，以及朱德、彭德怀、徐向前、萧克、贺龙、罗炳辉、项英、王震和徐海东等一批赫赫有名的军事将领。在战事频仍、居无定所的岁月里，红军将领们根本没有时间去从容地书写或记录些什么。海伦的采访，恰

海伦·福斯特用罗炳辉赠的玛瑙佩珠镶的戒指

好弥补了我军早期高级领导人疏于笔录的空白。

作为女性，海伦还特别要求采访红军女战士，康克清、蔡畅、丁玲与她成了无话不谈的朋友。她对采访人物进行了详细的征询，请他们讲述个人的出身、家庭、投身革命的曲折经历，谈论中国革命的前途和红军屡屡战胜强敌的方法。

在她采访的将领中，罗炳辉鲜明的性格和传奇的经历给海伦留下深刻印象。罗炳辉在长征途中任红一方面军第九军团军团长；红一、四方面军会师，部队改编时任红三十二军军长。在海伦看来，罗炳辉是个典型的“中国将军”，他魁梧的个子，“巨人般的腰围”，“浑身筋骨是铁打的”。罗炳辉喜欢当兵，喜欢谈起那些他打仗的事情，他所谈的那些智诱敌军的故事，让海伦着迷，她称罗炳辉“是中国人所热爱的那种关帝型的民族英雄”，是一个“智勇双全的人物”。

他融入士兵、生活简朴，也给海伦留下很深的印象，海伦在《续西行漫记》中记述：“罗炳辉像朱德、贺龙以及冯玉祥一样，喜欢朴素的衣着朴素的生活——罗炳辉是中国某些潜在的、健康民主传统的产物，认为能保持当一个人民的儿子是值得骄傲的事。他蔑视奢侈和金钱，喜欢过艰苦危险的生活，愿意和他的弟兄们吃同样的饭，半赤着脚走路。这样的生活反而使他身体日益健康，证明他有一种领导他们的天然权力。”

1937 年 9 月，海伦从延安启程，打算赶到云阳的八路军司令部和邓小平一起奔赴抗日前线，不过因为错过部队最终回到了西安。海伦以采访期间记满的 27 个笔记本中的内容为素材，于 1939 年撰写了《红色中国内幕》（又名《续西行漫记》），并在英国伦敦出版。此前，她的手稿就已经被译成中文秘密流传开来。只是由于当时丈夫的名字已经被各种反动势力视为洪水猛兽，因而为了书籍能顺利出版，海伦只好取了一个笔名：尼姆·威尔斯。

海伦笔下这些关于罗炳辉有血有肉、真实生活的写照，随着《续西行漫记》风行世界而传播开去，“神行太保”罗炳辉也被世人熟知。采访期间，双方坦诚相见，结下了一段真挚而深厚的情谊。

临别之时，罗炳辉将长征途中一位西藏喇嘛送给他的一颗玛瑙佩珠送给海伦。据《续西行漫记》记载：“分别时他送给我一件非常精美的礼物。这是一颗圆玛瑙珠——一颗来自西藏的喇嘛佩珠，佩在身上可以交好运。珠子上面有一道白圈把珠子分成两部分，就好像是土星的星晕。”后来海伦将这颗玛瑙佩珠镶成一枚戒指，一直佩戴。1972 年 12 月，海伦重访中国时，将此戒指捐赠给中国革命历史博物馆（现中国国家博物馆）。

7

战友情深

90

毛泽东与“红色华佗”的情谊

毛泽东送给傅连暲的两床棉被

丁纯怡

中国国家博物馆珍藏着两床毛泽东送给傅连暲的棉被，分别是在长征途中和到达陕北后赠送的。经过几十年的风风雨雨，丝棉被已经无被里被面，只留存丝棉碎块。那床傅连暲到达陕北后毛泽东送给他的棉被，此刻也已经残破。但它们却为我们记述了傅连暲从基督徒转变为红军战士后的不平凡的长征经历，也向我们娓娓道来毛泽东和傅连暲之间珍贵的革命情谊。

傅连暲，1894 年出生于福建省汀州（今长汀县）一个贫苦的码头搬运工家庭。因为父母听说加入基督教会能得到一些食物，便带着幼小的傅连暲一起入了教。在教会兴办的免费学校里，傅连暲接受了中小学教育，1911 年考入亚盛顿医馆，半工半读学习西医。1925 年，31 岁的傅连暲被推举为汀州的福音医院院长。

1929 年 3 月，红四军打下了福建汀州城，傅连暲第一次见到了毛泽东。毛泽东亲切地称他为“傅医生”。其后，傅连暲经常在医院中为红军将士治疗，与毛泽东也有数次接触。1932 年 10 月，毛泽东来到汀州养病四个多月，期间经常和傅连暲促膝谈心。这次相逢，让傅连暲的信仰发生了改变，他在后来的自述中说：“自从和毛主席相处了这么些日子以后，我心里产生了一种力量，这力量使我永远

毛泽东在长征途中送给傅连暲的丝绵被

到达陕北保安后，毛泽东送给傅连暲的棉被

离不开毛主席，永远离不开共产党。”于是，这位虔诚的基督教徒舍弃了优裕的生活，将福音医院从汀州搬到了瑞金，更名为“中央红色医院”，还把他私人积蓄的4000块大洋毫无保留地捐给了中央政府，从此他铁了心跟共产党走，九死一生无怨无悔。

1934年9月，毛泽东因为第五次反“围剿”失利，忧心如焚，高烧不退。傅连暲用一天一夜时间，赶赴于都前线。此时毛泽东已连续高烧三天，随队医生束手无策。傅连暲仔细诊断后大胆用药，第二天，毛泽东热度稍降，第三天，体温恢复正常。毛泽东非常高兴，感谢傅连暲救了自己一命，称赞他是“红色华佗”。

10月，毛泽东未等病体康复就义无反顾地参加了长征。傅连暲也坚决要求随主力长征，此时他已经40多岁，身患多种疾病。他把母亲安排回老家汀州，妻子儿女留下打游击。出发前，他准备了8个大洋铁箱子，装上药品和医疗用具，就和中央纵队一起走上了长征路。一路上，傅连暲日夜救治伤病员，还采用民间偏方治好了不少急症。

为了不给组织添麻烦，傅连暲拒绝了优待他坐轿的安排，日夜学习骑马。在行军途中，傅连暲遇到过一次特殊的险情。11月中旬的一天下午，部队急行军在一条只有两尺多宽的狭窄小路上，一边是高山，一边是大河，人多路窄，骑术并不娴熟的傅连暲不慎连人带马坠落三四丈深的河堤。马和被子等物品转眼间被河水冲得无影无踪。傅连暲运气好，跌落在河边，被红军战士们救了上来。当时已是冬季，寒气袭人，又没有衣服换，他只好穿着湿衣服跟随部队急走。可是，晚上没有被子几乎无法过夜。这时，毛泽东的警卫员找到了傅连暲的宿营地，一见到傅连暲就说毛主席知道这件事后，叫他来看望，还将身边仅有的一床丝棉被送给了傅连暲。虽然傅连暲一再要警卫员把被子抱回去，但警卫员坚决不肯，还说这是主席的命令。后来，长征途中傅连暲一直用这床丝棉被遮风御寒，直到甘肃会宁。由于长期风雨兼程，丝棉被的被面已经磨破，曾经更换了新的。到延安后，傅连暲没有再使用这床丝棉被，却一直珍藏着它。

毛泽东送给傅连暲的另一床棉被也是毛泽东对这位“红色华佗”深切关怀的见证。1935年6月懋功会师后，红一、四方面军混编为左、右两路军。傅连暲跟随由朱德、张国焘率领的左路军行动，负责红军总司令部领导人的医疗保健工作。1936年年底，傅连暲随红四方面军抵达陕北保安，毛泽东专门派人来接傅连暲和他的妻子陈真仁一起见面。毛泽东再见到傅连暲，乐得合不拢嘴：“哎呀，傅医生，你还活着，活着，好啊！”毛泽东又详细询问了傅连暲随左路军长征的情况，当晚留他吃晚饭时，特意让警卫员煮了当时算得上佳肴的面条。看到傅连暲还穿着单衣，第二天，毛泽东、贺子珍就让中央政府总务处与黄祖炎给傅连暲夫妇送了棉被和棉衣。

1976年，粉碎“四人帮”后，傅连暲的夫人陈真仁把这两床珍贵的棉被都赠送给了中国革命历史博物馆（现中国国家博物馆）永久保存。

91

“伙夫头”的关怀

朱德送给警卫员罗卫养病用的银圆

丁纯怡

这枚银圆直径3.8厘米，是朱德1935年6月在长征途中送给警卫员罗卫养病用的。它看似普通，实则凝结了朱德对警卫员的关怀，见证了人民军队官兵一致的优良传统。

罗卫是湖南平江人，1930年参加了红军。长征前，他担任中国工农红军总部交通队的交通员。1934年10月中央红军长征开始时，他给红军的总司令朱德担任警卫员。这一段跟随朱德总司令长征的日子，让他时时回忆，感怀至深。

长征时，朱德年近五旬，他作战英勇，带兵严格，平时却又非常平易近人。由于他年纪已大，多数时间和战士一样步行行军，衣着也与战士一样破旧，人们给他起了个绰号叫“伙夫头”，而他也的确像个伙夫一样，时时刻刻关心着战士们的饮食和健康。

朱德送给警卫员罗卫养病用的银圆

长征队伍进入草地后，除了恶劣的自然环境外，更为严重的是，饥饿、病魔无情地折磨着每一个红军战士，他们个个面黄肌瘦。看到同志们一张张渐渐消瘦的脸，听到部队将要断粮的消息，朱德的心像被揪着似的难受。白天，他和战士们一块行军，在烂泥草丛中深一脚浅一脚艰难地行走；宿营了，他一边处理各种事务，一边为部队给养奔忙。他每天都带着身边的几位警卫员出去搜寻可以食用的东西。刚开始除了挖到几棵野菜外，其他一无所获。可是他从不放弃，一心想找到点什么让大伙儿充充饥，就连密密的杂草中偶然出现一株野菜，也逃不过他那锐利的目光。终于有一天，在一条弯弯曲曲的小溪旁，水面上一个灰色的东西一晃，随着一声响，溅起了点点浪花，水的波纹向四周缓缓地扩散着。就在这时，他的眼光豁然一亮："鱼！"他兴奋地喊了一声，指示大伙儿赶紧回到宿营地，吩咐一个同志去弄鱼饵，他自己找来一根针，把它弯成了鱼钩，将补衣服用的麻线系到钩上，又找来一根树枝条，作了钓鱼杆。仅仅几分钟的工夫，一副土造的钓鱼工具就制好了。朱德领着警卫员又来到小溪旁，聚精会神地钓起鱼来，终于钓上了几条肥溜溜、黑油油的乌鱼。直到天黑了，他才恋恋不舍地离开了那条小溪。那天是战士们离开苏区以来第一次吃上鱼。茫茫草地，荒无人烟，因为有了这样一位总司令，战士们居然喝上了鱼汤，虽然鱼汤没放盐没放油，但战士们感到无比鲜美可口。从那以后，朱德不管长征路上工作多么繁忙，为了让同志们少受饥饿折磨，他总是变着法儿挤时间给同志们钓鱼。每次行军，他就催马急行，穿过行进的队伍，跑到前面找有鱼可钓的沟洼，钓上一会儿，队伍过去了，他又赶到队伍前面去找新的"鱼场"。队伍休息的时候，他更是抓紧时间，找个河沟钓鱼。

像这样朱德爱兵的动人故事很多。他在长征路上让战士骑马的故事，他给负伤的战士寻找草药敷伤口的故事，他和战士们一起挑粮，行军途中给战士打草鞋的故事……这些故事像长了翅膀一样，在战士和广大群众中流传着，时刻温暖和鼓舞着大家。人们一见到红军就想到朱德，一说起朱德，对红军就更加信任，更加疼爱。人们总是这样说："这是毛委员、朱总司令的队伍，是咱们穷人的队伍！"

中国国家博物馆珍藏的这枚银圆也是朱德爱兵的物证。1935 年 6 月，中央红军到达四川懋功，警卫员罗卫因为病重不能继续行军，只好留在当地养病。部队临行前，朱德留给他 20 枚银圆作为医药和生活费，并嘱咐他好好养病争取早日赶上部队。罗卫病愈后赶上了部队。当时因朱德同志已另有警卫员，他就留在总部做通讯员。罗卫一直珍藏着银圆，一如珍藏着对朱总司令的敬重和感激之情。1975 年 11 月，罗卫参观"纪念中国工农红军长征胜利 40 周年展览"时，将其珍藏的一枚银圆捐赠给了中国革命历史博物馆（现中国国家博物馆）。

92

官兵一致同甘苦

任弼时和警卫员过草地时吃剩的皮带

安莉

这条皮带长77厘米，已经残缺不全，表面还有10处用刀切割的痕迹。它是任弼时长征时使用的皮带，也是他和警卫员李少清一起克服困难，同甘共苦，走过漫漫草地的见证。

“官兵一致同甘苦，革命理想高于天”，这是萧华将军创作的《长征组歌·过雪山草地》中的两句歌词，也是长征将士们思想的真实写照。在漫长而艰苦的征途中，每一次胜利与挫折，每一回欢乐与悲伤，都凝结着官兵之间生死相依、情同手足的深厚情谊。长征路上，红军的口号是：“强帮弱，大帮小，走不动的扶着走，扶不起的抬着走，不落一人，不掉一马！”有人滑倒了，爬起来继续走；有人掉到雪窝里，别人就把手里的木棍、绑腿带子递过去；有人走不动了，战友便过来扶着他走，背着他走；有人饿昏了，战友便把自己仅有的半块干粮递给他……毛泽东、周恩来、朱德等领导们把自己的乘马让给了伤病员，和战士们一样拄着木棍，踏着冰雪，走在红军队列里。

长征路上，像这样官兵之间相互扶持、平等一致的感人事迹有很多。比如任弼时和警卫员李少清吃剩的皮带的故事，就让人久久难忘。

1934年8月，以任弼时为中央代表的红六军团撤离湘赣根据地先行突围西征，为中央红军战略转移探路。任弼时等率领红六军团在贵州艰苦转战，几经历险，终于在10月24日与贺龙领导的红三军（会师后恢复红二军团番号）在贵州省印江县木黄镇会师，胜利完成西征任务。从此，红二、六军团征战湘西，建立湘鄂川黔根据地，以策应中央红军战略转移，牵制大量国民党军队。

1935年9月，蒋介石调集重兵向湘鄂川黔根据地发动新的“围剿”，形势严峻。11月19日，红二、六军团为争取主动，在任弼时、贺龙、关向应、萧克、王震等人的领导下，从桑植出发，开始突围长征。经过长途跋涉，历尽艰险，于1936年7月同红四方面军会师于四川甘孜。同月，根据中央军委命令，以红二、六军团及红三十二军组成红二方面军，贺龙任总指挥，任弼时任政治委员。随后，贺龙、任弼时率领红二方面军从甘孜出发，共同北上，越过雪山草地，同中央和红一方面军会合。

在与红四方面军会师前，红二、六

任弼时和警卫员过草地时吃剩的皮带

军团的粮食就很紧张了。进入草地没多久，部队断粮，野草也被采完，许多战士因为饥饿昏倒在草地上。任弼时虽然是军队领导，但他和红军战士一样，采集草地中的野菜、草根、树皮充饥。可是，连这些很快找不到了。没有吃的，光靠喝凉水不行，在这种情形下，任弼时想到了吃皮带。

他和警卫员李少清拿小刀将皮带切成若干段，然后再将其烧焦、刀刮，然后放到锅里用水煮，还规定每次每人只能吃 3 小段。虽然味道难闻，他却风趣地称之为“吃煮牛肉”。这段皮带在过草地时没有吃完，他们将吃剩下的半截牛皮带带出了草地，带到了陕北。

1937 年，任弼时随八路军总部东进抗日前线。1938 年，任弼时准备回延安，然后作为中共代表赴莫斯科参加共产国际会议。临行前，在山西省太行山区王家峪八路军总部，任弼时将这段皮带交给警卫员李少清保存，并语重心长地说：“留下皮带，以后还要吃呀！”李少清一直牢记着这意味深长的话语，不论他走到哪里，都将这段皮带带在身边。

1978 年 9 月 25 日，时任大连警卫区二一四医院副院长的李少清，将这段见证着长征艰苦岁月和官兵情、战友情的半截牛皮带，捐赠给中国革命历史博物馆（现中国国家博物馆）。

93

视卒如爱子
红二十五军政委吴焕先送给伤员的毛毯

丁纯怡

这条有些发旧的灰色毛毯，纵 215 厘米，横 115 厘米，是红二十五军政治委员吴焕先长征途中送给受伤战士张波的。当时，吴焕先看到张波负伤而衣服单薄，马上将自己的毛毯拿来，盖在他的身上。张波感动不已，一直珍藏着这条毛毯，直到 1962 年将其捐赠给中国革命博物馆（现中国国家博物馆）。

吴焕先是湖北省黄安县人，鄂豫皖革命根据地的创始人之一，他领导的红二十五军于 1934 年 11 月 16 日以中国工农红军北上抗日第二先遣队的名义，由河南罗山何家冲开始实施战略转移。

红二十五军原为红四方面军建制，1932 年，红四方面军主力撤离鄂豫皖苏区向川陕转移，那些在战斗中牺牲者的遗孤以及那些在 1932 年随红四方面军远征到四川的红军战斗员的子弟，重新组建了红二十五军，坚守鄂豫皖苏区。这支以"儿童军"著称的年轻队伍，几乎没有年龄超过 18 岁的战斗员，但却是长征中战斗力很强的队伍。他们长期与 10 多万敌军周旋战斗，却成为所有红军中几乎没有打过败仗的队伍。他们在与党中央失去联系的情况下，孤军奋战，英勇顽强，整整 10 个月，经艰苦转战安徽、湖北、河南、陕西、甘肃五省区，于 1935 年 9 月 16 日抵达陕甘苏区的永坪镇，与刘志丹率领的陕甘苏区红军第二十六、第二十七军会师，成为第一个抵达陕北的红军部队。

在那艰苦的战争年代，红二十五军能保持如此旺盛的战斗力，与吴焕先等党员干部发挥身先士卒、英勇顽强的战斗精神分不开。1934 年 11 月 25 日，部队在方城县独树镇通过许（昌）南（阳）公路时，遭敌一个旅和一个骑兵团的伏击。当时风雪交加，能见度很低，部队发现敌人较迟，与敌人突然遭遇时，许多战士的手指冻僵拉不开枪栓，结果反击不及被迫后撤，情况极为险恶。在这危急关头，吴焕先赶来了。他一面指挥部队就地反击，一面大声喊道："同志们，现在是生死存亡的关头，决不能后退！共产党员、共青团员们，都跟我来，——冲啊！"带领部队冒着敌人密集的火力，奋不顾身地冲入敌群。这激昂的声音，鼓舞了士气，战士们勇气倍增，冲上去与敌人展开肉搏，经过反复拼杀，终于杀开一条血路。

红二十五军的胜利，也与吴焕先等指挥员始终身体力行地保持官兵一致的优

红二十五军政委吴焕先送给伤员的毛毯

良作风分不开。无论环境多么困难，他们都是和战士们一样吃穿，互相帮助，互相关心，亲如兄弟。吴焕先有个习惯，每逢行军，他总是跑前跑后，看看有没有掉队的、生病的。1934年一天夜里，部队在光山、麻城一带行军。吴焕先发现一个战士坐在路边，脚被石头碰伤流血了，连草鞋都没穿。他赶紧从挎包里取出自己的一双布鞋，送给战士穿，而这双布鞋是吴焕先的妻子做的，他自己一直都不舍得穿。还有一次，吴焕先发现十七八岁的红军战士李金德为了追赶上主力部队，一步不停地奔跑了三天三夜，两条大腿又肿又胀，全都出满了斑斑点点的红疮，多处已化脓溃烂时，不禁红了眼眶，赶紧扶他坐下，关照他去医院擦点药膏，并让他改天行军时骑自己的马匹。这些吴焕先关心伤病员的事迹几乎每天都有，它们在红二十五军广为流传。

1935年7月，为在战略上策应党中央和中央红军北上行动，吴焕先率领红二十五军挺进甘肃。1935年8月，在经过甘肃泾川县城以西的王村时，他为保护被河水阻截的后卫部队，率领100多个战士从侧翼阻击追敌，不幸被冷枪击中，壮烈牺牲，年仅28岁。毛泽东曾赞扬说：“红二十五军远征为中国革命立了大功，吴焕先功不可没！”

吴焕先的牺牲，是红二十五军的一个重大损失。关于他的史料不多，实物也少。中国国家博物馆珍藏的这条毛毯寄托着张波对吴焕先的深切怀念和崇敬之情，也承载着英烈的事迹和长征的历史。它告诉了后人红军干部爱护战士的情怀，是今天我们缅怀吴焕先的物证之一。吴焕先曾经饱含深情地说：“战士们是很可爱的。他们流血负伤吃了那么多苦，没有任何怨言，还照样坚持行军打仗，真是革命的宝贵财富啊！我们党干部有责任把他们照顾好！”他以实际行动践行了自己的话，成为红军战士心中不朽的丰碑。

94

失而复得见真情
董必武保存谢觉哉长征时用的毛毯

丁纯怡

1975年11月，董必武夫人何连芝将董必武珍藏多年的一条毛毯捐赠给中国革命历史博物馆（现中国国家博物馆）。这条毛毯纵170厘米，横157厘米，羊毛质地，有破洞。它原是谢觉哉在长征途中使用的，之后失而复得，经历颇为曲折又分外感人。

1934年10月，素有党内“四老”之称的林伯渠、董必武、徐特立、谢觉哉踏上了艰苦的长征路。董必武、徐特立和谢觉哉被编在干部休养连的“老同志班”，林伯渠是红军总供给部长和中央纵队没收征发委员会主任，负责筹粮筹款，干部休养连是他经常落脚和特别关照的地方。

1935年8月，一场征服川西北草地的行军，终于开始了。“四老”等老战士，也精神抖擞、步履坚实地踏进了草地。川西北草原，历史上一直为松潘所辖，故有松潘草地之称。它位于青藏高原与四川盆地的连接地段，纵横几百公里，面积约15200平方公里，海拔在3000至4000米以上。高原的寒冷，侵袭着衣衫褴褛的红军战士们。草地的8月，本是最暖和的季节，白天最高气温可达30摄氏度，但昼夜温差大，气温可骤然降至零摄氏度左右。红军是远征之师，战士们体弱衣单，疲病交加。为了抵御草地的寒冷，战士们只好找来各色各样的衣服鞋帽穿戴上。他们有的穿着单衣或夹衣，有的穿着毛衣或棉衣，有的裹着毯子，有的则披着羊皮、狗皮、驼皮等各种兽皮；头上有的戴着斗笠或草帽，有的顶着油布，

董必武保存谢觉哉长征时用的毛毯

有的打着雨伞；脚上有的穿着稻草或布条打的草鞋，有的穿着羊皮或其他兽皮制作的靴子，实在找不到鞋的只好赤着脚。经过一天的行军，到了宿营地，既无避寒之处，又无干柴可供烤火，战士们只能找一块比较干的地方，或拣一些草叶铺在湿地上，几个人背靠背地互相用体温来取暖，稍稍休息一会儿。夜晚来临，强劲的高原风裹着雪花，向露营在草坡上的战士们袭来，寒彻体腑。在这样恶劣的自然环境和饥寒交迫之中，许多红军战士满怀着对生存的希望和对未来的憧憬，渐渐地体力不支，默默地倒下了。据史料记载，约有一万多红军将士长眠于草地。

但是，在艰苦的草地行军中，无论是干部是战士，无论年老年少，无论是男是女，无论是有着何种阅历，都以坚韧不拔的毅力、团结互助的友爱和乐观主义的精神，同困难做着顽强的斗争。长征以来，谢觉哉身体虚弱，小病不断，老战友们都担心他的身体，尽可能多地关照他。进入草地时，谢觉哉的脚肿得厉害，他拄着棍子艰难地跟在队伍后面行走。如果能用一盆热水烫脚，就能缓解脚的肿胀和疼痛，可是茫茫草地，连枯树枝都少见，又去哪里找热水呢？没想到到了宿营地，林伯渠用牛粪烧了一盆热水端给谢觉哉烫脚，让他感到无比的温暖。

草地人烟稀少，筹集粮草十分困难。进入草地时，每人只分了几斤炒熟了的青稞麦，根本不够吃。谢觉哉虽然省吃俭用，由于常常把干粮分给伤病员吃，结果还没走出草地，自己的青稞麦就没有了。徐特立知道后，立即将节省下来的一点干粮全送给谢觉哉。谢觉哉不肯收，徐特立说：“我体质比你好，吃点野菜，还能对付对付，可你如果再不吃点粮食就不行了，我怎么也不能看着你倒下去啊！”后来，谢觉哉写下了“是谁皆束腹，赠我竟倾囊”的诗句，来怀念他和徐特立之间生死与共的战友情深。

谢觉哉的这条毛毯也是他和老战友共同的“宝贝”。草地的夜晚无遮无挡，寒风刺骨，这条毛毯一直是他和徐特立两人合盖。由于毯子又小又薄，两人便总是互相推让，都希望对方能多盖一点，结果夜里谁都没睡好。次日早晨，他俩谈起昨夜的情景，却显得非常愉快。为了尽快通过草地，上级号召轻装行军。谢觉哉为了保全“中华苏维埃政府内务部”公章和珍贵的笔记本，把能扔的东西都扔了，最后实在走不动了，只好狠心把这条毛毯也扔了。董必武因为开会晚走一会儿，看见路边草地上有一条毛毯，一眼便认出是谢觉哉的。董必武明白，不到万不得已，谢觉哉是绝对不会扔掉这条毛毯的。虽然他自己也疲惫不堪，但还是把毛毯捡起来放入自己背包里。到了宿营地，谢觉哉坐在草地上，正为晚上没毛毯盖发愁，这时董必武走过来，把那条毛毯给他。谢觉哉又惊又喜，想不到自己扔掉的毛毯会失而复得。到了延安后，他把这条有纪念意义的毛毯送给了董必武。如今，这条毛毯被妥善保存在中国国家博物馆，它是长征那段艰苦岁月的历史见证，更凝结着谢觉哉和董必武两位革命老人间浓浓的战友情。

95

难忘的梅坑惜别

何叔衡在长征出发前送给林伯渠的毛衣

尹静

这件毛衣长69厘米，是留在苏区的何叔衡在长征出发前送给林伯渠的。

何叔衡，湖南宁乡人，是中国共产党的创始人之一。何叔衡从苏联学成回国后，于1931年进入中央苏区，曾任中华苏维埃共和国中央执行委员、代理中央内务部部长、中央政府临时法庭主席等职。在中央苏区，何叔衡、徐特立、谢觉哉、林伯渠、董必武年龄较大，资历深，德高望重，被誉为苏区“五老”。其中，何叔衡年龄最长，当时已经58岁。

长征前夕，董必武从《红色中华》报上一篇社论中看出红军有大规模转移的迹象，于是去找同在一个机关工作的何叔衡聊天。何叔衡问董必武：“假使红军主力移动，你愿意留在这里，或是愿意从军去？”董必武答：“如有可能，我愿意从军去。”何叔衡又问：“红军跑起路来飞快，你跑得么？”董必武说：“一天跑六十里毫无问题，八十里也勉强，跑一百里怕有点困难，这是我进苏区来时所经验过了的。”何叔衡说：“我跑路要比你强一点，我准备了两双很结实的草鞋，你有点什么准备没有呢？”董必武说：“你跑路当然比我强，我只准备了一双新草鞋，脚上着的一双还有半新。”

何叔衡在长征出发前送给林伯渠的毛衣

尽管何叔衡为长征做好了准备，但由于王明“左”倾路线的迫害，还是没被允许参加长征。在长征前，由于何叔衡忠实地执行毛泽东的正确路线，被“左”倾路线的领导人以“失职”的莫须有罪名撤销了一切职务，连长征的资格也被取消了。虽然何叔衡长征的愿望没能实现，但他坚决地服从了组织的安排，留在了中央苏区继续战斗。

部队出发前夕，何叔衡在他的住地梅坑，特备清酒、花生，为好友林伯渠饯行。二人把酒话别，促膝长谈至深夜。分手时，何叔衡见时将冬令，旅途艰难，便脱下自己的毛衣送给即将远行的老战友，以抵御风寒。林伯渠收下毛衣，感怀至深，当夜即赋诗《别梅坑》以记之：

共同事业尚艰辛，
清酒盈尊喜对倾。
敢为叶坪弄政法，
欣然沙坝搞财经。
去留心绪都嫌重，
风雨荒鸡盼早鸣。
赠我绨袍无限意，
殷勤握手别梅坑。

何叔衡与林伯渠曾共同在苏联学习，回国后又同在中央苏区工作。何叔衡任临时最高法庭主席，办公地点在叶坪；林伯渠任财政部部长，办公地点在沙坝，因而林伯渠在诗中有“弄政法”“搞财经”之语。在共同的战斗和生活中，两人结成了深厚的革命友谊。这首诗还反映了两位老战友离别时真挚、深沉和复杂的心情。林伯渠将随中央红军转移，前途未卜，何叔衡希望随军行动，未被批准，将留在苏区坚持斗争。在残酷的现实面前，是去是留，都令人心情沉重。

红军主力长征后，瞿秋白、何叔衡等不得不向白区转移，环境危险、生活艰难。1935 年 2 月，何叔衡在福建长汀水口镇被敌人包围，突围中何叔衡跳崖牺牲，梅坑一别竟成永诀。

何叔衡牺牲后，与他一起战斗过的同志无比悲痛。1936 年 8 月，董必武应《长征记》约稿，撰写了《出发之前》一文，述说了得知何叔衡牺牲消息时的心情。他说：“我们都完全地随着大队红军到达了目的地。只有叔衡同志留在根据地，落到反革命的手中而牺牲。这是怎样的令人悲愤的事啊！叔衡同志的肉体被敌人毁灭了，他的精神不死。现在有几十万几百万的人，踏着他的血迹前进而纪念着他。他个人死了，他在千万人的心坎上活着。”谢觉哉也于1943年在其《感旧》一诗里，深切怀念何叔衡：

叔衡才调质且华，
独辟蹊径无纤瑕。
临危一刻不返顾，
衣冠何日葬梅花。

这件毛衣凝结着何叔衡和林伯渠两位革命老人深厚的战斗情谊，是他们艰苦的革命生涯的历史见证，也是一件非常珍贵的革命历史文物。林伯渠一直将其珍藏在自己身边，作为对亲密战友的无限怀念。1960 年林伯渠去世，次年 2 月其夫人朱明将这件毛衣捐赠给中国革命博物馆（现中国国家博物馆）。

96

"救命的镜子"
谢觉哉长征时戴的眼镜

尹静

这副眼镜镜架长12.3厘米，玻璃、金属质地，是谢觉哉在长征时戴过的。

谢觉哉，湖南宁乡人，是中国共产党的早期党员。1928年，谢觉哉来到上海，秘密主编党中央机关刊物《红旗》。他深入群众中采访，写出了很多朴素易懂和短小精悍的文章。谢觉哉自幼苦读诗书，眼睛高度近视，来沪后特地配了一副圆镜片、黑镀架、软腿的老式近视眼镜。1933年谢觉哉来到中央苏区，先任毛泽东的秘书，后来担任中央工农民主政府秘书长、内务部长。那段时间，谢觉哉工作多，任务很重，每天都要戴着这副眼镜做大量的伏案工作。由于敌人的严密封锁，中央苏区物资奇缺，如果眼镜丢了或者坏了，不太容易修配，就会大大影响谢觉哉的工作，因此他非常爱惜这副眼镜。

谢觉哉

1934年10月，谢觉哉随中央红军开始长征，这副眼镜也陪着他开始了漫漫征途。长征时，谢觉哉已经52岁，被编在干部休养连。长征途中，由于谢觉哉年纪大，身体又不大好，组织没有给他分配具体工作，但他不仅坚持走完长征路，还一路帮助同志，并协助组织做了大量思想和群众工作。

进入草地，因为行军很急，差不多每天都要走七八十里路，几天下来谢觉哉身体有些吃不消了。组织上原本给他配了马，可他却不舍得骑，马背上坐的常是伤员，他还经常让马驮大家的东西，自己实在走不动了，才拉着马尾走一段。后来，他把马完全让给了忽然生病走不了路的黄亚光，渡过金沙江后黄亚光的病渐渐地好了，但那匹马却葬身于乌江的激流里。碰到谢觉哉，黄亚光难过得说不出

谢觉哉长征时戴的眼镜

话来，谢觉哉却毫不在意，握着黄亚光的手安慰道：“同志，留得青山在，何愁没柴烧！”

谢觉哉不太爱说话，讲话文绉绉的，由于嘴旁有两撇胡子，被同志们戏称为“谢胡子”。他虽然话不多，却整天笑呵呵的，行军时拄着棍子，有节奏地迈着步子。休息时，他常和同志们一起半躺半坐地睡着。有时候，还一边理着胡子，一边小声地给大家讲故事，教战士学文化。他还自告奋勇担当了休养连的“秘书”。每到驻地，他就找个僻静处，戴上这副眼镜，用打土豪缴获来的空白账本，记述一天的所见所闻，从不间断，一共记了4大本。可惜后来在延安遭到日本飞机轰炸，这些珍贵的历史资料被烧毁殆尽，留下无尽的遗憾。

长征路上，跋涉颠簸，四处转战，环境十分恶劣，眼镜损坏了根本无法修配，那就成半个瞎子了，因此谢觉哉更加珍惜它。白天行军的时候，他能不戴就不戴，放在随身的上衣口袋里。等到途中休息的时候，他就抓紧时间，从口袋中取出眼镜擦了又擦，然后戴上它，抓紧记录一天的所见所闻。有一次，刚到宿营地，谢觉哉便在一个屋檐下坐了下来，打开账本准备将当日所见所闻记录下来，但一摸却发现眼镜不见了，这一惊非同小可，瞬间出了一身冷汗。谢老顾不得一天行军所带来的疲惫，一口气往回跑了四五里路去寻找，路边草丛里，石头下，扒扒摸摸，找了半天，手都抠破了，却连眼镜的影子都没有看到。谢觉哉垂头丧气地回来，却无意中在书本里找到了心爱的眼镜，他双手捧起眼镜孩子似的大喊起来：“救命的眼镜呀，你可千万莫离开我！”

1935年10月19日，谢觉哉随红军胜利到达陕北吴起镇，因镇上一时容纳不下这么多部队住宿，谢觉哉就约徐特立夜宿镇外荞麦地。这一夜，他们睡得特别香甜，因为知道在这里再也没有敌人袭扰了。1945年3月，谢觉哉专为此补咏：

露天麦地覆棉裳，
铁杖为桩系马缰。
稳睡恰如春夜暖，
天明始觉满身霜。

谢觉哉去世后，1972年8月1日，他的夫人王定国将这副眼镜捐赠给中国革命历史博物馆（现中国国家博物馆）。

97

董老的“万宝囊”
董必武在长征途中使用的马褡子

尹静

这个马褡子长 142 厘米，宽 64 厘米，它是董必武长征时从江西出发时就使用的，一路上用来装行李用。

董必武，湖北黄安人，中国共产党的创始人之一。大革命失败后，赴苏联学习。1932 年回国，在中央苏区先后担任中共中央党校校长、中共中央党务委员会书记、最高法院院长等职。1934 年 10 月，董必武随中央红军参加长征。

从瑞金出发的时候，董必武已经 48 岁，是中央工作团的团长，实际上就是家属队的队长。家属队人数不多，事情却很烦琐，既要管这支队伍的衣食住行，又要管理担架和收容工作。一到营地，董必武总是把好的房子让给大家，自己住没人愿意住的房子。过黎平后，在毛泽东的提议下，董必武被调到林伯渠主管的没收征集委员会工作。不久，又调到干部休养连任党总支书记，与干休连连长侯政、指导员李坚真组成连党支部委员会。侯政和李坚真回忆长征中的董必武，都称赞他是“三不停”的人。他脑子不停，总是思谋一路上可能出现的问题，预先想好解决办法。他手脚不停，每到宿营地就把他的马褡子一撂，到各班去巡视，检查各项工作的落实情况。他嘴也不停，除了向群众宣传红军的宗旨和党的政策外，还常常给大家讲党的传统和革命故事，教大家如何做群众工作，给年轻的连长、指导员传授做思想工作的经验。

董必武在长征途中使用的马褡子

董必武

干部休养连上上下下都知道，董必武身上有四件宝：一个装满针头线脑和大大小小布块的小布包，一个小手电筒，半块毛毯，还有就是这个由厚帆布做成的“万宝囊”——马褡子。这个马褡子背后还有一些感人的故事呢。

一天，董必武的警卫员兼饲马员小王发高烧，董必武就把自己的马让给小王骑，自己当饲马员，拿着棍子走在前面探路。在通过一个狭窄陡峭的斜坡时，董必武不慎摔倒，滚下斜坡，幸好坡上的小树阻挡，才化险为夷。过了大渡河，小王的病渐渐好些了，便执意下马行走。董必武看小王走路一瘸一拐的，仔细看发现原来他没穿鞋，脚被磨破了。董必武赶紧问小王这是怎么回事，小王说有天晚上他跌了一跤，把鞋弄丢了。董老连忙从自己的马褡子里掏出一双新布鞋递给小王，说：“革命的路还很长，还要吃大苦，你光着脚丫子怎么成，怎么爬雪山，过草地！”小王坚决不要，说：“我知道您就这一双鞋了，还是留着您自己穿吧。”董必武把脚一翘，说：“怎么就一双，这不是还穿着双胶鞋吗？你看还好好的。”可是眼尖的小王一眼就看到董必武的鞋底已经磨透了。这双胶鞋是十几天前何长工发给董老的，没想到长途跋涉，山路崎岖，鞋这么快就磨破了。董必武不慌不忙地从马褡子里抓出几样东西，那是些洗净的鞋帮、鞋底和旧袜子。他说：“我有办法，我可以补着穿嘛！”说完硬逼着小王穿上那双新布鞋。

小王这才明白，董必武为什么在路上捡前面部队扔掉的破鞋、旧袜子装在马褡子里，原来这些东西还有这个用处呢！还有一次，一位红军女战士的袜子破了，正寻觅补纳的东西，董必武笑着从马褡子里掏出一双旧袜子递给她，令她佩服不已。

董必武非常爱惜他的马褡子，上面磨出了洞，他就仔细地把它补好，再磨出洞，再补好，马褡子伴随着他走完了二万五千里长征路。到了延安，他的夫人何莲芝在整理董必武的行李时，发现有许多新旧夹杂的布条、布头，便问董必武带这些破烂有什么用，董必武说布条是用来捆鞋的，布头是用来垫破鞋的，哪里破了垫哪，这样鞋就可以继续穿了。

1975 年 4 月董必武去世，10 月其夫人何莲芝把这个意义非凡的马褡子赠给中国革命历史博物馆（现中国国家博物馆）收藏。

98

长征路上的“老好人”
徐特立长征时保存的绢画

尹静

徐特立是湖南长沙人，他1928年赴苏联学习，1930年回国后到中央苏区从事教育工作，曾任中华苏维埃共和国临时中央政府执行委员、教育部副部长、代部长等职。1934年10月，红军第五次反“围剿”失利，不得不进行战略大转移，徐特立以57岁高龄随红军长征。

长征开始时，徐特立任中央工作团副团长，协助董必武团长管理队伍的衣食住行等琐碎工作。到了贵州黎平，他被编入中央纵队干部休养连。离开瑞金时，组织上分给他一匹马，他常将马让给伤病员骑，自己却很少骑。漫漫征途中，他总是拄着那根红缨梭镖，跟大伙一道爬山涉水。一路上，他的衣服破了就自己缝补，鞋子坏了就自己制作。他曾对人说：“长征虽然辛苦，但我在路上学好了一门缝纫的手艺，如果找不到缝纫工人，也不愁没有衣穿了！”每到宿营地，徐特立就忙着打水、做饭、洗衣，或者带着战士筹粮，很是忙碌。连队指导员李坚真写诗称赞他：“意志坚强老好人，长征路上步不停；每天到了宿营地，关怀战士心贴心。”

徐特立

从瑞金出发后，为了躲避敌人的飞机轰炸，队伍只能夜间行军，年龄较大的、负伤的和部分女同志不容易跟上队伍。为了解决这个问题，领导便利用敌机轰炸间隙进行军事训练，教大家梭镖刺杀、夜间辨别方向和辨认岔路等本领。考虑到徐特立年龄较大需要更多时间休息，领导就没通知他参加这个训练。有次大家正在训练的时候，徐特立忽然从树林里跑过来加入训练队伍。他头戴树枝编的掩护圈，裹腿打得绷紧，非常认真地操

徐特立在长征中保存的绢画

练，一点都不马虎。教练员劝他休息，他不肯，还风趣地说："这可不对呀！教练员同志。我年纪大了几岁，难道就可以不执行上级的规定吗？难道就取消了当红军战士的资格吗？"他接着说："不能光看表面，我可是人老心不老啦！"

徐特立是著名的教育家，艰苦的长征路上他也不忘教战士们学习文化。李坚真曾回忆说徐特立教战士们学习新文字非常有耐心。有些女战士调皮地说："这是外国字，我们不学！"他便耐心地劝说："这是我们创造的拼音文字，是我们自己的，应该学习。将来我们的条件改善了，外国的语言文字也要学嘛！"没有笔，没有纸，他就让战士们以树枝当笔，在地上写字。他风趣地说："那是取之不尽，用之不竭的呀！"在徐特立的帮助下，许多战士学会了拼音，掌握了文化。

过草地时，徐特立听说因为谢觉哉将干粮分给伤病员吃断了粮，立即将自己省下来的青稞麦全都送给了谢觉哉。在环境恶劣、粮食匮乏的草地中，能把自己的食物倾囊相授，徐特立关怀战友之心可见一斑。后来谢觉哉写诗赞道："漠漠沮洳地，峨峨暴冻岗。是谁皆束腹，赠我竟倾囊。"

这幅绢画是徐特立在长征途中收藏的，绢画上有四组图，皆为中国传统吉祥图案。最下部分描绘的是花园，其中有假山、牡丹花、玉兰花，还有一只开屏的孔雀停留在枝头，回望绚烂盛开的花朵。孔雀在传说中是拥有九德的吉祥鸟，孔雀开屏寓意"天下文明"，表示对盛世的向往。花园图景之上是蝙蝠围绕牡丹花纹图案。蝙蝠喻"福"，图中蝙蝠翅卷祥云，风度翩翩，牡丹喻"富贵"，都表明了对美好生活的愿景。第三组图由12幅小图组成，内中多为博古器物，包括花瓶、茶杯、文房、如意、印章、香炉、盆景等，此外还有一只狮子形象。狮子在佛教中是释迦摩尼左臂侍文殊菩萨乘坐的神兽，也被看作寺院的守护者。最上面一组图仍是蝙蝠纹配花卉图，两侧配有象征吉祥的如意图案。

这幅绢画纵154厘米，横47厘米，大约因为徐特立是在藏区得到它，因此将它上面的花朵称为藏族花。徐特立在到达延安以后，将这幅绢画送给了董纯才。董纯才是湖北大冶人，肄业于上海光华大学，1937年到达延安，从事教育工作。1959年，在中国革命博物馆筹备"新民主主义革命时期"陈列时，董纯才将这件保存了20多年的绢画捐赠给中国革命博物馆（现中国国家博物馆）。

99

手举马灯照万人

林伯渠在长征时使用的马灯

尹静

这件马灯高24厘米，金属、玻璃质，是林伯渠在长征途中使用的。马灯的灯架已锈迹斑斑，灯罩因为长期使用也不再清澈透明，但就是这盏不起眼的马灯，却被很多红军战士深深地记在心里。

林伯渠，湖南省临澧人，是中国共产党的早期党员之一。林伯渠从苏联学成回国后，1933年进入中央苏区。在中央苏区，他先后任中华苏维埃共和国中央政府国民经济部部长和财政部部长等职。1934年10月，林伯渠带领财政部机关工作人员从梅坑出发，随中央红军长征。当时，长征部队分为两个纵队：中央机关和政府各部门属红章纵队，中央军委和红军作战系统属红星纵队。财政部及所属中央银行等单位被编为红章纵队十五大队，由毛泽民任大队长。长征出发时，林伯渠担任总供给部部长兼没收征集委员会主任，主要任务是筹粮筹款，保证部队的给养。

红军开始长征时，国民党不仅集结了大量地面部队围追堵截，还出动了不少飞机盘旋轰炸，这样部队只能白天隐蔽休息，夜间行军。连续的夜间行军，战士们都累的疲惫不堪，而林伯渠仍坚持步行跟着部队前进。

本来，组织上给林伯渠配备了一匹马，但他很少骑，总是把警卫员黄秋胜、饲养员周仁的背包和文件放在马背上，自己拄一根从瑞金带出来的棍子，深一脚浅一脚地走在队伍里。长时间的行军使得林

林伯渠

伯渠的面容日益消瘦，脸色蜡黄，两颊颧骨突出，警卫员黄秋胜多次劝他上马，可是林伯渠却风趣地说：“大家都是用两条腿走，我现在已经多了一条‘腿’了，为什么一定要用四条腿呢？”他的乐观和幽默把大家都逗乐了。

林伯渠在长征时使用的马灯

作为红军总供给部部长的林伯渠，他的任务绝不仅仅是单纯的行军，每到宿营地，他都要安排工作人员筹粮征款，以保障部队供给。尽管长征经过的地区筹集粮款非常困难，他还是严格要求部属注意政策，防止侵犯群众利益，特别是少数民族利益。一次，林伯渠和部属一起去筹粮，那个地方的老百姓听信国民党的宣传，把粮食都藏起来了，人也跑光了。他们走了好几个村庄，才在一户人家草席下面的坑里发现了两百斤玉米。同志们正要往口袋里装，林伯渠却强调要先弄清楚物主是谁。后来，经过调查发现物主是一户中农，大家按照他的指示把信和钱压在坑边，才将粮食背走。

林伯渠非常关心战士们，每次夜行军，他总是提着一盏小马灯，站在险隘路口，照着让战士们通过，同志们过后，他还特意交代后面的同志注意险路。宣传员黄镇在行军途中所作的长征组画中，第一幅便是长征途中的老英雄林伯渠提着小马灯阔步前行的素描。画中林伯渠身穿戎装，右手拄着拐杖，左手提着马灯，他虽然消瘦，颧骨高高隆起，胡须也垂到了胸前，但雄姿焕发，阔步向前，真实地表现出了这位老战士的精神面貌。经常得益于林伯渠那盏小马灯的红军战士，更是对这位老战士感激不尽。和他同行的红军女战士李坚真回忆说：“他的小马灯从不个人占用，一定要把光亮照着大家。”李坚真曾为他写过一首山歌：

年过半百老英雄，
又当部长又当兵；
山高水深何足惧，
手举马灯照万人。

到达陕北后，这盏灯仍继续发挥着它的照明作用，林伯渠夜晚开会或外出工作时都用它。而林伯渠对这盏伴随他翻山越岭的小马灯也是深怀感情。1959 年，林伯渠参加中央革命博物馆的展览开幕式，在展出的革命文物中，他又看到了这盏伴随他走过漫漫长征路的马灯。他曾写下《记长征马灯》这首诗：

长途不疲伴同仁，
掌握光明赖一灯。
总是前进好景色，
目标注定有南针。

他借这盏马灯歌颂了遵义会议后毛泽东的正确领导，表达了对革命必胜的信心，从而赋予了这盏马灯更加深刻的意义。

1960 年林伯渠去世。次年 2 月，其夫人朱明将这盏马灯捐赠给中国革命博物馆（现中国国家博物馆）。

100

长征路上兄弟情深
红军战士钟昕隆给其弟的银圆和纸币

丁纯怡

中国国家博物馆珍藏着红一方面军第三军团钟昕隆在长征途中送给其弟钟昭隆的5枚银圆，包括“开国纪念”银圆2枚，“民国九年造”袁大头像银圆1枚，“光绪元宝”银圆2枚。这些银圆均为银质，直径3.8厘米。它们是兄弟俩在长征中并肩作战的见证，也叙说了一段感人的兄弟情。

钟昭隆是江西兴国人，1932年5月参加中国工农红军，随后加入中国共产党。1934年10月他随红军主力开始长征，在红一方面军军委第三科从事电讯工作。和他一起踏上长征征途的还有他的哥哥钟昕隆。钟昕隆于1933年在兴国正式参加红军，成为红一方面军红三军团战士。

红军战士钟昕隆给其弟的“开国纪念”银圆

红三军团成立于1930年6月，由红五、八军合编而成，由彭德怀任总指挥，滕代远任政治委员，全军达17000余人。成立后的红三军团在彭德怀、滕代远等人领导下，成为湘鄂赣革命根据地和中央革命根据地的主力军团之一。1930年8月，红三军团在湖南浏阳永和市同朱德、毛泽东率领的红一军团会师，组建成中国工农红军第一方面军。1934年1月，中央军委取消了红一方面军的编制，红三军团直属中央指挥。10月10日，红三军团也开始出发长征，出发时军团长为彭德怀，政治委员为杨尚昆。不过，钟昕隆和钟昭隆兄弟虽然同时长征，但从出发后，他们却再没有机会见面。直到1935年年初，兄弟俩才在贵州不期而遇。

几个月的征战后再次见面，让兄弟二人分外高兴，他们互诉了分别后各自的情况。然而相见是短暂的，部队很快又要出发了。临别时，哥哥钟昕隆留给弟弟钟昭隆5枚银圆。他深情地望着弟弟，心中久久不能平静。这次分别之后，不知何时才能再见面。弟弟钟昭隆手捧银圆，久久

红军战士钟昕隆在长征时保留下的壹角纸币

说不出话。

长征路上，艰苦的条件，险恶的环境，没能阻断红军前进的脚步，兄弟俩一直跟随各自的部队。弟弟钟昭隆在军委三科和战友们并肩作战，用无线电信号传送红军总指挥部的命令，截获敌军情报，为红军取得战役的胜利提供可靠的情报保障。兄弟俩分别后，弟弟钟昭隆把5枚银圆珍藏在身边。想哥哥了，就拿出来看看，一直没舍得用。1935年10月19日抵达陕北吴起镇，胜利完成长征。

1947年7月，哥哥钟昕隆在陕北榆林的一次战斗中不幸牺牲，弟弟钟昭隆得知这个消息万分悲痛，他将银圆紧紧贴在胸口，泪流满面。这几枚银圆从此成为钟昭隆怀念哥哥的珍贵纪念物。

钟昭隆保存下来的长征时期的纪念品还有一张壹角纸币，它纵5.6厘米，横9.2厘米，是1932年7月中华苏维埃共和国国家银行发行的。1932年3月，中华苏维埃共和国国家银行正式成立，行长是毛泽民。国家银行为统一中央苏区的货币制度，与1932年7月开始发行银币券。发行的面额有五分、一角、二角、五角、一元5种，流通于中央苏区以瑞金为中心的21个县。1934年10月，红军主力撤离中央根据地开始长征后，银币券即停止发行。这张纸币是钟昭隆从平时发给他的伙食费中节省下来的，1934年10月，钟昭隆随红军离开中央苏区时将它保存起来，留作纪念。它跟随钟昭隆经历了艰苦的万里长征。长征途中，无论是爬雪山过草地，还是在激烈的战斗中，无论条件多么艰苦，环境多么险恶，他都始终将这张苏区纸币珍藏在身边。

1975年11月3日至12月18日，中国革命历史博物馆（现中国国家博物馆）举办“纪念中国工农红军长征胜利40周年展览”，数十万人参观了展览，48位老红军或他们的家属捐赠了有关长征的文物和图片。钟昭隆也将他留存了40多年的这5枚银圆和壹角纸币捐赠给博物馆。